OPTIMAL INVESTMENT SOLUTIONS
DERIVED FROM
WILD ECONOMICS

# 野生の経済学で読み解く
# 投資の最適解

岡崎良介

日本株で勝ちたい人へのフォワードガイダンス

日本実業出版社

# はじめに

本書でこれから伝えていく内容を最初に公の場所で口にしたのは、2022年5月のことであったと思います。京都にある瀟洒なホテルで開催されたセミナーにおいて、私は「日本がインフレ時代に入ったと判断する4つの理由」と題したスライドをスクリーンに映し、日本経済がデフレから脱却し、本格的なインフレ時代に入ったこと、さらには、それを受けて我々はこれまで積み上げてきた現預金からリスク資産へと移し、本格的な資産運用を始めるときがきたと、参加者に語りかけました（4つの理由というのはこれからこの本で最初に詳しくお話しします）。

本来ならば、もっと早く書籍化して多くの人に伝えるべきだったのかもしれませんが、当時の私は日々のデータ分析に忙殺されていました。確証は持っていたのですが、その後に何が待ち受けているのか、とりわけあの頃は米国でインフレが猛威を振るい始めた時期で、利上げを開始したばかりのＦＲＢが、この先世界をどうコントロールしていくのかが、まだ不透明だったのです。何よりも冷静にわかりやすい言葉で丁寧に伝える自信がまだなかった。

でもいまなら、冷静にわかりやすい言葉で丁寧に皆さんにお伝えできると思います。私自身が、様々なデータを十分に分析し、理解し、咀嚼できたところです。

日本はデフレから脱却し、インフレの時代に入りました。米国はインフレに苦しみましたが、ＦＲＢはこれに勝利しそうです。景気はまだしばらく不安な季節が続くでしょうが、大きな落ち込みはなく、やがては何事もなかったかのように時代は過ぎていくでしょう。気の早い株式市場は次の成長企業を見つけに行くはずです。

時代は大きく回転しました。

２００４年の秋からメディアに登場し、以降、20年近くにわたり、テレビ、ラジオ、書籍、最近では動画出演などで自身の考えを発表してきた私ですが、長く知る人は最近の私の変貌ぶりをさぞかし驚かれていることと思います。

昨年春まで、私は一度として日本がデフレから脱却できるなどといった話をしたことがありません。ましてやインフレ率が２％時代を迎えることになるなどとは、これっぽっちも予想しなかった人間です。ですから日本株の見方も、基本は、景気循環に合わせて上がったり下がったりを繰り返すだけ、というトレーディングに適した環境が続くものと考えていました。

しかし今回、こうした以前からの考え方をがらりと変えました。

日本がインフレ率2％時代を迎えるのならば、当然のことながら資産運用のスタイルも変わります。最初は、この時代の回転についていけない人からの不満の声が噴出することもあるでしょうが、現実には人々はもうこの新しい時代に適合し始めていることでしょう。そこに「理」があり、そこから「利」が生まれるのであれば、人々はその時代についていくはずです。

この10年ほど、親しい人たちだけでよいから何よりも早く伝えることを最優先し、時間のかかる〝紙〟の媒体を避け、メディアとインターネット空間のなかだけで情報発信を続けてきましたが、そろそろもっと多くの人々に、わかりやすい言葉で、数式やグラフをできるだけ使わずにこの新しい時代の「理」を語るべきときがきたようです。この本を読み、私が見つけた「理」に共感していただき、新しい時代が始まったことを納得していただければ幸甚です。そこから自然と「利」は見つかっていくことになるでしょう。

岡崎　良介

2023年12月

## 第3章 大転換を遂げた金融政策と株式投資

## 第5章 新しい時代の投資戦略

# 第6章　日本株投資の方向転換

カバーデザイン／村上顕一
本文DTP／ダーツ

OPTIMAL INVESTMENT SOLUTIONS
DERIVED FROM
WILD ECONOMICS

# 第1章

# 日本のデフレは終わった！

# 最初の結論

いちばん新しい情報では、２０２３年6月度の東京都の消費者物価指数（生鮮食品を除くコアＣＰＩ）は前年同月比3・2％上昇と報道されています。おそらくは全国の消費者物価指数も東京都に準じた結果になるでしょうから、これを書いている２０２３年7月の時点では、２０２２年4月以降、日本では目標とする2％以上のインフレが少なくとも1年2カ月間は続いていることになります。

さて、最初に簡単な結論を書いておこうと思います。

なぜ、日本は２０２２年4月から突然インフレになったのでしょうか。あれだけ日本銀行が金融緩和を行なっても、びくともしなかったインフレ率が、こうもしっかりと継続的に2％以上を記録するのには多くの人が違和感を抱いているはずです。しかも２０２３年1月からは、政府が電気代等のエネルギー料金に補助金を出し、物価を押し下げているのですが、エネルギーを除くコア・コアのＣＰＩでさえも２０２３年5月の全国平均では前年比４・３％の上昇となっています。

生鮮食料品のせいでもなく、エネルギー料金のせいでもないのですから、これは諸物価が上がったということです。同時にモノの物価だけでなく今回のインフレはサービスにも及んでいます（２０２３年5月＝＋１・７％）。一体何が起きているのか。

これは新型コロナ危機により、それまで日本経済を覆っていた〝供給過剰〟型経済が、突然、終わりを遂げたから起きたのです。

本書では、これからより細かなディテールを分析し解説していきますが、いちばん大事な点は、コロナ前には当たり前だった、財・サービスの〝過剰供給〟、さらには労働の〝過剰供給〟が、突如として正常に戻ったために起きた現象が、現在、日本で起きているインフレの本質であると考えて良いでしょう。

〝過剰供給〟の正常化と書くと何やらむずかしい言葉に見えてピンとこないかもしれませんが、わかりやすくイメージをお見せすれば、たとえば、早めに店じまいするようになった飲食店を思い浮かべてください。あるいはなかなか街中では拾えなくなったタクシーなどもそうです。それぞれコロナ前は典型的な〝過剰供給〟状態にありました。たいしてお客さんも入らないのに深夜まで営業したり、空車状態のままで街中を走り続けたり、駅前などに大量に駐車したり、といった状態です。

〝過剰供給〟であったものはそうした国内サービスだけではありません。半導体などは必要に応じていくらでも仕入れることができたのですが、コロナによっていったん世界中で生産が止まると、今度は安定的に供給を維持することがむずかしくなってしまいました。追い討ちをかけるように2022年2月に始まったロシアのウクライナ侵攻は、原油、天然ガスといったエネルギーの供給をいまも著しく阻害したままです。

## 日本がインフレ時代に入ったと判断する4つの理由

「はじめに」でもお伝えしたように、2022年5月、京都にある瀟洒なホテルで開催されたセミナーにおいて私は、次の4つの理由から日本がデフレを脱却し、インフレ時代に突入したことを説明しました。いま読み返すと、少し粗削りな印象も持ちますが、おそらくは最も早い時期にインフレ時代が始まったと断言した点においては、意味のある資料だったと思います。セミナーで使った資料のまま書きます。

1. 海からのインフレは3年かけて届く。
2. 賃金のデフレ圧力は止まった。
3. 日本の製造業労働力は国際競争力を持っている。
4. 日本の住宅用不動産価格は上昇トレンドに入った。

当時はこのような形で、確認できたものを列挙することから始めました。順を追って説明しましょう。

1の〝海からのインフレは3年かけて届く〟とは輸入インフレのことです。このころの日本銀行も前の年のFRB（米国連邦準備制度理事会＝米国の中央銀行）と同様に、インフレを一過性のものだと説明していましたが、その後の米国同様に、私は、これは一過性のものではなく、とりわけ日本においては、輸入インフレは最終的に3年ほどの時間をかけて消費者の手元に届くという事実を、過去のデータに基づいて説明しました。

2の〝賃金のデフレ圧力は止まった〟というのは高齢者の労働参加の話です。団塊の世代と呼ばれる1947年から1949年に生まれた、いわゆる第1次ベビーブーマー（3年間の年間出生数は260万人を超えていました）が年齢を重ねるに従い、大量の第1次定年労働者となり、それがやがて65歳を超えても（2012年から2014年頃です）労働供給を続けていたのですが、コロナを機についに労働市場から撤退を始めました。実はこの高齢者の労働参加こそが日本の賃金デフレを生み出した構造であり、この構造が終了することで日本の賃金は上昇軌道に入ると説明しました。

3の〝日本の製造業労働力は国際競争力を持っている〟というのは、当時すでに始まっていた、海外企業の日本での工場建設の話を説明したものです。当時、発表されたばかりのＴＳＭＣ（世界最大規模の台湾の半導体メーカーです）が、デンソーやソニーと組んで1兆円規模の工場を熊本に建設することを例に取り上げました。背景にあったのは日本の労働者の賃金が、長く低位に抑えられたままであったところに加えて、セミナーが開催された5月の時点で、ドル円はすでに１３０円台に到達していたことです。こうなると日本の労働力は海外に負けない圧倒的な国際競争力を手に入れたことになります。

そして4の〝日本の住宅用不動産価格は上昇トレンドに入った〟というのは、当時発表された国土交通省の不動産価格指数を使って、日本の住宅用不動産価格は緩やかながらも確実に上昇トレンドに入ったことを説明しました。不動産価格指数とは、国土交通省が年間約30万件の取引価格情報をもとに不動産価格の動向を指数化したもので、全国・ブロック別・都市圏別に物件種類ごとの不動産価格指数を毎月公表しています。あまり人目に触れることのないこのデータを使って、住宅用不動産という資産の価格がすでに上昇傾向に入っていることを説明したのですが、これが極めて重要な意味を持つことが後に判明します。

## インフレの体系的な理論

インフレの時代が始まった、という答えは直感的にわかっていたのですが、それを理論とデータから詳しく説明するのには、もう少し時間がかかりました。何せインフレなどという言葉は日本では死語となりつつありましたから、もう一度文献を読みなおそうと思っても、もはや本屋さんにはそうした文献は並んでおらず、結局は昔から読み続けてきた経済原論（経済学を学ぶ際に使用する、教科書です）に戻るしかありませんでした。

経済学ではインフレというものは以下の３つの要素から成り立っているとしています。

1. 人々のインフレに対する期待の高まり
2. 広範囲に及ぶ人手不足がもたらす賃金の上昇

## 3．石油危機や半導体不足などの供給ショック

先ほど私がセミナーで使った「4つの理由」を分類すると、〝海からのインフレは3年かけて届く〟というのは3の供給ショックに該当します。〝賃金のデフレ圧力は止まった〟と〝日本の製造業労働力は国際競争力を持っている〟というのは2に当たります。そして〝日本の住宅用不動産価格は上昇トレンドに入った〟は1に当たります。

このうち1は、期待ですから簡単に政府や日本銀行が動かせるものではありません。経済学者はこれを抽象的な概念に留め、詳しいメカニズムを分析することを諦めてしまいました。また3についても、石油危機は産油国が勝手に決めることですから防ぎようがありません。また今回のコロナ危機で発生した半導体不足も、その回復は工場がある国それぞれの事情で決まることですから、これもどうすることができないものです。このため経済学では深い分析は行なわれていません。

ただ2だけが、人手不足という経済現象に起因するものだけに、経済学者たちの分析は進みました（逆に人手が余ればデフレの方向に進むということでもあります）。わかったことは、景気が良くなり労働需要が労働の供給を上回ると賃金がインフレとなり、これに引っ張られる形で諸物価も上昇する、という極めてシンプルなものだったのですが、そう

なると大事なのは景気です。結局はインフレにしろデフレにしろ、景気が諸物価の連続的な上昇・下落を生み出す原因となるというのが結論となっています。

ところが日本の場合、現実は教科書どおりには進みませんでした。インフレの逆の問題であるデフレを終わらせるために日本政府は躍起になって景気対策を打ってきたのですが、これがちっとも成果が上がらない。しまいには日本のデフレは〝日本病〟などと揶揄され、その回復は何をもってしても不可能であると、世界の経済学者もお手上げとなってしまう始末でした。いったい何が起きていたのでしょう。

## インフレ期待は資産価格の長期トレンドからつくられる

この謎を解くために、長いあいだ私が考え続けたのが1に挙げられた〝期待〟という問題でした。この〝期待〟という言葉を、経済学者も、市場関係者も、実に軽々しく、抽象的に、それでいて自分の都合のいいように使います。いろんな分析をしていてどうしても答えが定まらないときに、あたかも帳尻合わせのように使うのが、この〝期待〟という言葉なのです。

しかしそのように曖昧に使われていては、いつまでたっても問題の解決にはなりません。とりわけ儲かるか損するかの瀬戸際にいつも立たされている投資の現場では、あやふやな答えならないほうがましです。

そもそも〝期待〟には様々な形があるのですが、少なくともこのインフレに関する期待とは何か、という問いに対して最終的に私が出した答えは、〝それは住宅用不動産価格や株価といった**資産価格の長期的なトレンドである**〟という極めてシンプルなものでした。

この答えにたどり着くきっかけとなったのは、1997年から1998年にかけて発生したアジア通貨危機です。それまで〝東アジアの奇跡〟などと称賛され、政府と民間企業との「パートナーシップ」を柱として高成長を続けていた東アジア諸国の経済が、突如として崩壊した事件です。危機に直面した国々は、例外なく通貨が下落し、金利が急上昇し、経済活動が落ち込み、株価と不動産価格が下落しました。

ここで私が注目したのが、この株価と不動産価格の下落です。当然のことながら、金利が上昇し、経済活動が落ち込めば、株価も不動産価格も下落します。しかし株価と不動産価格の下落は、銀行融資に必要な担保価値の下落を引き起こし、それがまた経済活動を低下させます。この連鎖的に際限なく発生する負のスパイラルは、以前どこかで見た気がしました。

そうです。このとき私が見ていたものは、バブル崩壊後の日本経済と同じ光景だったのです。

## バブル崩壊から始まったインフレ期待の低下（住宅用不動産）

かつての日本人には強烈なインフレ期待があったことを、私と同世代、もしくは私よりもう少し年上の方々は覚えていらっしゃることと思います。自分の給料は毎年上がっていくものだと思っていましたから、諸物価も当然上がっていくことを受け入れていました。住宅用不動産の価格も上がっていくものだから、当然のことながら家は早く買ったほうがいいと思っていました。そういった考え方が１８０度転換したきっかけこそがバブルの崩壊であったのですが、不思議なことにこの点にフォーカスを当てて分析する人を見たことがありません。

次ページ**図表１-１**は国土交通省が発表している、住宅用不動産価格指数の長期推移です。

◆図表1-1　日本の住宅用不動産価格の長期推移

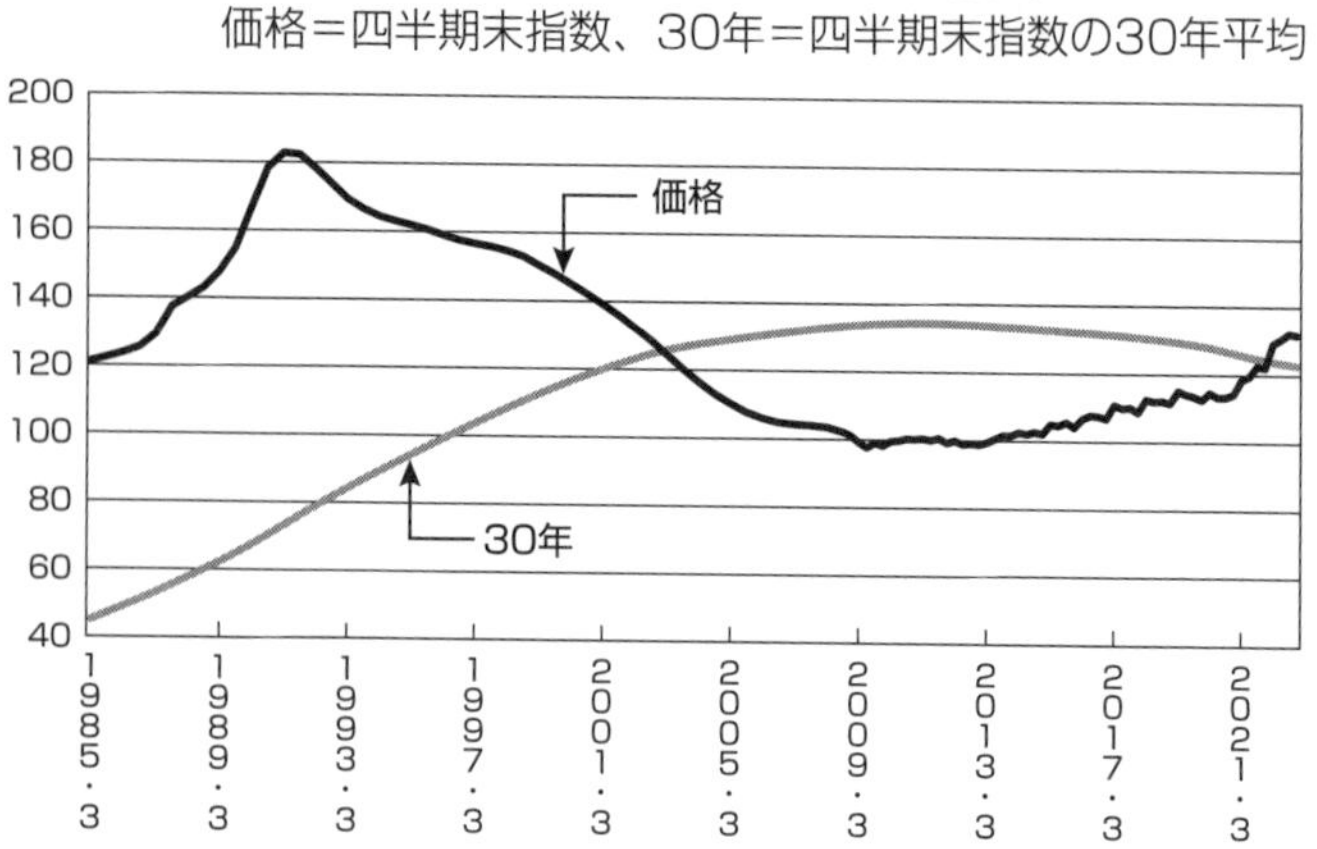

価格＝四半期末指数、30年＝四半期末指数の30年平均

（出所：国土交通省）

国土交通省の調べでは、日本の住宅用不動産価格は１９９１年の第２四半期にピークを付け、その後、２００９年の第２四半期まで実に18年に及ぶ長い下落トレンドに入りました。もちろん、それまでの上昇スピードが速すぎたために、下落が始まった当初は、人々はこれを〝これでようやく適正な価格で住宅用不動産が買える〟と歓迎しました。しかし、２００３年の第１四半期頃に、価格が一世代分と考えてよい30年間の移動平均値を下回る事態となると、もうかつての不動産に対する信頼のようなものは完全に消え去りました。おりしも少子高齢化が進み、このような滅びゆく国の不動産など誰が買うのかと自虐的ともいえる考え方が広がったことを覚えています。

しかし住宅用不動産価格は２００９年の第２四半期にボトムを付けた後、そこから静かに上昇トレンドに向かいました。背景にあったのは、利用価値のある、つまりは生産性の高い人気不動産の価格が先導する都市部主導型の資産価格上昇でした。そしてこのトレンドはついに２０２２年の第１四半期に30年間の移動平均値を上抜き、ついに過去30年間のあいだに住宅用不動産を購入した人のほとんどが、含み益となる状態（＝投資したほうが有利であった状態）に至りました。

## バブル崩壊から始まったインフレ期待の低下（日本株）

今度は、もう一つの日本人の貴重な〝資産〟である、日本株の動きを見てみましょう。次のグラフは、先ほどの住宅用不動産と同じ形式で日本株の長期推移と30年間の移動平均値を比べたものです（次ページ**図表1-2**）。

１９８０年代、不動産価格よりもより速いスピードで日本株は上昇し、過去30年間の平均値を大きく乖離していました。しかし１９８９年12月をピークに実にあっけなく崩壊に

### ◆図表1-2　日経平均株価の長期推移

価格＝月末値、30年＝月末値の30年平均

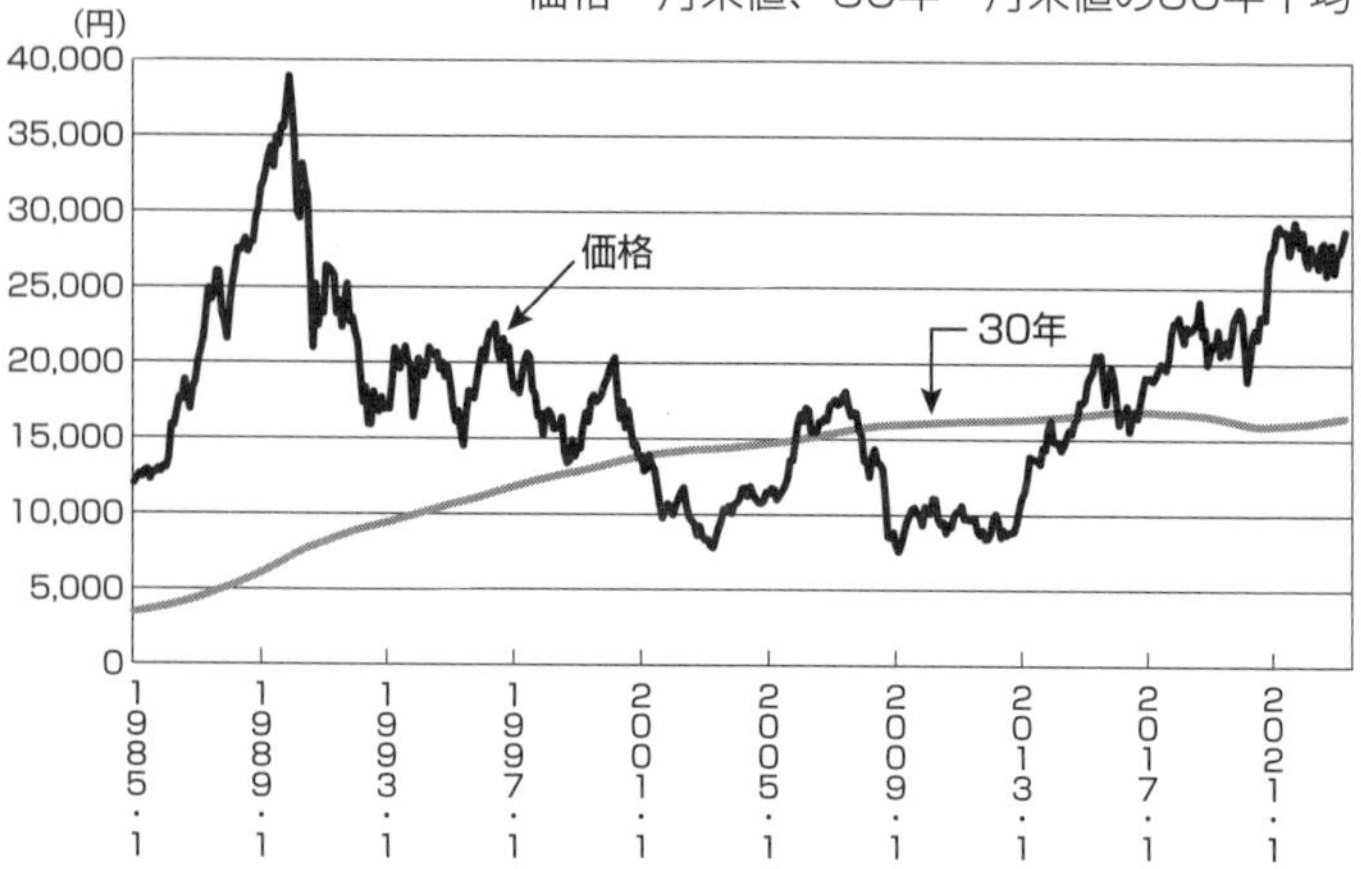


転じ、2000年12月には過去30年間の平均値を下回るところまで下落しました。ここから日本株の本当の苦難が始まりました。銀行の不良債権問題、ITバブルの崩壊、世界的な金融危機、東日本大震災と、日本経済を襲った数々の危機は、それこそ枚挙のいとまがないほどですが、それでもグラフに示されている日経平均株価は、7000円台後半のところが大底となり、これもまた静かに上昇トレンドに向かいました。そして2017年以降は過去30年間の移動平均値を安定的に上回り、今日に至っています。

不動産も株も、長期的な下落トレンドからようやく抜け出すことができました。機は熟していたのです。

## 戦後の米国においては資産価格の壊滅的な下落はない

株や不動産に焦点を当てると、いまだに日本人のなかには〝投機的なもの〟として聞く耳を持っていない方が多くいるのが実情なのですが、米国は違います（欧州もそうなのかもしれませんが、あいにくそこまで私は詳しくありません）。この違いがどこから生まれてくるのかといえば、それは過去の歴史が生み出したものだと私は思います。正直、それ以外に理由が見つからない。

先ほどと同じ様式のグラフを、米国の住宅用不動産や株価で描いてみると、その形は日本のものとはまるっきり異なります。不動産の場合、有名な米国不動産バブルがはじけて5年後の２０１２年には、価格は高値から27％も下落しましたが、それでも過去30年間の平均値からは30％以上プラスでした。株の場合、リーマン・ショックが起きて株価が高値から6割近くも下げたときでも、結局は、過去30年間平均値を下回りませんでした。

つまり、米国においては不動産も株も、人々の長期の信頼を裏切ることはなかったのです。資産にも時価がある以上、浮き沈みは避けられないものです。それでも米国民にとっての不動産や株は、長期で保有すればいつの日か報われるもの、という単純ながらも強烈な信頼が、崩れることはなかったのです。

＊ ただし歴史を振り返れば、米国には1929年に発生した大恐慌という忌まわしい歴史が存在しています。この時代、株価は9割近くも下落し、米国民の4人に1人が失業し、実質GDPの26％が吹っ飛んだのは有名な話です。物価もまた3年ほどかけて3割ほど下落しました。最終的にこのとき米国経済が受けた傷は第二次世界大戦が始まるまで癒えることがなかったといわれていますが、この時代に経済政策として始まったのが、失業者対策と年金制度でした。以降、米国の株や不動産などの資産価格は、数々の風雪に耐えながら、超長期的（30年以上）には上昇トレンドを保っています。

## 漠然とした期待がインフレ期待をつくっていく

経済学では、このインフレ期待を、人間には〝適応的期待〟というものが存在するという仮定を置いて説明しています。この仮定は、人間は最近に経験したインフレに基づいてインフレ期待を形成するというもので、たとえばここ数年のあいだインフレが続けば、この先もインフレが続くだろうという期待を持つとする考え方で、昨今の日本のデフレを説明するときによく使われてきました（これまでずっとデフレが続いていたからこれからもデフレが続くと日本人は予想している、だからデフレが続くのだ、と分析していたのです）。

この考え方は、経済学者が好きな〝モデル〟を使った分析には極めて有益でしたが、現実社会においては説得力に欠けるものでした。なぜならば、この考え方が正しければ、デフレが続く限りデフレは永遠に続く、という運命的な予測が将来にわたって我々を支配してしまいます。〝モデル〟の分析には役に立つものの、市井の人々に説明する際には、納得してもらうのはむずかしいというのが、私の見てきた現実でした。

これに対し、私が考えた、〝資産価格〟の長期的な上昇がインフレ期待をつくる、という考え方は、経済学者が使いたがる〝モデル〟を使った精緻な分析には、不動産も株も資産ですので価格が変動しやすく不向きですが、先ほどグラフでお見せしたように、30年という超長期の平均値を超えてくるとインフレ期待が〝オン〟になり、下回るとデフレ期待が〝オン〟になる、という単純な公式がつくれます。

もちろん、資産価格のインフレと諸物価のインフレのあいだに、はっきりとした因果関係があるのかといえばそれはまだ見つかっていませんが、それでも資産が増えれば、将来に対して楽観的な見方が広がり、消費に対する態度が積極的になることは多くの人に納得してもらえる理屈であると思います（逆に資産が減る、もしくは増えないという状況になると、最近話題となった老後資金2000万円問題が教えてくれたように、消費に対する態度が消極的になることがわかっています）。

保有する資産の内容は人によって異なりますし、ましてやその購入価格は千差万別です。加えて、資産を持つ人と持たない人の差も大きいのですが、一つの国全体で捉えて、30年という長い時間で考えれば理解しやすいのではないでしょうか。すなわち、国の大事な資産である、株と住宅用不動産の価格が長期的に上昇トレンドにあると国民が信じれば、その国の将来に対する見方は楽観的なものとなり（少なくとも悲観的にはなりにくいでしょう）、消費に対する態度は積極的になる（これも、少なくとも消極的にはなりにくくなるでしょう）。こうした思考の末、私は漠然とした未来に対する〝期待〟こそが、将来の資産価格形成の根幹をなし、さらにはそれが日々のインフレ・デフレのぼんやりとした方向性をつくっていくのだ、と結論付けました。

＊　日本が本当の意味で不幸であったのは、戦後の先進国で最初にデフレに陥ったことだけでなく、そこから脱出するのがこんなにもむずかしいとは知らないまま、自らすすんでその状態に陥ってしまったことです（当初は資産価格が下落し、諸物価の上昇率が０％になるのを、賛辞する人が大勢いたのですが、あの人たちはあれからどこへ消えたのでしょうか）。バブルの前も、崩壊が始まったときも、世界中の誰もデフレの心配はしてくれませんでしたし、インフレ目標などという考え方はまだマイナーで、それこそあの頃の日本人はインフレ率は０％が望ましいと、誰もが思っていたのです。いまでこそ当たり前の理論となっていますが、インフレ率が実際にマイナスになった頃に初めて我々は〝ゼロ金利制約（金利をマイナスにすることは実際にはできないという現実のことです）〟に直面し、途方にくれました。言われてみれば単純な理屈ですが、あの頃は物価と金利がどこまでも下がることをみんな容認していたのですから、人間というのはあまり利口ではないようです。いずれにせよ、あの頃

は世界的に見てもデフレの処方箋はまだ見つかっていませんでしたから、日本が陥った困難な状況を見て、他の先進国は、「あんなふうになってはいけないぞ」とみんな思ったに違いありません。その結果、「デフレに陥らないようにするためには、そうなる前に先手を打つことが肝心だ」という結論に達し、そこから生まれたのが今日の〝目標インフレ率２％とフォワードガイダンス〟という金融政策だったのです。

## 賃金デフレを生み出した日本の労働市場の構造

さて、漠然とした〝資産価格の上昇期待〟が生まれると、これが将来に対する漠然とした〝インフレ期待〟をつくっていく、というお話はここまでにして、ここからは物価と表裏一体の関係を持つ〝賃金〟に焦点を当て、〝なぜ、日本は慢性的な賃金デフレに陥ったのか〟を考えることにしましょう。この問題を考えるためには、日本の労働者の賃金体系について説明する必要があります。**図表1-3**をご覧ください。

◆図表1-3　日本の賃金体系：年齢階層別平均時給

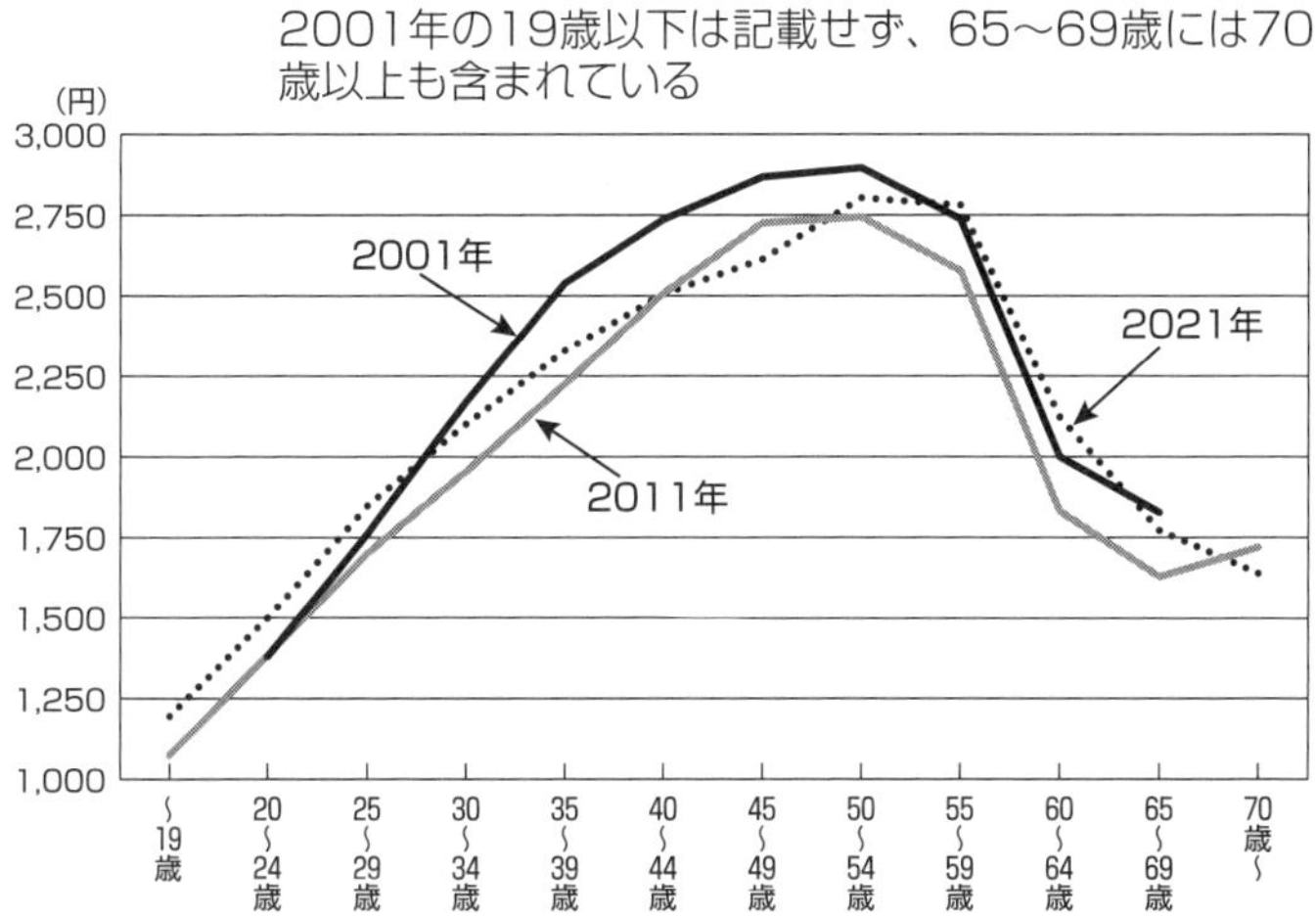

2001年の19歳以下は記載せず、65～69歳には70歳以上も含まれている

このグラフは厚生労働省の賃金構造基本統計調査を基に、３つの時代の各年齢階層別の平均時給を計算し、プロットしたものです。

＊　あらかじめ断っておきますが、米国と異なり、日本には昔から〝時給（＝Wage：時間当たり賃金）〟というデータがありません。勤労者の経験がある方ならおわかりいただけると思うのですが、日本の勤労者給与は、毎月決まって支払われるものが、所定内給与（＝固定給）と所定外給与（＝残業代、その他手当）に分かれており、さらにこれに特別に支払われた給与（＝ボーナス、その他）が加わります。ですので、賃金上昇率を考えるときに、欧米と同じ尺度になるデータがないのです。仕方がないので私は労働者に1年間に支払われた給与総額を、労働者が1年間に働いた総

労働時間で割ることで、日本の〝時給（＝Wage：時間当たり賃金）〟を計算して使うことにしました。

さて、グラフをよく見ると、日本の労働賃金は、２００１年においても、２０１１年においても、２０２１年においても、若いうちは賃金が安いのですが、それが年齢とともに緩やかに上昇してゆき、50～54歳になるところでピークを打っています。そこから先は、年齢とともに急激に低下するという、上り坂→崖、という形となっています。

＊　この54歳までの賃金上昇を日本ではベースアップと呼んでいますが、これはここで取り上げる、賃金上昇率とは違います。なぜなら、いくら年齢が上がるにつれてこのカーブに沿って賃金が上がったとしても、労働者の生涯給与はそもそもの金額から変わっていないからです（生涯給与が増えるならば、それは賃金の上昇として計算されます）。労働者個人としては54歳までは賃金が増えるので、ベースアップは嬉しいことかもしれませんが、そこから先のことはほとんどの人が考えていません。もっとわかりやすい方法を使って、ベースアップは労働者にとっての賃金上昇ではない（あらかじめ約束されていた生涯賃金は変わらない）ことを、もっと若いうちから日本の労働者に説明しておく必要がありそうです。

＊　この年功賃金カーブ全体が上昇すればそれこそが賃金の上昇であり、下落すれば賃金の下落です。

ちなみに、この年功賃金カーブから計算される賃金上昇率は、20〜69歳までの各年齢階層の平均で、2001年から2011年にかけて－6・9％、2011年から2021年にかけて＋6・0％という結果が得られました。20年間で日本の賃金（もしくは生涯賃金）は若干減少していました。

このような賃金カーブは、元々は〝年功序列賃金体系〟と呼ばれる仕組みで、日本独自に発達した〝終身雇用（定年まで企業が雇用を保証するという仕組みです）〟とセットでつくられたものです。というのも、そもそも日本の雇用体系は、戦後につくられた55歳を定年とする終身雇用制度が基本となっていたのですが、このときのカーブこそが50〜54歳が賃金のピークとなり、そこで定年を迎えるという設計だったのです。つまり初期のころは、この年功序列制度に守られ、労働者は定年まで一定程度の年収アップが約束されていたので、自らすすんで転職しようとは誰も思わなかったのです。こうした仕組みは、人手不足が続いた高度経済成長時代には、国全体としてはうまく機能していました（企業としてみれば、人手不足を心配する必要がありませんでした）。

ところが1994年に法改正があり、60歳未満の定年が原則として禁止され、4年後の1998年の施行によって60歳定年の時代が本格的に始まりました。ですがこの直後に時代は変わり、バブルは崩壊し、成長は著しく鈍化し、またたく間にデフレの時代に突入してしまいます。さらに定年は、2000年代に入って65歳にまで延長されることになりました。

デフレの時代に突入するなかで、終身雇用を維持したまま定年を延長し、なおかつ年功序列制度を残していくだけの体力を、すでに日本の企業はどこも保持していませんでした。企業側の言い分としては、定年は60歳まで、さらには65歳まで伸ばしましょう、しかし賃金は減額させてください、というのが妥協策だったのです。一方、労働者側も、すでにデフレの時代に突入していたこともあり、雇用の確保のためにはこれをすんなりと受け入れざるを得ませんでした、その結果生まれたのが先ほど見た、50～54歳まで〝緩やかな上り坂〟を上り、そこをピークとして、そこから〝崖〟から落ちるように急激に減少するという、現在の日本の賃金体系なのです。

## 労働の過剰供給の元凶は〝世代〟にあった

しかしこの〝緩やかな上り坂→崖〟という賃金体系が、直接的な賃金デフレの原因ではありません。たとえば各年齢階層（12の階層に分かれていると仮定します）に全社員の８・３％程度の社員がいて、終身雇用体制の下で毎年全社員の１・７％の新人が入り、毎年１・７％の社員が退職していく、というような会社を想像してみてください。この会社の場合、社員一人当たりの平均時給は何年たっても変わりません。

しかしピークとなる50～54歳の階層に全社員の15％程度が〝こぶ〟のように密集していて、残りの85％が均等にそれより若い層に散らばっていたらどうなるでしょう。〝こぶ〟のところが50～54歳の層に入るまで、この会社の労働者に支払われる賃金の総額は増加していきます。ところがその〝こぶ〟の年齢階層の労働者が、55歳を超え、60歳を超え、65歳を超えるところでは、この会社の労働者に支払われる賃金の総額は減少します。年齢構成割合に偏りがあると、たとえ最初に決められた賃金体系に変化がなくても、全体の総支給額が時代によって変わってしまうのです。

次ページ**図表１-４**からこの問題点がわかります。

このグラフは、５年刻みで各年における就業者に占める各年齢層の割合の推移を記したグラフですが、いちばん高いところにプロットされた年とその年齢階層を見てください。これは２００１年における50～54歳の階層の割合で、13・７％を記録しています。このとき、この階層を生み出した世代というのが、いわゆる〝団塊の世代（１９４７～１９４９

年生まれ）〟であり、戦後の大量生産、大量消費を生み出し、高度経済成長を支えてきました。

この世代が50～54歳の階層に達するまでは、この〝こぶ〟がベースアップの恩恵に浴することで、日本の労働者全体の給与は時代とともに増えてきました。ところがこの〝こぶ〟が55歳を超えてからは、ベースダウンの苦難に直面することで、日本の労働者全体の給与は時代とともに減っていきました。これが２００１年から20年ほど続いた賃金デフレの本質的な原因です。

ところがこの世代にも、当然のことながら引退する日が訪れます。２０２３年、団塊の世代は74～76歳となりました。年齢的な問題だけではなく、新型コロナ危機は高齢の労働

**◆図表1-4　年齢階級（5歳階級）別：就業者数に占める各階層の割合の推移**

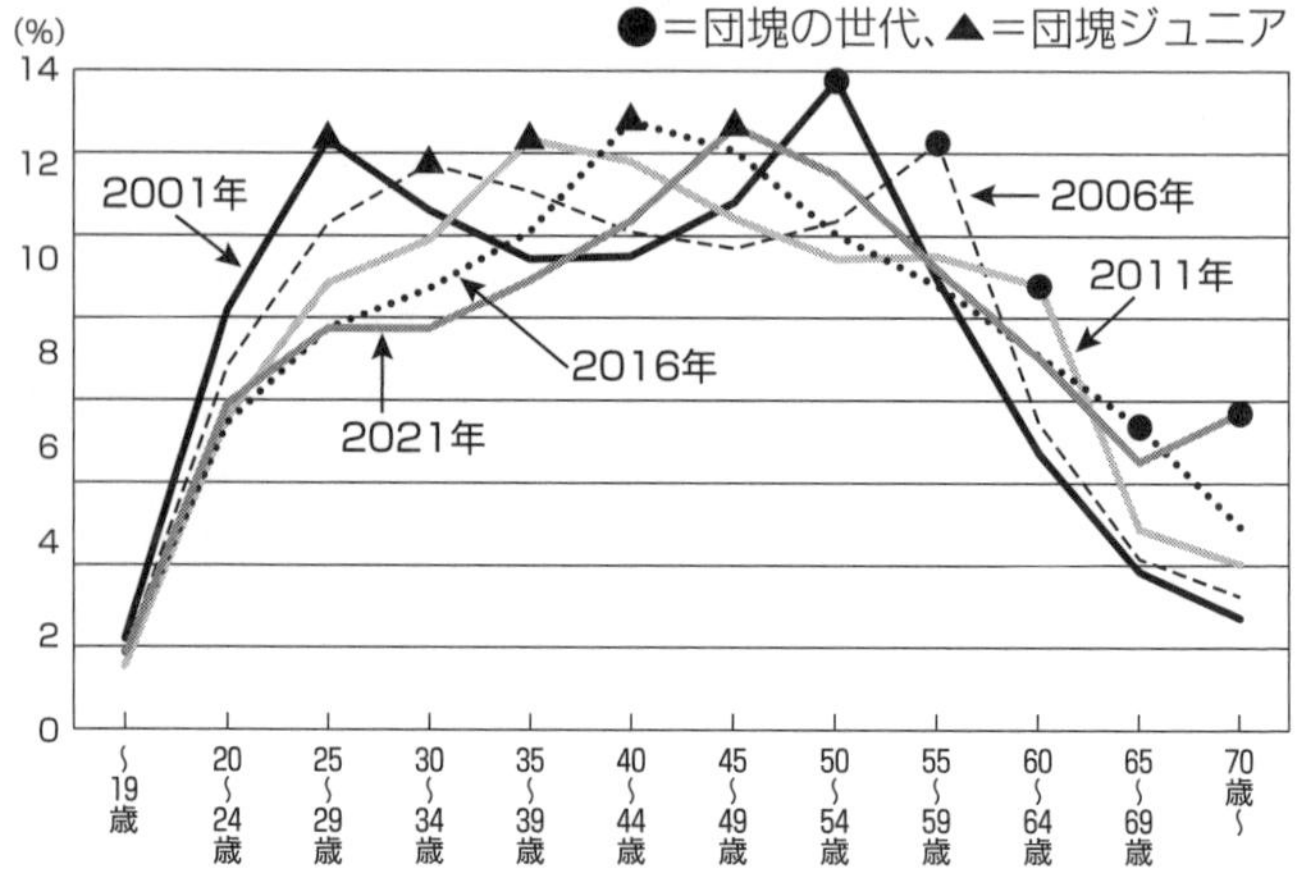

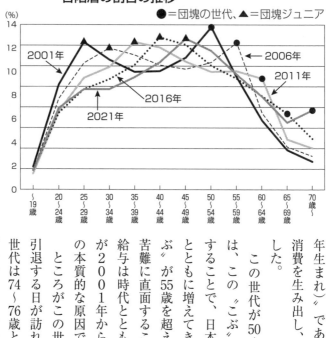

者に大きな不安を与えました。悲しい現実ですが、これを機会に引退、廃業を決めた方々が多いと聞いています。何よりもこの〝こぶ〟となった世代が年齢階層を移動することで、65歳まで5年刻みで3度訪れたベースダウンの崖に直面する労働者の数は相対的に減少しました。統計的には就業者に占める70歳以上の割合は、依然として増え続けていますが（2022年平均で7・8％に達しました）、逆に65〜69歳の割合は2017年の6・8％をピークに2022年は5・7％まで低下しています。

こうして日本の労働市場における〝供給過剰〟は、静かに解消されていったのです。

＊　もう一つ、グラフのなかで大きな▲のマークでプロットしたところを見てください。これは先ほどの〝団塊の世代〟の子供たちにあたる1971年から1974年に生まれたいわゆる〝第二次ベビーブーマー〟と呼ばれる世代です。現在この世代は49〜52歳であり、ここから55歳の壁を迎えるまで、この新たな〝こぶ〟は緩やかな年功賃金体系を上っていくことになります。もちろんその先、ここから3〜6年後には〝崖〟に差し掛かりますから、ここでもまた賃金デフレの圧力をかけることが考えられます（数量的には〝団塊の世代〟よりも8％程度就業者数は少ないようです）。

# 若年労働力が恒常的に不足する日本

ここまでのお話は世代間の凸凹が生み出す賃金のデフレ圧力についてでした。ここからは逆に賃金に加わるインフレ圧力のお話をしてみたいと思います。

**図表1-5**は日銀短観（日本銀行が四半期に一度、全国の企業約1万社を対象に行なっている「全国企業短期経済観測調査」）における雇用判断ＤＩ（雇用が余っているか不足しているかのアンケート調査）とその10年間の移動平均を記したものです。

雇用もまた景気循環の影響を受けます。このグラフでいえば、スタートした１９８５年から１９８７年にかけては、当時進行していた円高の影響を受けて、雇用環境は人手が余る状況でした。それが１９８７年後半から１９９１年まで一気に大幅な人手不足状態となってしまいます。これがバブルの残した痕跡です。バブルの崩壊とともに今度は人手が余る状況が１９９９年まで続き、ここで1回目のピークを迎えます。その後、２００７年前半まで今度は人手が不足する状態が続くのですが、それも束の間、２００９年にかけて再

◆図表1-5　日銀短観（全産業）：雇用判断DIの推移（実績）

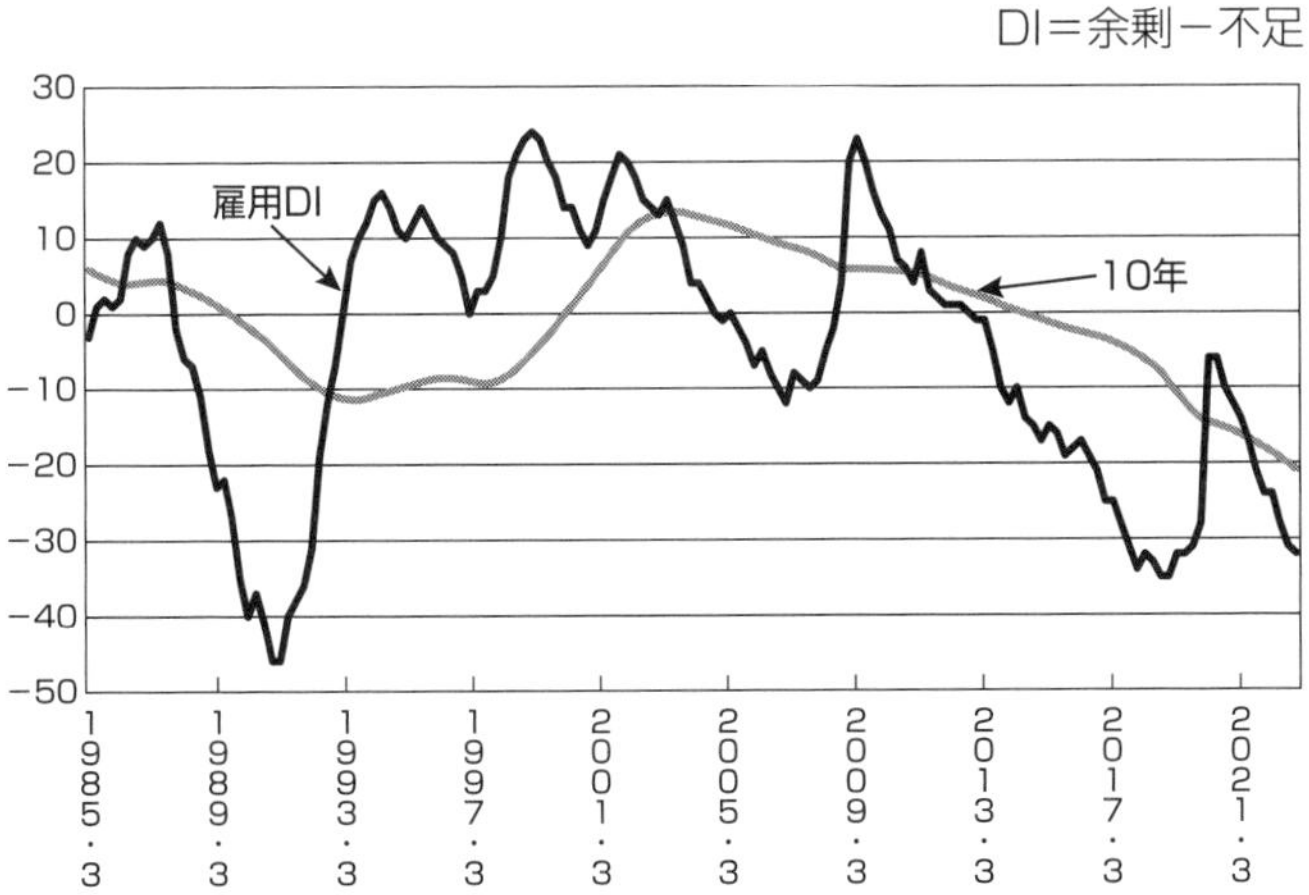


び人手が余る状態へと反転します。これは金融危機の後に起きた日本の深刻な景気後退期の痕跡です。ここで日本の雇用余剰は２度目のピークを迎えます。

そこからはほぼ一貫して人手不足の状態が続きます。途中、新型コロナ危機の影響を受けて急激に人手が余る状況になる局面もありましたが、それも短期で終了し、再び極度の人手不足状態となっています（２０２３年６月調査：最近＝－32、先行き＝－35）。

ここで、もう一つグラフに書き加えた全産業雇用判断ＤＩの10年平均値に注目してください。雇用判断ＤＩは景気循環の影響を受けて、余剰〜不足のあいだをうねるように循環しているのですが、この数字の10年平均を使って趨勢を見てみると、２００３年をピーク

（余剰の状態）として、そこから20年のあいだ、日本企業全体の雇用は不足のトレンドが続いています。企業の実感としては、労働市場は〝超過需要〟、〝過小供給〟の状態が続いているのです。これは一体何を表しているのか。

統計を見る限り、この間、失業率は2・4％〜5・5％の範囲にあり、取り立てて労働市場がひっ迫していたわけではありません。また非正規雇用者の全労働者に占める割合が22％から32％へと10％も増えており、労働力としてはこの非正規雇用者を正社員として雇用し、教育を施せば必要な労働需要を満たすことができるはずです。

結論を書くと、このアンバランスは単純な労働力の〝人数〟の問題ではなく〝質〟の問題に起因しているようです。〝質〟の点において、日本企業に必要とされる人材が、恒常的に不足し続けていることを意味しているのです。ではその必要とされる人材とは何か。誰なのか。

もちろん、どんな企業も優秀な人材を常に求めているのは当たり前のことです。だからといってこの20年間、日本の多くの企業がないものねだりをし続けていると考えるのは間違いでしょう。もっと具体的ではっきりとした質的側面において、日本企業は現在、恒常的に人手不足に陥っていると考えるべきです。

この問題について、私は次のグラフ（**図表1-6**）を使って答えを出しました。

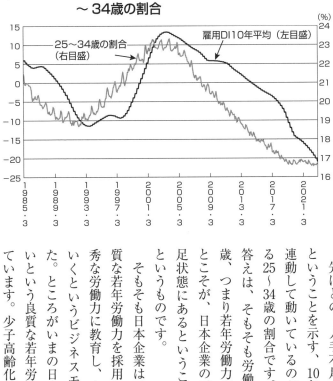

### ◆図表1-6　雇用判断DI10年平均と労働人口における25～34歳の割合

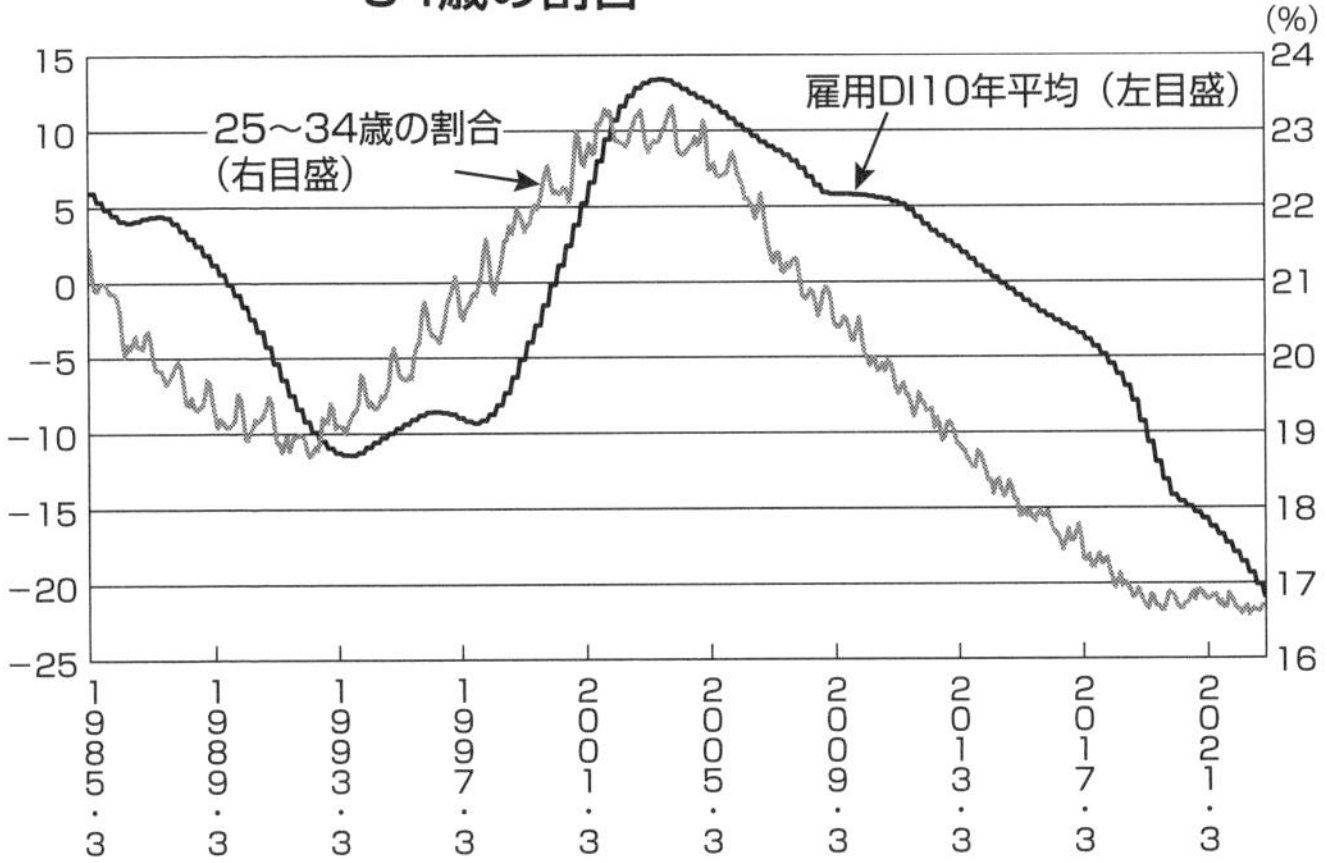


先ほどの、人手不足が恒常的に続いているということを示す、10年平均雇用判断ＤＩと連動して動いているのが、全労働人口における25～34歳の割合です。ここから私が出した答えは、そもそも労働人口における25～34歳、つまり若年労働力が不足し続けていることこそが、日本企業の雇用判断が恒常的に不足状態にあるということになる原因である、というものです。

そもそも日本企業は、若くて安いという良質な若年労働力を採用し、自らの企業内で優秀な労働力に教育し、企業活動に貢献させていくというビジネスモデルを持っていました。ところがいまの日本社会には、若くて安いという良質な若年労働力の絶対量が不足しています。少子高齢化の時代が続いているのですから、これぱかりは外国人労働者の受け入れが急激に増えない限り、そう簡単には解決できないはずです。

## きわめて粘着性の強い日本の賃金

ところが統計上ではこれを裏付けるデータはそう簡単に見つかりません。せいぜい、東証プライム市場に上場する企業（つまりは日本を代表する大企業）の初任給がここのところ年々増え続けている、等といった限定的なデータだけで、日本全体から集計した統計では、たとえ若年層に限定したとしても、残念ながら賃金が趨勢的に上昇している、といったデータは見つかっていません。

この背景には何があるのか。おそらくは非常に複雑な労働市場と、統計調査をしているとよく遭遇する〝平均値の歪み〟のせいではないかと思います。

日本人が複雑さを好むのかどうかはわかりませんが、日本社会には様々な複雑性が存在します。たとえば労働市場をみると、この章でも確認した、年功序列制度と終身雇用制度を維持しながら、奇妙な形をした賃金カーブ、がその代表例です。ほかにも、正規、非正規の違い、総合職、一般職の違い、と数え上げればきりがないほど個人差がつくられ、そこに職務経験、役職が加味されて給料が積み上げられていきます。

複雑なのは労働市場だけではありません。仕入れから最終消費者までの流通市場もまた複雑に絡み合った形につくられています。さらには、国民経済の根幹をつかさどる税制もまた、世界でも類を見ない複雑性を有しており、おまけにそれが年々微妙に変更されているというのが現実です。

これは家電製品における〝オーバースペック〟の問題とも重なります。よくいわれるのが、リモコンについている様々なボタンを、利用者のほとんどが使い切れていないという現実です。これらすべてが延長線上で〝過剰供給〟の問題と重なります。複雑であるがゆえに、変更するのがむずかしく、細かな調整が行なわれたとしても、全体をみればその影響は微々たるものに過ぎないという現実を我々は数多く見てきました。この〝複雑性〟は経済学的には〝粘着性〟と同義語です。

＊　他にも「年金の算定基準」などという訳のわからない制度のために賃金が上がりにくい仕組みが日本にはあるようです。これは今回、春闘で3・8％もの賃上げが決定されたにもかかわらず、月々発表

される毎月勤労統計を見る限りなかなか上がってこないことの、極めて現実的な原因のようです。日本の年金制度では4月から6月に支給された給与を基に1年間の徴収額が算定されるのですが（企業側と労働者側の折半です）、このコストを何とか抑制するために、日本の多くの企業は（大企業にはそういう習慣はないようです）4月から6月の給与そのものを抑制する傾向があり、今回も多くの企業で、年金の算定基準が上がってしまうので、賃金の上昇分は7月にまとめて支払うことを決めたようです。馬鹿馬鹿しいような涙ぐましいような、笑うに笑えない話ですが、これが事実だとすれば日本の労働者の賃金は7月に急上昇することになります（私はまだこれを確認できていません）。これもまた典型的な日本の複雑性と粘着性の一つですが、そもそもがこうした行動を企業と労働者に促すようになってしまったのも、社会保険の非合理的な仕組みにあるのですから、やはりそろそろ日本は本格的に世直しに取り組まないといけないのかもしれません。

もう一つの〝平均値の歪み〟とは、たとえば労働者の賃金を例に挙げると、たとえ大企業が春闘を介して大幅な賃金上昇を勝ち取ったとしても、それは国全体から見ればごく限られた部分の話で、雇用の7割以上を占める中小企業にはその恩恵は回ってこないということです。たとえば3割の企業で3％の賃上げが達成されたとしても残り7割の企業で賃上げがなければ国全体で見れば、労働者の平均賃金は0・9％しか上がらないことになります。

## 日本の製造業労働力は国際競争力を持っている

しかしながら日本の賃金からデフレ圧力が消え、替わってインフレ圧力が広がっていることも事実です。このインフレ圧力を生み出しているのは景気です。この景気を支える三大要素は、消費、投資、輸出ですが、このなかで労働市場にいちばん影響を及ぼすのが、投資です。

この章の冒頭にあげた、ＴＳＭＣ（世界最大規模の台湾の半導体メーカーです）が、デンソーやソニーと組んで１兆円規模の工場を熊本に建設するという話だけでなく、海外企業の日本への工場建設や、日本企業の国内回帰の動きがここにきて加速しています。ここまでの日本での工場建設の話は主に、国家的な戦略ともいえる半導体関連の設備投資となっていますが、それだけではありません。様々な角度から分析して、日本でつくることに「利」があるからです。

## ◆図表1-7　日米年間平均時給比較（民間部門全産業）

米国は年間平均時給に年間平均ドル円レートを乗じている

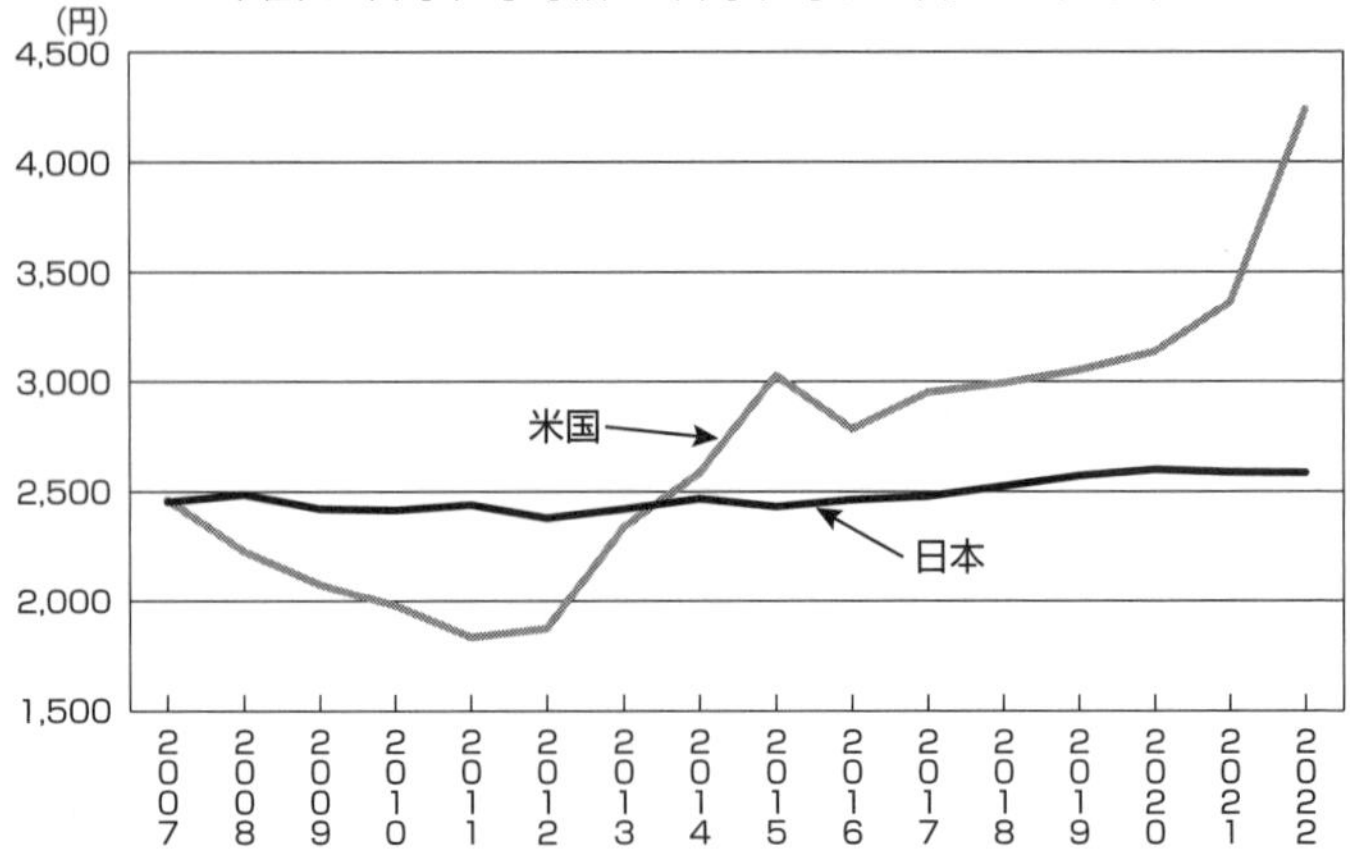


**図表1-7**は日米の民間部門全産業の平均賃金を比較したものです。比較しやすいように米国のそれは年間の平均ドル円レートを掛けて円建てにしています。

円高の影響もあり10年前までは若干日本のほうが高かったのですが、この10年は完全に米国の労働者の賃金が日本を上回っています。このグラフは全産業で比較しましたが、これを工場で働く製造業に限定すると、たとえば２０２２年の日本の製造業平均時給（一般社員＋パートタイマー）は２７４９円と計算されました。これに対して米国の製造業の２０２２年の平均時給は30・９７ドルです。これに年間の平均ドル円レート１３１・４６円を掛けると４０７２円となり、なんと日本の製造業の約１・５倍です。日本の複雑な賃金体系を考慮して、さらにこのデータを一般労働者（正社員）に絞ると、日本の製造業の平均時給は2912円となりますが、これと比較しても米国の製造業労働者の賃金は1．4倍の高さです。

これなら日本で事業展開するうえでの採算をはじくと、米国よりも圧倒的に利益率は高そうです。残念ながら諸外国との比較データは手元にありませんが、かつて急激に円高が進んだ頃は、競争力を国際比較すると、もう日本でモノをつくる意味はないとまで断言されていたのですが、前提条件はがらりと変わってしまいました。一般的には円が弱くなったからだという認識が広がっていますが、同時に日本の労働者の賃金が、もう何年も上がっていないことが根本的な理由であることも見逃せません。

## 海からのインフレは3年かけて届く

最後に、石油危機や半導体不足などの供給ショックについて簡単にまとめておきたいと思います。エネルギー資源を海外からの輸入に頼る日本では、この手の供給ショックは、それこそ死活問題でした。〝石油危機〟と呼ばれた、1973年に原油価格が70%上昇した際には国中がてんやわんやとなり、後に「狂乱物価」と呼ばれて人々の心に長く記憶されることとなりました。

しかし、このときのショックを教訓に、日本はこの手の供給ショックに対する耐久力を高めてきました。それが先述した〝複雑〟な流通経路であり、わかりやすく言えば仕入れ価格の上昇を、川上から川下までの長い流通経路のなかで、みんなで痛みを分かち合うような構造ができたのです。その結果、川上から川下への物価の変動は**図表1-8**のようなグラフで説明される仕組みができ上がりました。

このグラフは、通常の消費者物価指数（CPIコア：前年同月比）と企業物価指数（PPI：3年前比の3分の1）を比較したものです（ともに年間平均値）。企業物価指数を様々に加工していたのですが、この3年前比の3分の1というグラフが最も消費者物価指数に近い形となりました。

シンプルに答えを書くと、海からやってきたインフレを、日本経済は川上から川下へ、そして消費者に届くまでのあいだ、3年という時間をかけて価格調整をしているようです。それは関係する人々に少しずつ痛みを与えているのですが、極力最終顧客には〝ショック〟を与えないようにしている、いかにも日本人らしい涙ぐましい努力にも見えます。

**◆図表1-8　消費者物価指数（CPI）と企業物価指数（PPI）**
消費者物価指数はコア年平均前年比、企業物価指数は3年前比年平均の3分の1

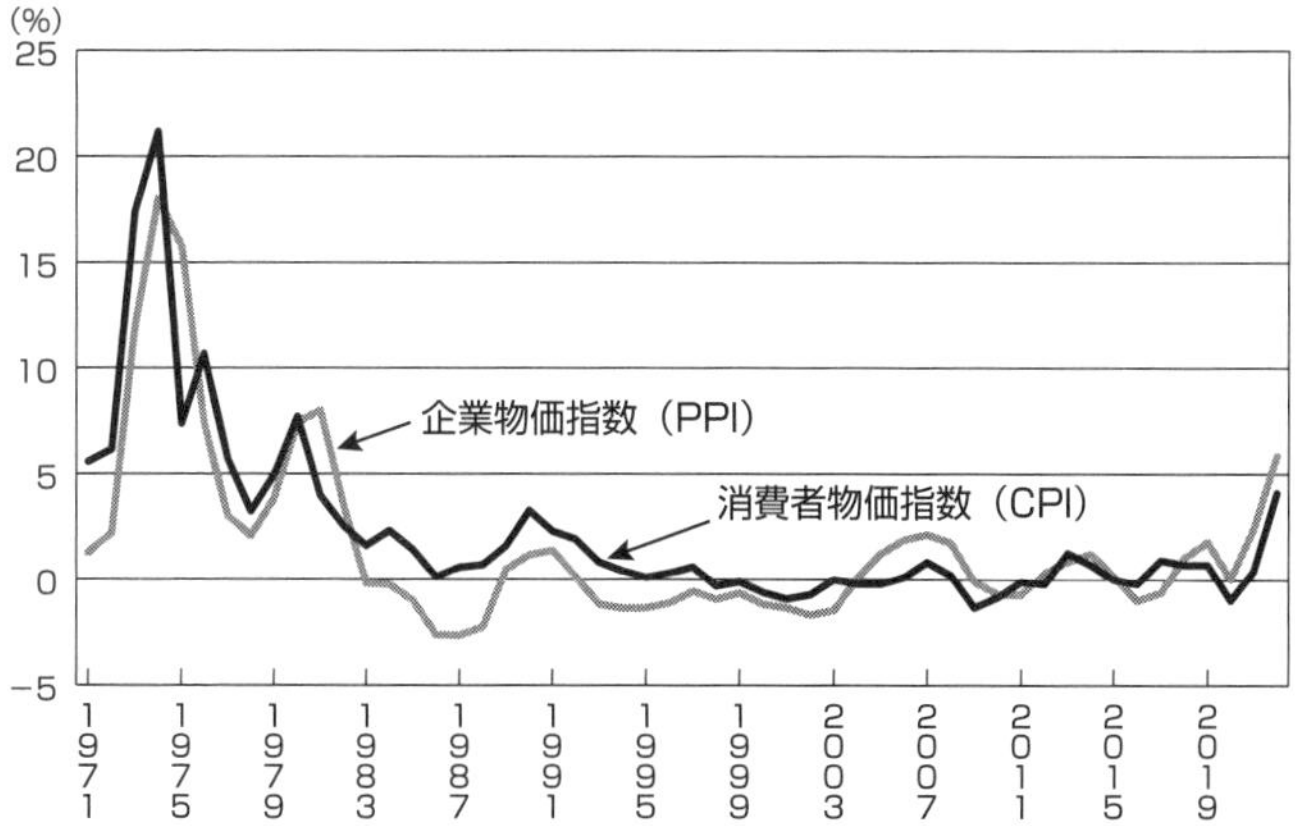


しかし、これもまた日本における物価の典型的な〝粘着性〟の姿です。今回のように、企業物価が急激な上昇を見せ（2022年12月に前年比で10・6％を記録しましたが、いまのところこれがピークとなる可能性が高そうです）、それが高止まりを続けると3年前比の3分の1の水準も、当分のあいだ6％台を記録することになりそうです。

## まとめ　日本の諸物価は少なくとも2025年までは高水準を維持し続ける

以上、様々な角度で日本のインフレを分析してきましたが、いかがだったでしょうか。この章の最後に、ここから先の私の見方を明記しておきたいと思います。

資産価格が緩やかに、それでも安定的に上昇トレンドに入ったことが国民全体に認識されるようになりましたから（日経平均株価が3万円台に乗せ、そのまま水準を維持していることは心強い限りです）、資産デフレのリスクは消え去りました。ここから資産インフレが少しずつ国民の意識に植え付けられ、それが〝期待インフレ率〟を正の数字に保つ力となるでしょう。

賃金についていては団塊の世代の多くが引退し、替わって第二次ベビーブーマーが、2026年から2029年にかけて、賃金カーブのピークを付ける50～54歳となりますから、ここまでは賃金に上昇圧力がかかり続けます。もちろん、この間に景気が大きく落ち込み、失業者が増加するような事態となればそうした楽観的な見方は消え去りますが、いまのところその気配は見えません（この問題については第3章以降で詳細に分析していきます）。

さらに海からやってくるインフレは3年かけて消費者に届く、という日本の構造を考えると、現状の供給ショックに起因するインフレ圧力は、２０２５年まで続くものと予想されます。

以上を総合すると、日本のインフレは少なくとも２０２５年まで、そこから先は景気の後退がなければ２０２９年までは続くと考えます。問題はこうした予想が現実のものとなったときに、日本銀行がどういう行動をとるか、というところですが、この問題については次章で分析することにしましょう。

OPTIMAL INVESTMENT SOLUTIONS
DERIVED FROM
WILD ECONOMICS

# 第2章

# 世直しが始まる日本経済

## デフレの時代を規定する

この章ではインフレの時代に入り、これまでデフレの時代に滞っていたもの、悪しき習慣として身についてしまったものが、否応なしにどのような形で修正されていくのかを記していくつもりですが、その前に、そもそもデフレの時代がどういう時代であったのか、それをはっきりさせておきましょう。そのためには、デフレの時代がいつからいつまで続いたのかを規定しなければなりません。

**図表2-1**は総務省が発表している消費者物価指数（生鮮食料品を除くコア指数）のなかの、年次データ（年間の平均値を集計）の前年同月比をグラフ化したものです。

このグラフにも記したとおり、本書ではデフレの時代を1995年（前年比0・0％）から2021年（前年比−0・2％）と規定しました（2022年は2・3％まで上昇しました）。この間、1997年、2014年、2019年の3回、消費税増税が行なわれ、その度に消費者物価指数を押し上げてきましたが、そうした〝ノイズ〟を除くと、27年の

### ◆図表2-1　消費者物価指数（コア：年次）：前年比の推移

年次で見ると1995年から2021年まで（27年間）がデフレの時代

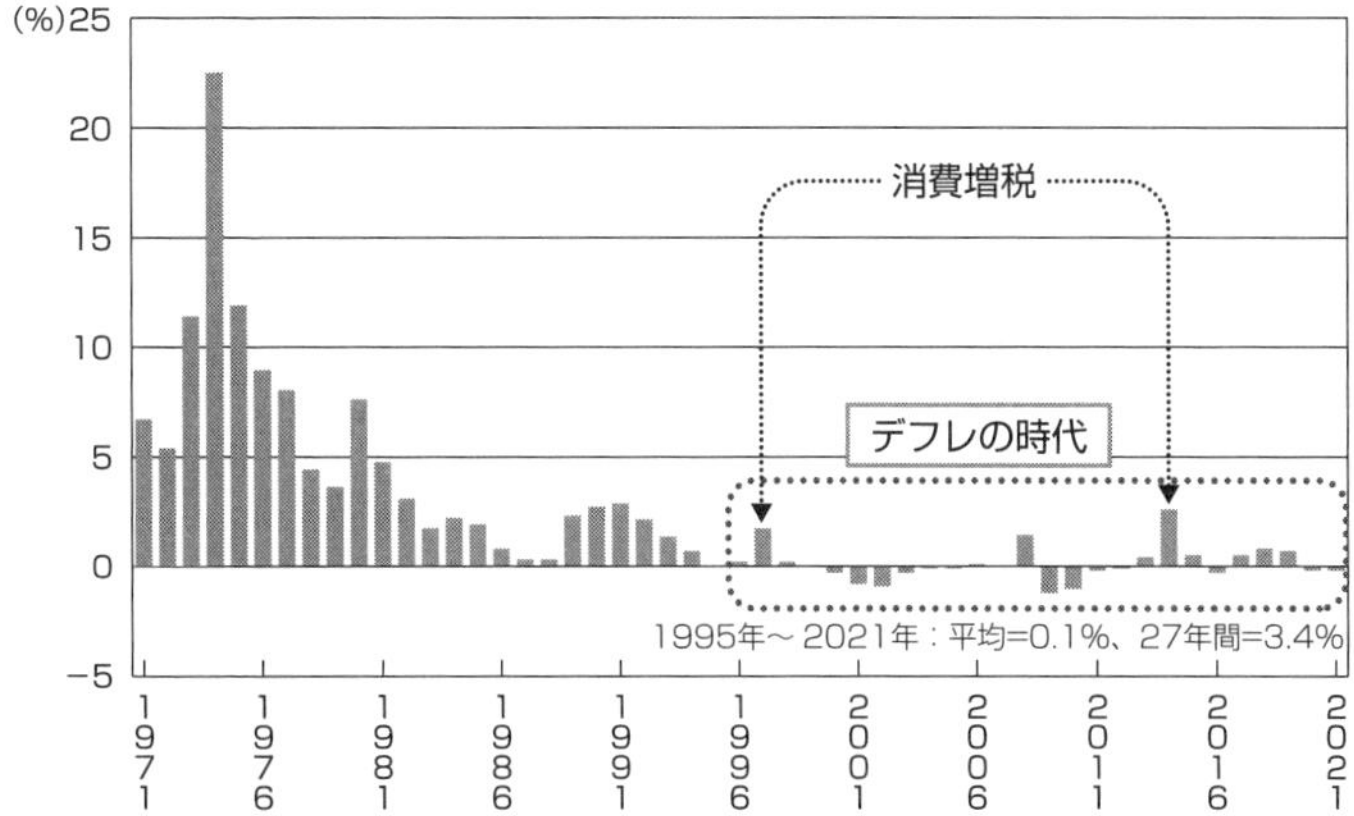


長きにわたり、日本はデフレの時代を経験してきたといえます。

この間の、平均インフレ率は消費税引き上げ分を入れても0・4%、27年間で計算しても3・4%しか上昇していません。

## デフレ時代の変化

ではこの時代に、インフレ率以外の指標はどのように変化したでしょうか。次《ページ》**図表2-2**は、1994年末から2021年末までの、各指標の増加率です。

この間、インフレ率以上に伸びなかったものは、賃金（勤労統計から私が算出した、総

◆図表2-2　デフレの時代の増加率（1995年～2021年）

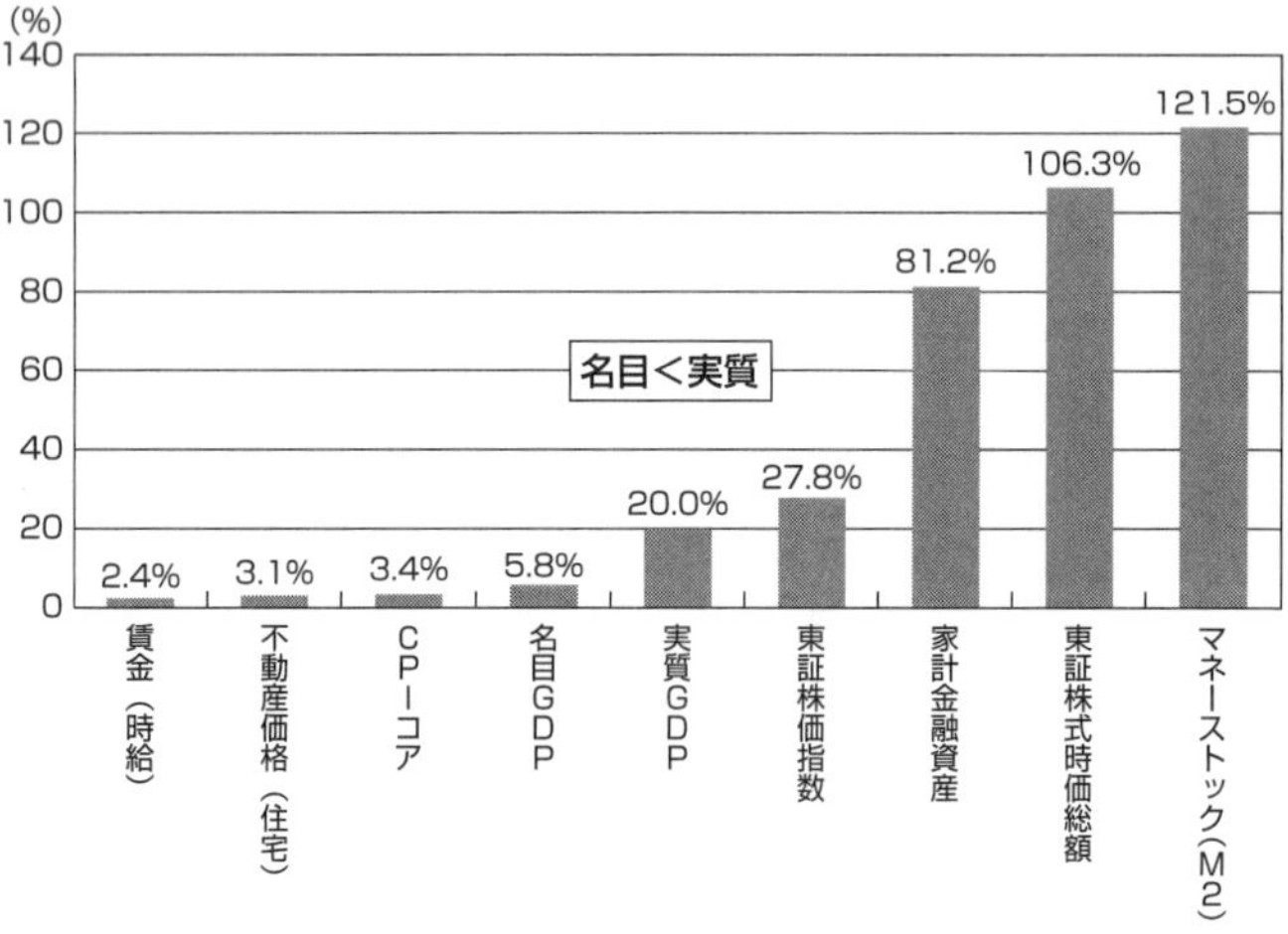


労働者の時間当たり賃金です）と不動産価格でした（第1章で使用した国土交通省が発表する住宅用不動産価格指数から計算しました）。経済成長はインフレ率よりも大きかったのですが、驚いたことに名目成長率よりも実質成長率のほうが大きかったという結果が得られました。これは典型的なデフレの症状です。

次に東証株価指数（TOPIX）と東証株式時価総額の増加率を比べてみてください。東証株価指数は27・8％とほぼ年平均1％しか増加していないのに、時価総額のほうは106・3％の増加と、27年間で倍増しています。奇妙に思われたかもしれませんが、これはデフレ時代に入り、金利が著しく低下するなか、企業がIPO（新規公開株の上場）

やPO（既上場株の増資）に邁進したことを表しています。その一方で、投資家は少しでも儲かるものをと、積極的に資金調達に応じていたわけです。

しかし、株価は年平均1％しか上がりません。経済が成長していないのですから当たり前の話なのですが、投資家にしてみれば、資金調達には手を貸してあげたが、そのあとちっとも株価は上がらなかったということになります（それでも1％は上がったのですから、これに配当を加えれば金利よりはましだったと理解しておきましょう）。

ところが、株価が上がらないのに家計の金融資産（これは日銀の集計している資金循環表からデータを取得しました）は81・2％も増えています。中身をよく見てみると、ほとんどが現預金でした。これはある意味、極めて経済原理にのっとった行動であったといえるかもしれません。なぜなら、デフレの時代に突入し、モノの価値が下がり、その分現金の価値が上がるのですから、こちらを増やしておこうとするのは合理的です。金利がない時代に入ったのだからと配当利回りの高い株式投資を勧める人もいたのですが、価格変動リスクのある株式よりは、儲からなくても損することのない現預金にお金が滞留していったのも仕方のない話です。

もちろん、この間、日本銀行は必死に金融緩和に努めました。政策金利を0％まで落とし、最後はマイナス水準にまで誘導しました。米国に倣い国債の買いオペを断行し、流通量の半分以上も買い占めてしまいました。こうした効果は、とりあえずマネーストック（M2：市中を流れるお金の総額）に反映され、この残高は27年間で2・2倍になりました。しかし効果はなかった。これについては意見が分かれるところですが、第1章でも見たように、私は日本がデフレから脱却できたのは、団塊の世代が労働市場から撤退するのと新型コロナ危機が世界を襲うのと、奇しくもタイミングが同じだったからだと思います。もちろん、金融緩和はデフレを食い止めるためには必要不可欠な政策だったのですが、いかんせんすべてが手遅れになってからの施策でした。

## 同時代の米国の変化

ではデフレに陥らなかったら日本はどうなっていたのでしょう。歴史にＩＦ（もしも）という仮定を加えるのは意味のないことですが、同じ時代に米国では何が起きていたのかを調べることは、デフレとインフレの違いを理解するのに有効かもしれません。試しに、同じ27年間の米国における各指標の増加率を調べてみました。**図表2-3**をご覧ください。

## ◆図表2-3　米国：日本がデフレの時代の増加率(1995年～2021年)

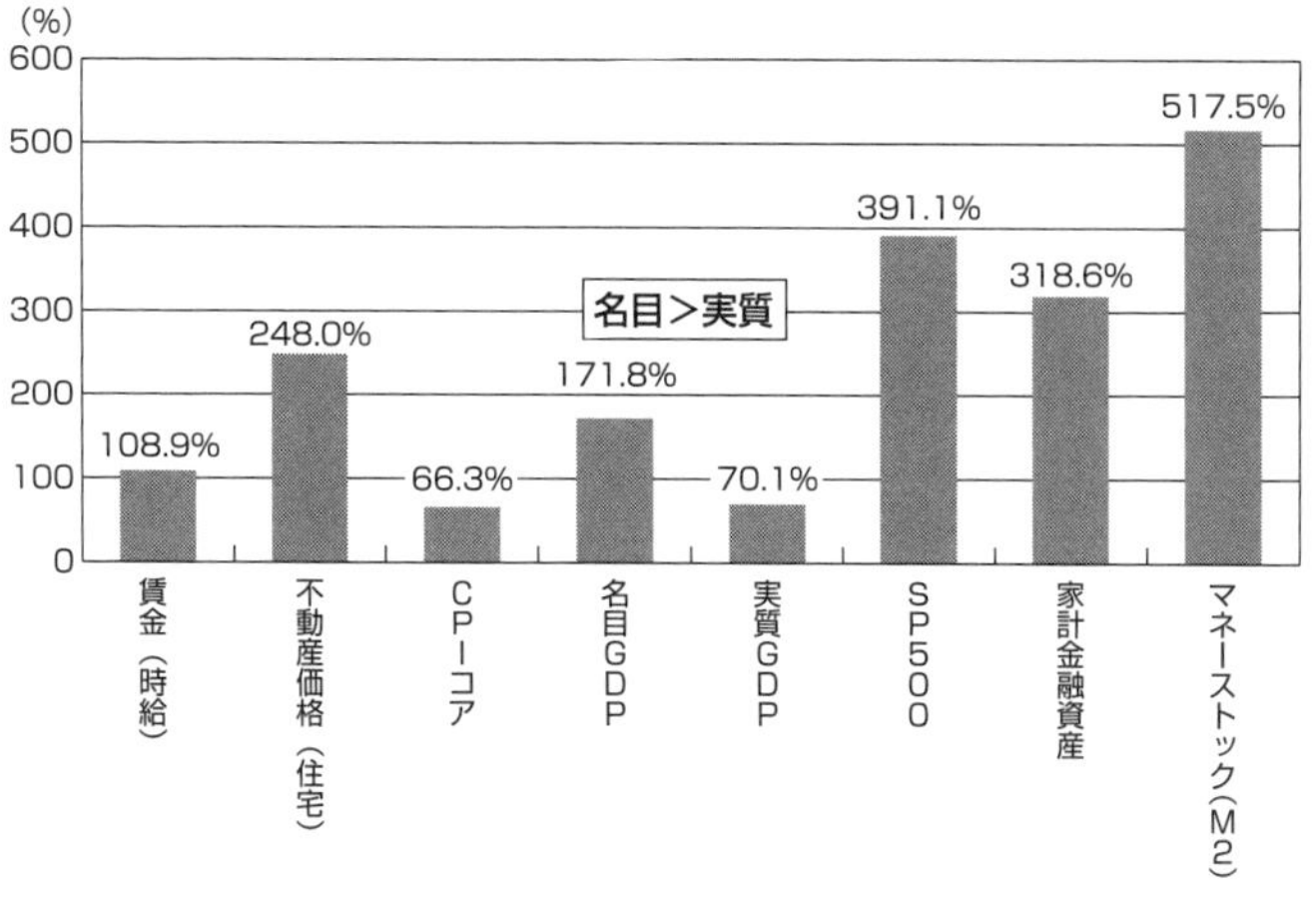


横軸の並び順は日本のときと同じにしてあります（ただし、米国株式市場の時価総額は正確な数字が把握できないのと、米国外の企業の上場が日本よりも多いため、比較する意味がないと判断し、グラフに載せていません）。

最初に注目したいのが、賃金と物価（CPIコア）の関係です。この27年のあいだに米国経済は、ITバブルの崩壊～金融危機～日本よりもはるかにひどいコロナ危機、とそれなりに艱難辛苦を経験してきたのですが、日本とは異なり、賃金の上昇率のほうが物価の上昇率を上回っています。同時に、名目GDPが実質GDPを上回り、拡大成長を遂げた健康的な姿を表しています。

何よりも目に付くのが、株価（SP

500）や住宅用不動産価格が、5倍、3・5倍という成長を遂げ、資産価格が大きく伸びた姿を見せています。これを受けて家計の金融資産も4倍にまで増えています。

## 2022年4月から始まったインフレ時代の途中経過

次にインフレ時代が始まった2022年4月からの日本の指標を観察してみましょう（**図表2-4**）。まだデータによっては1年が経過したばかりのモノもありますが、果たしてインフレ時代の途中経過はどうなっているのか気になるところです。

残念ながらまだ賃金の上昇率は物価のそれを上回ってはいません。しかし名目成長率は実質成長率を上回り、まだ時間は1年しか経っていませんが、これまでのところは拡大成長型の健康な経済の形を取り戻しています。

特筆すべきは株価が大きく上昇しているところでしょう。一方でデフレの時代と異なり、時価総額が株価の伸びに追いついていないという奇妙な現象が起きていますが、これはこの間、自社株買いが頻繁に行なわれ、それらが株式の消却＝流通株数の減少に結び付

### ◆図表2-4　インフレの時代の増加率（2022年3月〜直近）

不動産価格、CPIコア、東証株価指数はすでにデフレの時代の累積値を突破

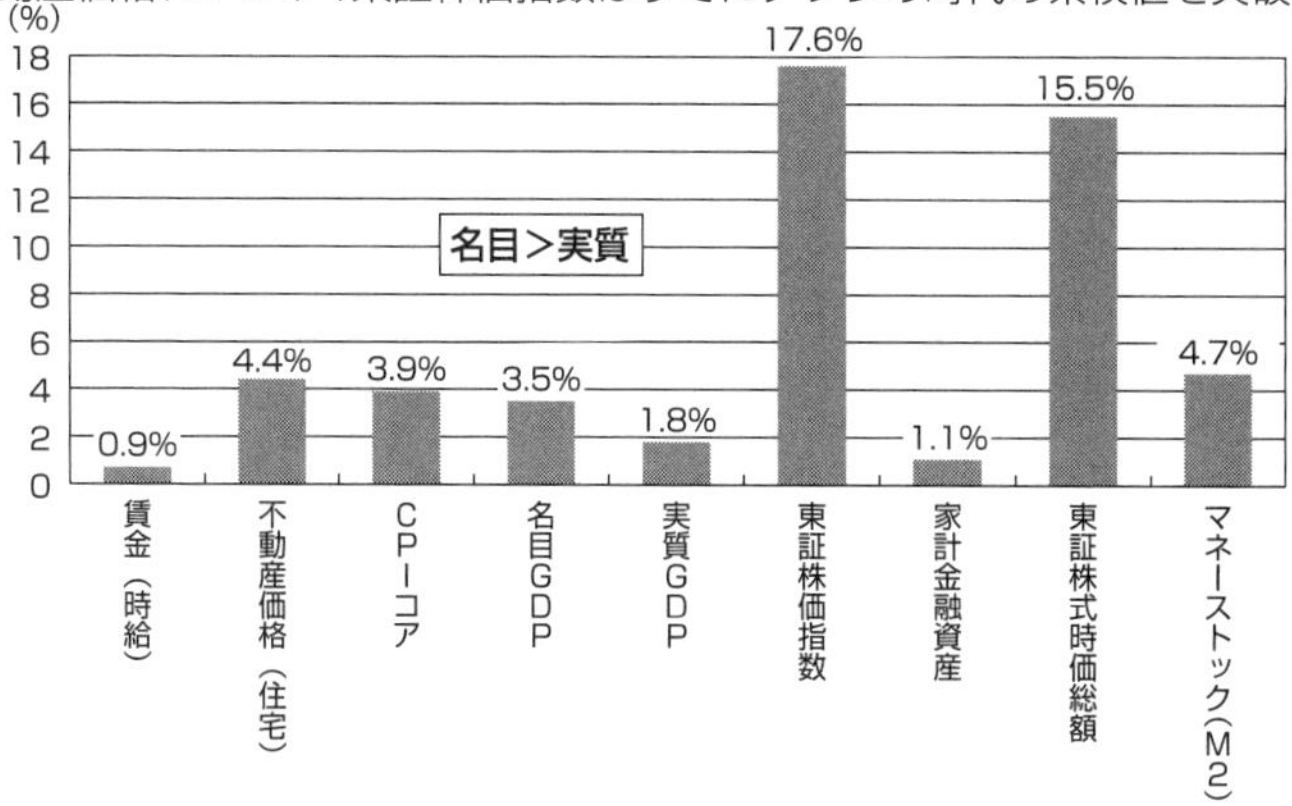


賃金、CPIコアは23年5月まで、GDP、不動産価格は3月まで、東証株価指数、時価総額、マネーストックは6月までのデータから計算

いたためではないかと思われます。

さらに、この期間、住宅用不動産価格の上昇が顕著です。株価の上昇と相まって、両者の上昇は紛れもなく日本の資産価格が上昇していることを意味します。これこそが待ち望んでいたインフレ型経済のモデルであり、先ほど見た米国のそれと同じ形です。残念ながらこの期間、家計の金融資産の伸びは微小にとどまっていますが、これはまだ家計が本格的に株式投資に乗り出していないからでしょう。まだまだ道は半ばですが、良いスタートを切れたのではないかと思います。残るは賃金の伸びが物価の伸びを上回るところまで上がってくるかどうかです。

## 〝狂乱物価〟の心配

インフレが進行するというと、日本人の誰もが1974年に起こった物価の異常な高騰を比較の対象とするようです。あの時代は、まず1971年12月に為替レートがそれまでの360円から308円に切り上げられたことをきっかけに、輸出が短期的な落ち込みをみせるのですが、ここで景気の悪化を憂いた日本銀行が金利引下げを行なうところから始まります（当時の政策金利であった公定歩合を5・25％から4・25％へと1％切り下げました）。

ここに登場した田中角栄内閣が、「日本列島改造論」の名の下に、強烈な景気刺激策を加えたものですから、景気はあっさりと回復しました。しかし、それ以上に地価・物価・賃金が揃って高騰しました（地価上昇は第1章で見た資産インフレ期待を生みますし、賃金は景気回復の産物として上昇を加速させていきます）。さらに追い討ちをかけるように、第一次石油危機の発生により原油価格が上昇したことが加わり（これも第1章でお話しした供給ショックですね）、こうした状況が積み重なって、1974年には消費者物価指数の総合もコアも、2割以上の上昇となってしまいました。これがいわゆる、〝狂乱物価〟のあらましです。

ただ、このときのことを引っ張り出して、現在と比較してもあまり意味がありません。なぜなら、そもそも当時の先進国の金融政策は、戦後経済を支えたブレトンウッズ体制と呼ばれる実質的な金本位制度を放棄したばかりで（1971年に米国ニクソン大統領がこれを突然決定したことから、この事件は〝ニクソン・ショック〟と呼ばれています）、現在のような〝2%インフレ目標〟というような、先進諸国が共通して持つ政策目標などといったものはありません（このことに関しては第3章で解説します）。また日本の場合、団塊の世代はこのとき25～27歳で、まさに国家の需要を牽引する役目を担っていました。加えて、当時発生した「石油危機」（OPEC加盟産油国のうちペルシア湾岸の6カ国が、原油公示価格を1バレル3・01ドルから5・12ドルへ70%引き上げることを1973年10月に発表し、さらにそれを1974年1月には11・65ドルへ引き上げると決定したという事件です）の本質は、産油国の政治的戦略（この頃のアラブ諸国はこぞってイスラエルと敵対関係にありました）の手段であったわけですから、これも現在とは違います。

## ハイパー・インフレーションのリスク

インフレが天文学的な数字にまで上昇する現象を〝ハイパー・インフレーション〟と呼び、実際に、1923年のドイツ（物価が1カ月で500％も上昇したと記録されています）や、2008年のジンバブエ（こちらは7月に公表されたインフレ率が2億3100万％と記録されています）などでその実態が観察できます。なぜこのような惨劇が起きたかについては、様々な角度から分析が行なわれているようですが、まずは共通する要素としてハイパー・インフレーションが起こる原因として挙げられるのが、マネーサプライの過剰な増加（過剰な金融緩和状態）です。もちろん、マネーサプライの過剰な増加などといった現象は金融緩和すればしょっちゅう起こるわけですから、これだけで必ずハイパー・インフレーションが起こるわけではありません。問題は、過去の例を見る限り、過度のインフレが発生しているにもかかわらず緩和的な金融政策を続けなければならない、そもそもの金融政策にあるようです。そもそもの、と断り書きを入れたのは、ここで言う金融政策とは、金利を上げたり下げたりする金融政策ではなく、紙幣を増発するというもっと現実的で直截な金融緩和政策だという点です。

ドイツのケースにしろ、ジンバブエのケースにしろ、ハイパー・インフレーションは過度の財政赤字状態、それも単年度の税収が政府の支出を賄えないときに起きています。とくにドイツの場合は、第一次世界大戦終結時に定められた多額の賠償金を戦勝国に支払う義務がありました。当時のドイツ政府はこの支払いのために巨額の財政赤字に陥り、最終的には支払いのために紙幣を増刷せざるを得ない状況（いわゆる、財政ファイナンスです）にまで追い込まれたようです。ハイパー・インフレーションの本質がここにありそうです。

つまり、インフレーションが何によってハイパー・インフレーションに変異するかといえば、それは国家という永久機関（形式的には自国通貨で借金をしている限り、倒産はありません）故に起こりうる、無限のマネーサプライ増加のリスクです。政府が不足する税収を補うために際限なく国債を発行し、それを中央銀行が引き受け政府に紙幣を支払い、受け取った政府が債権者である諸外国に支払うというサイクルが確立されたとき、インフレーションはもはや中央銀行がコントロールできる〝貨幣的現象〟ではなくなり、国家が解決すべき〝財政問題〟、もしくは〝通貨問題〟としてハイパー・インフレーションへと大化けする可能性を秘めています。

なぜこのような悲惨な事例をわざわざ取り上げたかというと、いまの日本の置かれている立場が、このハイパー・インフレーションのリスクを少なからず含有している可能性がゼロではないからです。幸い日本の場合、他国からの借金も課せられた賠償金もありません。ましてや国の債務はすべて自国通貨建てですから、形式上、倒産する可能性はありません。

しかしインフレ時代に突入したにもかかわらず、いつまでも金融緩和が続き、相反するように税収が増えない事態が恒常化すれば、ハイパー・インフレーションのリスクが高まっていく可能性があります。加えてここから日本の生産力が急速に悪化し、輸出が低迷する一方で、資源価格が高騰するなどして輸入が増加傾向を辿ると、海外への支払いが増え、これもまたハイパー・インフレーションのリスクが高まる要因となります。ただでさえ日本の財政赤字がすでに天文学的な数字に増え、さらにその金額の半分以上を現在は日本銀行が保有している（形式的には半分以上が財政ファイナンスされている形です）のですから、日本滅亡論者が気勢を上げるのも無理のない話です。

ただ、幸いなことに、インフレ時代が始まってから日本の税収は順調すぎるほどの勢いで増え続けています。先ほど確認したように、インフレ時代に入ったことで、名目成長率が実質成長率を上回り、これまでよりも高い税収の伸びが確認されています（税収は名目成長に連動して増減します）。また、ここのところ貿易収支は輸入超過の状態が続いていますが、日本の対外純資産残高は2022年末の時点で419兆円もあり、毎年増加傾向にあります。ちなみに政府の外貨準備は2022年末現在で162兆円となっています。さしあたりインフレの時代に入ったからといって、これが歴史上起きたハイパー・インフレーションに変異するリスクに怯える必要はなさそうです。

＊　もちろん、これから日本の人口がどんどん減少したり、かつてないほどの天災が日本を襲ったり、さらには資源価格が急騰したりといった、日本を様々な不幸が襲うシナリオが描けないわけではありません。しかしその発生確率が何％かといえば、そんなものは計算できるものではありません。唯一、まともな悲観シナリオを考えるとすれば、それは大きな軍事的緊張が高まり、日本における防衛費が急増し、さらにその費用のほとんどが諸外国への支払いを義務付けられているケースでしょう。安全保障を諸外国に丸投げし、その支払いに税収が追い付かない事態となるなかで、国力が衰退の一途を辿る事態となれば、日本にハイパー・インフレーションが起こる可能性は高まります。あくまで仮定の話ですが、いずれにせよこうした不測の事態が起こるとすれば、それは金融政策が要因ではなく、国家経営に問題がある場合であることを覚えておいてください。

# 価格調整機能を失った日本の債券市場

いくつか仮定の話ばかりが続いたので、ここからはもう少し現実的な話をしていきたいと思います。物価の番人であるはずの日本銀行が、インフレの時代に突入した日本において、いまのところ金融政策を変更する気配は見えません（2023年7月現在）。しかしながら未来の予想図を見ると、インフレ時代が始まった2022年4月からと比べると、2022年度見通しが1・9％から最終的に3・0％へと1・1ポイントの、2023年度が1・1％から1・8％へと0・7ポイントの、そして2024年度が1・1％から2・0％へと0・9ポイントの、それぞれ上方修正が行なわれています（いずれも展望レポートにおける委員の中央値）。

＊　その後発表された2023年7月度展望レポートでは、2023年度が2・5％に0・7ポイントさらに上方へ、2024年度は1・9％に下方修正されています（2025年度は1・6％で4月の見通

しのままでした)。

慎重居士の日本銀行ですから、そう簡単に目標値である2%を超えてくるという予想は立てていないようですが、逆に言えば2%を安定的に超えてくるという予想を立てたなら、金融緩和を続けていくわけにはいきません。インフレ目標政策というのは、目標値を超えてインフレが進みそうならば金融引き締めを、目標値を下回りデフレに進みそうであるならば金融緩和を行なうというのがマニュアルですから、中央銀行の見通しが非常に重要になるのです。

これに対して市場はどのように先行きを見ているのでしょうか。残念ながら日本の債券市場は日本銀行の買いオペによって、流通量の半分以上を吸収されてしまったので、かつてのように市場が自由に将来の金利水準を各年限の金利のなかに織り込んでいくということはできなくなってしまいました。加えて2016年9月から始まったYCC(長短金利操作、イールドカーブ・コントロール)政策により、10年金利が一定の範囲に閉じ込められてしまっていますので、10年近傍の金利の価格調整機能は失われています。

## 2023年7月、日銀金融政策決定会合

それでもなんとか市場は生きながらえ、狭い範囲のなかで細々と取引は続いています。では、そこで織り込まれている日本の将来の政策金利は一体どんなものなのでしょうか。

これを調べるには、いまの植田和男日銀総裁が、まだ日銀の審議委員時代に使っていた、最も単純な長期金利決定モデルが参考になりそうです（2001年4月18日、青森県金融経済懇談会における講演より）。

最も単純な長期金利決定モデルというのは、2年の金利はこれから2年間の、3年の金利はこれから3年間の政策金利の予想値を織り込んでつくられる、という極めてシンプルなモデルです。もちろん、このモデルで何十年先までも予想できるわけはないのですが、それでも5年程度までならそれなりの整合性がとれることがこれまでのデータから確認できています（金利は長くなればなるほど、何が起こるかわからないという不確実性を市場は織り込むことになるのですが、この不確実性をターム・プレミアムと呼んで、また別の

もっと複雑な長期金利決定モデルに使われています）。

ちなみに、2023年7月27～28日に開催された金融政策決定会合において、日銀はYCCの修正を決め、長期金利の上限は0・5％を「めど」としたうえで、市場動向に応じて0・5％を一定程度超えることを容認することとしました。整理して書くと10年金利の目標水準を±0・5％と継続しつつも、その許容範囲を±1・0％までとしたのですから、実質的には政策を解除したのと同じです（このあたりの分析も第4章でまとめて行なうことにします）。おかげで7年～10年の債券の利回りが、この日だけで0・1％ほど上昇しました。

## 債券市場に織り込まれている金融正常化への道

これで完全に債券市場の機能が復活したと言い切るには不十分なのですが、それでも2023年7月28日の国内債券市場の終値は次のように財務省に記録されています。

1年＝－0・104％、2年＝－0・015％、3年＝－0・01％、4年＝0・043％、5年＝0・162％……

注目の10年債利回りは0・551％となりました。

さて、これらの数字を使って将来の政策金利（無担保コールレートの誘導目標）を考えてみましょう。先ほどのやり方を使うと、1年後の政策金利は1年金利と等しくなります。2年後の政策金利は2年金利を2倍したものから1年後の予想政策金利を引けば求められます。3年後の政策金利は3年金利を3倍したものから1年後と2年後の予想政策金利を引くことで求められます。こういう手順を行なって5年後までの政策金利を計算すると次のような結果が得られました。

1年後＝－0・104％、2年後＝0・074％、3年後＝0・000％、4年後＝0・202％、5年後＝0・638％

どうやら債券市場は、3年以内に現行のマイナス金利政策（無担保コールレートを－0・1％に誘導する政策で、傘下の銀行からは不評です）を解除し、4年後には本格的に政策金利が引き上げられていく、という絵を描いているようです。

## 日本経済の潜在成長率は0%台の前半?

2023年7月に開催された日銀金融政策決定会合の結果に対して、人々はもっぱらYCCの修正に沸き立ったようですが、実は私がいちばん驚いたのはそこではありません。28日に発表された「基本的見解」をベースに説明すると、〝2．わが国の経済・物価の中心的な見通し〟のなかの〝(1)経済の中心的な見通し〟の項目のところで、最後になって次のような文章が書かれていました。

〝潜在成長率は、デジタル化や人的資本投資の進展による生産性の上昇、設備投資の増加による資本ストックの伸びの高まりなどを背景に、緩やかに上昇していくとみられる（注釈）。〟

これまで日本銀行は、ＦＲＢがフォワードガイダンスで使う〝経済の長期的見通し〟という概念の数字を、はっきりと公式には発表してきませんでした。今回の展望レポートで〝潜在成長率（ＦＲＢに置き換えれば〝長期経済成長見通し〟に近い数字です）〟について語るというのは、これはフォワードガイダンスの拡充（国民と世界の投資家に向けて、これからの日本経済と、それを支える日本銀行の金融政策を説明する唯一の機会です）への、第一歩です。

＊　日本銀行は２０１３年１月に「目標インフレ率２％」を発表したのですが、ＦＲＢのようにこれを支えるフォワードガイダンスの基礎データをきっちりとはつくってきませんでした（つくられているのかもしれませんが、発表はされてきませんでした）。黒田日銀前総裁が始めた「異次元の金融政策」を説明する際にも、〝マネタリー・ベース（国債を買い入れることで市中に放出される資金のことです）を２倍にして２年でインフレ率を２％にする〟という単純な方策は何度も連呼されたのですが、その後はどうなるのか、２％のインフレ目標を達成する際の前提となる、長期的な日本の経済成長見通しも、それらを安定的に支えていくための長期的な日本の政策金利見通し（これはＦＲＢにおいては中立金利＝長期的なＦＦレート見通しとして世界中から注目されています）も、いまだに発表されていないのが現実です。

さらに、その注釈に目を向けると、次のように説明されていました。

〝（注釈）わが国の潜在成長率を、一定の手法で推計すると、足もとでは「０％台前半」と計算される。ただし、潜在成長率は、推計手法や今後蓄積されていくデータに左右されるうえ、今次局面では、感染症の影響によって生産性や労働供給のトレンドがどのように変化するか不確実性がとくに高いため、相当の幅をもってみる必要がある。〟

## 日本は相当長い期間の金融緩和を続けなければならない

ついに日本銀行が、衰退した日本経済を認めた瞬間でした。誤解のないよう言っておきますが、私はここで国力の低下を喜んでいるのではありません。そうではなく、金融政策を遂行する日本銀行が〝我が国においては、目標インフレ率２％を達成するには、成長力が誠に乏しい国である〟という事実を公式にまとめているという点が、極めて重要だということなのです。わかりやすく書くと、ＦＲＢの場合、〝長期的な経済成長率が１・８％

（FOMCではコロナ危機以降、この数字が基本的に見通しとして使われています）である米国のインフレ率を安定的に2％近傍に維持するための条件として、政策金利が景気に対して刺激的でも、抑制的でもない水準は2・5％である、とFRBは考えている〟、と世界中の人が理解しています。この、長期経済成長見通し＝1・8％、インフレ目標＝2・0％、中立金利（政策金利の長期見通し）＝2・5％、という数字が0・1％でも動けば、それこそ市場は大騒ぎとなってしまうことは確実です。

これを先ほどの日本銀行の文章に置き換えると、〝長期的な経済成長率が0％台の前半にある日本のインフレ率を2％に維持するためには、景気に対して刺激的でも、抑制的でもない水準の政策金利は、米国に比べ相当程度低くならざるを得ない〟（まだ日本における中立金利は発表されていません）、と解釈することができるのです。つまり2023年7月の金融政策決定会合において日本銀行は、「極度の低成長にあえぐ日本が2％という高いインフレ目標を目指すとするならば、政策金利は潜在成長率が一定程度の水準を超えるまで、忍耐強くかなりの期間にわたって金融緩和政策を続けていかねばならない」と宣言したわけです。

これに株式市場は勇気づけられました。同時に為替市場も円高の懸念が払しょくされました。これまでのような、いつサプライズが引き起こされるのかと、びくびくしながら決定会合の結果を待つ時代はこうして終わりました。複雑な言い回しとなってしまいますが、ここからまだ数年にわたって金融緩和時代が続くことの理論的根拠が明示されたことこそが、実は日本銀行にとっての金融正常化への第一歩であったわけです。

2％の目標インフレ率も、それを達成するためのフォワードガイダンスも揃っていなかった頃の金融政策ならば、ひとたび金融政策が緩和から引き締めに転じれば、最終的にどれくらいの金利上昇になるのかはわからず、誰もが恐怖におびえたものでしたが、このように金融緩和を忍耐強く続けなければならない根拠が明示されたことで、これからの市場の感情も、国民の感情も変わってきます。現在の米国がそうであるように、日本銀行がしっかりと情報開示に力を入れ、わかりやすい方法でフォワードガイダンスに努めてくれれば、市場も国民もこれまでのように混乱することはないでしょう。このあたりのところも、まとめて第4章で分析してみたいと思います

## 金利上昇の悪影響

さて、金融政策についてはおおまかな道筋が見えてきたと思いますが、金融が正常化していく際に問題となるのは日本経済への悪影響です。とりわけ気になるのが、金利が上がってくるときに起こるであろうと懸念されている、この15年ほどのあいだに激増した、変動金利型住宅ローンに与える影響です。固定金利型住宅ローンの場合には、いったん借りてしまえば返済が完了するまで月々の支払いは変わりませんが、変動型、および当初固定型で後に変動するタイプになると、金利の上昇は支払金額の増加となり、債務者を苦しめます。

最新の住宅金融支援機構のデータ（２０２１年度＝２０２２年3月末）では、住宅ローンの残高が２１１兆円、新規の貸し出しが22兆円となっています（一方、日銀資金循環表における家計の住宅貸付負債残高は、２０２２年3月末＝１９７兆円、２０２３年3月末＝２０４兆円と記載されていますので、ここから先は、住宅ローン残高を約２２０兆円と仮定することにしましょう)。

これに対し、すべてのローン残高に対する変動型の割合はおよそ7割、当初固定型の割合は2割と推計されています。当初固定型の場合、固定される期間がはっきりしていないので、ここからの資産は両者を合わせた9割の住宅ローン残高、つまり220兆円の9割ですから198兆円分のローンに金利上昇圧力がかかった場合を想定してみましょう。

仮に1%の金利上昇が、この198兆円にかかったとしましょう。そうすると債務者の年間支払額は約2兆円増えることになります。これに対し、2022年の日本の民間最終消費支出はおおよそ300兆円ですから、この数字で割ると、消費全体には0・7%の負担増となります。

住宅ローンの債務者である家計にとっては、ローンの支払い増加に加えてインフレ率の上昇も追加の出費となります。つまりインフレ率を日銀が目標としている2%と仮定すれば、2・7%の支出増になりますから、これを上回る賃金の伸びがあれば心配することはないでしょうが、その数字はまだ確認できていません。

一方、非金融法人の借入金等による債務残高は2023年3月末時点で561兆円ですから、金利が1%上昇すれば単純に計算すると5・6兆円のコスト増になります。ただし、561兆円のうちの何割かは固定型の債務となっているはずですから、増加したコストの支払いは複数年度に分散されることになるはずです。これに対し2022年度の経常利益は94・3兆円（法人企業統計）ですから、金利コストが1年で一気に1％増えると経常利益は約6％の減少となってしまいます。家計の場合は、賃金が上昇することでおつりが出るケースも想定できるのですが、企業の場合は、金利上昇はなかなか頭の痛い問題となりそうです。

## 日本の場合、利息はほとんど逃げていかない

しかし、ここで広い目で経済を見てもらいたいのですが、たしかに金利の上昇は債務者にとってはコストの増加ですが、債権者にとっては利益の増加となります。現実には銀行や、その他ノンバンク、およびすべての投資家の収益が向上することになり、債務者にかかったコストの上昇分だけ銀行などの投資家への利益の移転が発生するわけです。となれば日本国内で、右から左へと増えた利息分のお金が移転するだけの話ですから、経済全体にはさほど大きな痛手にはならないはずです。

＊　もちろん、一国の経済にとっての影響を考えるときには、外国人の役割を考えなければならないのですが、少なくとも銀行という産業に関しては、外国人の占める割合はごく限られたものです（統計上は、貸し出しにおいて２５８兆円もの大きな数字が日銀資金循環表では計上されていますが、同時に負債項目にも２０３兆円が計上されており、つまりは両建ての取引がほとんどということになりますから、彼らの金利上昇によって増える利息の金額は、極めて限定的だといえるでしょう）。また、債券についても国債に関しては外国人の保有比率は全体の７％程度ですし（これに事業債を加えると金額は倍ぐらいになるはずですが）、何よりもそんなことを言い出せば、日本の投資家が保有する外国債券の金額のほうが圧倒的に大きいわけですから、日本に先行して強烈な利上げを行なってきた海外から得られる利息の増加額のほうが大きいはずです。

ただし、こうした影響も、結局は程度の問題＝つまりは利上げの幅によって、変わってきます。本書では、ここからの日本銀行の利上げ幅を、最大１％程度まで、もっと言えば１％以上は日本経済が耐えられないと分析していますが、その話も第４章まで待ってください。

# 金・人・モノが集めにくい時代へ

現代の日本人の場合、27年間もデフレの時代が続いたものですから、いわば一世代分はインフレも利息も知らないわけです。知らないものを想像してみろと言われても無理な話ですから、それを考えるのが本書の仕事になるわけです。

漠然と、〝あらゆるものの値段が上がるのだから、生活がより一層厳しくなる〟と身構えたのが、おそらくは国民としての最初の反応だったでしょう。多くの人が消費の低迷を心配しましたが、そうした予想とは裏腹に、すでにインフレ時代が始まって1年以上が経過していますが、消費はいまのところ順調です。

インフレの時代になったから価格転嫁が進みやすい企業の業績が好調であろう、と考えたのが投資家の最初の反応であったと思いますが、これは正解でした。ただ問題はこの後の展開です。今回のインフレが一過性のものであり、それこそこれまでも見てきたような、2~3年たてばまた価格が低迷する時代に戻るのであれば、とりあえずは価格転嫁をして業績の拡大を図るだけで済んだ話ですが、ここから先は恒常的に物価が上がっていく時代なのですから、価格転嫁も恒常的に行なう必要があります。果たしてそうした構造変化に企業は耐えていけるのか。

多角的な発想の展開が必要となる時代です。ヒントとなるのは価値の上昇が見込まれる3つのアイテム、「金利」と「賃金」と「物価」です。インフレは、それぞれ、金、人、モノを集めるのがむずかしくなっていくという現象を生み出します。

## 世直しが始まる日本経済

「金利」が上がっていくのですから、この章の前半でもお話ししたように、お金を集めるのはむずかしくなっていきます。金集めが簡単なデフレの時代が終わり、金集めがむずかしいインフレの時代が始まったのですが、これは反対に、商売がやりにくいデフレの時代が終わり、商売がやりやすいインフレの時代が始まったのだと考えるべきでしょう。

同時に、お金が集めにくいのですから、お金を大切に扱わなければなりません。これまでのように現預金のままほったらかしていればいい、という時代ではないのです。ましてや金利が上がっていく時代になったのですから、資産運用のやり方も、これまでのような一獲千金を狙うやり方はむずかしくなるでしょうし、運頼みのトレーディング型では命取りとなるケースにも遭遇することでしょう。基本に立ち返り、ポートフォリオ（複数資産の組み合わせ）が必要になってくると思います。

「賃金」が上がっていくのですから、経営に不安のある企業は淘汰を余儀なくされます。人集めが簡単だったデフレの時代が終わり、人の確保がむずかしいインフレの時代が始まったのですから、経営者は従来よりも、もっと人を大切に扱わなければなりません。これまでのように代わりとなる人はいくらでも集められる、という時代ではないのです。この意味では新興企業の競争はよりむずかしいものになるはずです。これまでは賃金が毎年上がる世界など誰も想像しませんでしたから、それこそここでも一獲千金狙いのベンチャー企業が魅力的に見えたはずです。ですがこれからは、確実に賃金が増えていく企業への就職希望が増えてくるはずですから、どの企業も優秀な人材の確保に躍起になることでしょう。

「物価」が上がっていくのですから、消費者も生産者も行動の転換に迫られます。

単純に考えれば、モノが集めにくいのですから、モノを大切に扱わなければなりません。これまでのようにまた買えばいい、という時代ではないのです。頻繁に買い替えていてはコストが増すばかりですから、良いものをしっかり選んで長く使うという、商品の耐用年数が長期化する時代となるでしょう。同時に企業側にしてみれば、これまでのように材料をいつでも安く集めることができる時代ではなくなりましたから、ある程度の在庫を確保しながら生産を続けていかねばならないという、経営戦略の転換が迫られています。

しかしこうしてあらためて考えてみれば、「金」、「人」、「モノ」を大切にするなんてことは至極当たり前の話のように思えてきます。逆に言えば、これらを粗末に扱ってきたデフレの時代がおかしな時代であったわけです。

とはいえ、人間の行動や社会の構造を変えるのには相当の時間とコストがかかるものです。それでもそこに「理」があり、そこから「利」が生まれるのであれば、人々はその時代についていくはずです。このとき、大事な仕事をするのが、経済のかじ取りを行なう中央銀行です。

我が国の中央銀行である日本銀行が、市場と国民にしっかりと「理」を説き、市場と国民がそこに「利」を見つければ、最大の課題である日本の「0%前半にある潜在成長率」も、少しずつ上昇してくることになるでしょう（私は政府が主導する成長戦略ではなく、自然に生まれる潜在成長に期待しています）。

このように現代の経済社会において、重要なカギを握るのは中央銀行であるのですが、なぜここまでその重要性が増したのか、そしていかなる手段をもって経済のかじ取りを行なっているのかについては、次章で説明していくことにしましょう。

OPTIMAL INVESTMENT SOLUTIONS
DERIVED FROM
WILD ECONOMICS

# 第3章

# 大転換を遂げた金融政策と株式投資

## 金融政策の大転換

意外に思われるかもしれませんが、ＦＲＢをリーダーとする〝現在進行中（以下、現行と表記）〟の先進国（もちろん、日本も入ります）の金融政策は、２０１２年１月に始まったばかりで、ようやく11年が過ぎたところです。ですから、まだ手探りの段階であり歴史的な評価を得たものではないということを覚えておいてください。政策のマニュアルやシステムの強度はまだ現実のマーケットのなかで日々テスト中であるわけですから、ＦＲＢとしてもこれが完成形であるとは考えていないと思います。おそらくは今回のインフレの経験を経て、再度のモデルチェンジを近い将来に行なうことになるのではないかと思います。

先の話を語る前に、〝現行〟の金融政策の原点がどこにあるのかを説明しておきましょう。これはいまから15年前の２００８年12月16日に始まります。２００８年12月のＦＯＭＣ（ＦＲＢにおける金融政策決定会合をこう称します）での出来事です。そのときの経緯を簡単に振り返っておきましょう。

このときのＦＯＭＣは、通常1日で行なわれるところを、15日、16日と2日に延長して開催されました（このとき以後、２日間にわたって開催されるのが通例になりました）。当時の議長は、後にここから始まる大英断が評価されて２０２２年のノーベル経済学賞を受賞するベン・バーナンキです。いまでこそ世界経済を救った人として、世界の金融市場関係者から賞賛を集めている方ですが、実はこのときは進退窮まった状況にありました。

原因は、２００８年9月15日、当時、米国における投資銀行のなかで第4位にまで上り詰めたリーマン・ブラザーズの破綻でした。この破綻は負債総額約６０００億ドル（当時の為替レートで約64兆円）という米国史上最大の企業倒産であり、ここから世界中で連鎖的な信用収縮による金融危機が始まったことは皆さんもご存じのことと思います。いわゆる、リーマン・ショックです。

これに対処すべく、すでにＦＲＢは積極的な金融緩和に乗り出していました（その年の10月に０・５％ずつ2度の利下げを行ない、すでに政策金利であるフェデラル・ファンド・レート〈＝以後、ＦＦレートと記載します〉は過去最低水準となる1％まで引き下げられていました）。しかし、経済のほうは一向に回復する気配を見せません。11月に失業率は６・７％に上昇し（翌２００９年10月に10％でピークをつけます）、非農業部門雇用者数は

50万を超える減少となっていました。こうした状況を受けて、全米経済研究所（ＮＢＥＲ）は12月1日に、米国がすでに1年前に景気後退期に突入したことを正式に表明していました。

追い詰められたＦＲＢが打って出た政策は、奇抜というよりは頼りなげなものであったことを私はいまでも覚えています。12月のＦＯＭＣにおいて、ＦＲＢはまずＦＦレートを1％から0～0・25％に変更しました。これでＦＲＢは日本銀行と同じ位置まで追い込まれたわけです（政策金利をゼロ近傍まで引き下げるという政策は、すでに日本銀行が１９９９年から導入しており、この点において日本は米国の先輩だったのです）。つまり、いままでは有識者のなかでは常識となっている〝ゼロ金利制約〟（現実問題として金利をマイナス水準にすることはできないし、またそのような政策はリスクが高いという考え方）を考慮すれば、伝統的な金融政策としては、ここで限界に突き当たったのです。

しかしＦＲＢはこの限界を打ち破るべく、新たな策に打って出ました。まず、大規模資産買い取り政策（ＬＡＳＰ＝Large-Scale Asset Purchase Programs、今日、我々がＱＥ＝Quantitative Easingと呼ぶ、いわゆる、量的緩和政策のことです）の大幅な増額と計画的な実施を決定しました。そしてもう一つ、ここでＦＲＢは中央銀行としては初めて、今日ではフォワードガイダンスと呼ばれる情報伝達戦略を採用したのです。その中身は、政策金利が長期にわたって低水準にとどめ置かれるのだという強いメッセージの提示であり、その狙いは、ＦＲＢのコミットメント（具体的には長期的な緩和政策を維持する約束）を市場のみならず世界の人々に理解してもらい、冷え切った投資家や、経営者、さらには消費者のマインドを何とか緩和させようとするものでした。

ここから今日に至るＦＯＭＣの〝現行〟の金融政策が少しずつ始まっていくことになるのですが、正直なところ、これが金融危機により奈落の底に突き落とされた世界経済を回復させる力を発揮し、しかも今日まで世界的規模で累々と続く金融政策の始まりになるとは、最初は誰も思いませんでした。ただしＦＲＢ内部では、このときに下された政策決定はまだその初期段階のものにすぎず、人々の目に触れることのないまま内部ではさらなる拡充の議論が延々と続けられていたようです。そしてその全貌は、３年２カ月後の２０１２年１月に公開されることになりました。

# インフレ目標値の設定

ところでバーナンキ議長が、熱心なインフレ・ターゲット論者だったことは、議長に就任する以前から有名な話でした（インフレ・ターゲットとはインフレ率の目標値のことで、これを設定し、これに実際のインフレ率を近づけるべく、金融政策のかじ取りを行なうという、極めてシンプルなやり方に変えていこうという考え方です）。インターネットで検索すると、Frederic Mishkinという人と共同で1997年に発表した〝Inflation Targeting：A New Framework for Monetary Policy?〟という論文が見つかります。実際、2002年にバーナンキがFRBに加わったときも、自身の目標としたのが、〝FRBの透明性と説明責任を高めること〟と、〝インフレの数値目標を設定することでFRBの成績を判断できるようにすること〟の2つであったことは、当時から専門家のあいだでは話題になっていました。

けれどもインフレの数値目標については、なかなか当時のFRBのメンバーの賛同を得

### ◆図表3-1　初めて発表されたインフレ目標値と FFレート長期見通し（中立金利）

2012年1月開催FOMC：Summary of Economic Projections(SEP)

| | 成長率 | 失業率 | インフレ率 | FFレート |
|---|---|---|---|---|
| 2012年 | 2.5 | 8.3 | 1.5 | 0.13 |
| 2013年 | 3.0 | 7.8 | 1.8 | 0.13 |
| 2014年 | 3.4 | 7.2 | 1.9 | 0.75 |
| 長期 | 2.5 | 5.5 | 2.0 | 4.20 |

られず（とくにバーナンキの前の議長でマエストロと称賛されたグリーンスパンは強い難色を示していたようです）、結局、実現までには10年の歳月と、金融危機という大きな犠牲を払わなければなりませんでした。

さてそのインフレ目標値ですが、難産の末、最終的に2012年1月のFOMCにおいて発表されました。**図表3-1**は2012年1月24〜25日に開催されたFOMCで初めて公開された、当時17名で構成されていたFOMCメンバーによる、経済見通し(Summary of Economic Projections) におけるメンバー全員の予想から抽出された中央値です。現在では世界中の投資家が注目するドット・チャート（FOMCメンバー全員によるそれぞれのFFレート見通し）も、このとき初めて発表されました。
　このとき、ＦＯＭＣの「長期目標と金融戦略（Longer-Run Goals and Monetary Policy Strategy）」という長文の決意表明が合わせて発表されました。これはいまでもそのときのままの状態でＦＲＢのホームページ上で公開されていますので、興味のある方は是非一度自分の目で確認してもらえればと思います。
　そのなかに注目すべき文章が３つあります。現在進行中の引き締め政策の先にある新たな時代の金融政策を考えるヒントになる可能性が高いので、原文とその抄訳を載せておきます。

〝The Committee judges that the level of the federal funds rate consistent with maximum employment and price stability over the longer run has declined relative to its historical average.〟
（ＦＯＭＣは、雇用の最大化と長期的な物価安定を達成するためのフェデラル・ファンド・レートの適正水準が、過去の平均に比べて低下したと判断した。）

〝In order to anchor longer-term inflation expectations at this level, the Committee seeks to achieve inflation that averages 2 percent over time, and therefore judges that, following periods when inflation has been running persistently below 2 percent, appropriate monetary policy will likely aim to achieve inflation moderately above 2 percent for some time.〟

（長期的な期待インフレ率を目的とする水準に固定するために、ＦＯＭＣは平均して２％のインフレ率を、時間をかけて達成することを目指すこととする。したがって、インフレ率が持続的に２％を下回る期間が続いた後の適切な金融政策は、しばらくのあいだ２％を適度に上回るインフレ率を達成することを目指す可能性が高いと判断している。）

〝The Committee intends to review these principles and to make adjustments as appropriate at its annual organizational meeting each January, and to undertake roughly every 5 years a thorough public review of its monetary policy strategy, tools, and communication practices.〟

（委員会は、毎年1月の年次組織会議でこれらの原則を見直し、必要に応じて調整を行ない、金融政策戦略、ツール、およびコミュニケーションの実施状況の徹底的な公開レビューを約5年ごとに実施する予定である。）

つまり、現行の金融政策は、金融危機直後の２０１２年に決定された、極めてハト派的な色彩の強いものであったのです。ですがその10年後の２０２２年には、金融危機後から米国経済に暗い影を落としていたデフレのリスクが完全に払拭され、反対にインフレのリスクが、新たな敵としてはっきりとＦＲＢの前に現れました。ですから、これまで使われてきた原則が見直されるプロセスに入ったと見るべきところに、すでに私たちは立っていると認識しておかねばなりません。

## それまでの金融政策

ここで少し歴史を振り返ってみたいと思います。そもそも金融政策というものが、どのようにしていまの形になったのかをご存じの方は少ないのではないでしょうか。意外に思われるかもしれませんが、金融政策の歴史や変遷を調べた文献は少なく（金融政策を批判する本は多いのですが）、当然のことながらこれを語れる人にお目にかかったことはありません。もちろん、中世の金融制度であるとか、19世紀の中央銀行の役割とか、そういった断片的な研究成果は生まれているのですが、我々が知らなければならない、〝どのようにしていまの形に行き着いたのか〟という肝心の道筋を、最新の状況を踏まえて説明できる人がいないのです。

もちろん、私もまたその道の専門家ではないのですが、いまの金融政策を語る人間の視点で過去を遡ることは可能です。ざっくり書くと、FRBの場合、金融政策は次のような変遷を遂げていったようです。

①　～1971年8月：金本位制（ブレトンウッズ体制）～ニクソン・ショックまで
②1971年8月～1976年3月：金融政策不在の時代
③1976年3月～1979年10月：FFレート誘導時代
④1979年10月～1982年11月：マネーサプライコントロールの時代
⑤1982年12月～2011年12月：総合的判断の時代
⑥2012年1月～現在：目標インフレ率2％＋フォワードガイダンスの時代

なんでもそうですが、始まった頃は何もありません。そもそも中央銀行は17世紀にスウェーデンと英国で戦費調達を目的として設立されたらしいのですが、そんな話から始めるとこの章がいつまでたっても終わらないので、ここでは現在の変動為替相場が始まるところから金融政策を振り返ってみたいと思います。

ブレトンウッズ体制という言葉は歴史の教科書にも載っているくらい有名ですが、日本人にとっては1ドル＝360円という固定為替相場制度の別名程度の記憶しか残っていないのが実情です。さらに、この制度はそもそも米国にとっては金1オンス＝35ドルという金本位制であり、これこそが当時の金融政策の根本をなすものであったことを知る人は少ないようです。具体的に書けば、この制度においては、FRBは市場がもっと金を売ってほしいと言えば金を売りドルを受け取ります。その結果、市場に流通するドルの総量であるマネーサプライが減少します。マネーサプライが減少すれば金融取引全般に収縮効果が現れます。逆に金が余ってこれを買う人がいなければFRBが買ってドルを払います。その結果、マネーサプライが増加し、金融取引全般に緩和効果が現れます。そうです、早い話が、第二次世界大戦の前、世界恐慌で破綻してしまった金本位制を、米国が基軸通貨としてのドルを掲げて復活させただけの話です（ちなみに世界恐慌で破綻する前は、各国がそれぞれに自国通貨と金の価値を固定させていました）。

金本位制というのは、いまの我々からしてみれば、実に単純なオペレーションであるように見えますが、これこそが人類が初めて獲得した現代につながる金融政策の基本構造だったのです。実際、英国の場合1711年から1931年まで実に220年間にわたり続けられたと記録されています（興味深いことにこの仕組みをつくったのは、万有引力の法則を見つけたかのアイザック・ニュートンだったそうです）。

＊　ここで金本位制がなぜ崩壊したかについて、簡単にコメントしておきます。金本位制は、一国の金の保有量によってその国のマネーサプライが決定されるわけですから、インフレを抑えるには効果的な制度です。しかし1929年以降世界を襲った世界恐慌時のように、長く不況が続き、諸物価が急激かつ持続的に下落するときには、その効果が限定的なものとなってしまいます。なぜなら、ただ余った金を買い続けるだけではマネーサプライの増加量も限定的であり（当時の中央銀行は、金の現存量までしかマネーサプライを増やすことができなかったのです）、今日我々が知るような大規模な金融緩和など不可能であるからです。余談ですが、現行の金融政策を設計したベン・バーナンキが大恐慌研究の第一人者であったことは、たんなる偶然の話ではありません。きっと米国に潜む、極めて思慮深い長老のような人の誰かが、近い将来起こるかもしれない金融危機を救う方策を最もよく知る人間として、中央銀行に遣わしたのではないかと、私は真面目に考えています。

## 政策目標はインフレ問題に直面してから明文化された

金は燃えてなくなることもなく戦禍にも耐えることができたものですから、第二次世界大戦後、金本位制が復活したのは当然の流れだったといえるでしょう。世界中の人が保有していた金をＦＲＢに買い取ってもらい、あっけなくドルの基軸通貨体制が確立し、戦後経済が順調なスタートを切りました。

ところが１９６０年代にベトナム戦争が激化していくあたりからこの体制に綻びが生まれてきました。米国の貿易赤字が増え続けたからです。金本位制の下で米国の貿易赤字が増え続けると、諸外国がドルを売って金に換え、それを自国のものにしていきます。その結果、米国が保有する金は減少してしまいます。

国富としての金がどんどんなくなっていくことに危機を感じた当時のニクソン大統領は、１９７１年8月に突然、ドルと金との交換を停止すると発表しました。これがいわゆる、ニクソン・ショックです。

このショックに至るまでの経緯と、その後の詳細については、紙幅が足りなくなるのでご自身で調べてもらいたいのですが、この事件において大事なことは、この政策転換は世界中のどの国も事前に知らされておらず、真の意味で世界の金融市場が初めて体験する〝ショック〟であったことです。同時にこのショックから、その後の金融市場の真の混乱が始まることになります。

というのも、ニクソン・ショックを契機に実質的な金本位制が崩壊した時点では、そもそも米国には金融政策を決定するための〝目標〟がまだ定まっていなかったからです（②1971年8月〜1976年3月：金融政策不在の時代、に突入したわけです）。すでに時代はインフレ気味に進んでいたのですが、こうした〝目標〟不在の時代を〝オイル・ショック〟が襲い、米国経済は手の付けられないインフレ期に突入してしまいます。当然のことながら、〝目標〟もそれを達成するための〝手段〟も持たない金融政策は、効果的な政策を打つことができませんでした。

＊　現在、米国FRBにはデュアル・マンデートと呼ばれる、「物価安定」と「雇用の最大化」という2つの政策目標が存在しますが、これの源流は1946年に定められた雇用法にあるといわれています。しかし、いまのようにしっかりと明文化されたのは1977年のことです。この年、連邦準備改革法

において、「最大限の雇用（maximum employment）」と「物価安定（stable prices）」の2つの政策目標が定められたのですが、1977年というのは、すでに高インフレが発生した後でした。

## FRBの苦難の道のり

かくして目標は定まったのですが、ではそれをどのようにして達成するのかという政策手段、さらには政策の進行度合いを測るための指標がまだ当時は何もありませんでした。というのも、経済学の教科書に書かれている内容だけを見れば、昔もいまも変わらず、経済が過熱してくれば中央銀行は金融を引き締め、逆に停滞してくれば緩和し経済を刺激する、というように極めて単純かつ抽象的に表現されているのですが、一方でその手段については（どのようにして引き締めるのか、あるいは緩めるのか）、明確な答えは書かれていないのです（当たり前の話ですが、経済学者は実務を知りませんし、現場の世界は日々進歩していきます。毎日のように新しい金融商品が生まれ、新たな信用が創造されていくのですから、政策の手段もまた進化していかねばならないのです）。

さて②の政策手段の実質的な不在の時代を経て、１９７６年からは現代につながるＦＦレート誘導時代が始まりました（③　１９７６年３月～１９７９年10月：ＦＦレート誘導時代）。しかしこれも結局はうまくいきませんでした。再び高いインフレに襲われた米国は、後に超タカ派として有名になったポール・ボルカーをＦＲＢ議長に選び、荒療治に入ります（④　１９７９年10月～１９８２年11月：マネーサプライコントロールの時代）。ここでようやくインフレを抑制することに成功し、１９８２年から傷ついた経済を立て直すために3面アプローチと呼ばれる、マネーサプライ、金利、実態経済の３面から政策判断を行なう、実質的にＦＲＢに自由裁量権を与えた時代に突入します（⑤　１９８２年12月～２０１１年12月：総合的判断の時代）。これがいまの時代の、一つ前の金融政策です。日本銀行も含めて、我々の見ているいまの仕組みは、大体この時代につくられました。この時代にも、ドルの切り下げ（１９８５年９月）や、ブラックマンデーと呼ばれる株価の大暴落（１９８７年10月）、湾岸戦争に伴う米国経済の景気後退（１９９０年７月～１９９１年３月）、ロシア国債のデフォルト（１９９８年８月）、そしてＩＴバブルの崩壊に続く米国経済の景気後退（２００１年３月～２００１年11月）、と様々な危機が襲い掛かってきたのですが、それでも米国経済はその都度立ち直り、金融市場の混乱も何とか鎮静化することに成功してきました。

ところが、このまま未来永劫うまく、この自由裁量権を持つ金融政策は運営されると人々が信じ切ったところで起きたのが金融危機だったのです。インフレは退治することができたと思ったら、その26年後にやってきたのが今度はデフレの危機でした。いったんここで、それまでの金融政策は万策尽きたのです。

## 金融政策の大転換

このように危機に瀕した米国経済を救うべく、不安と混乱のなかで始まったのが、現行の〝目標インフレ率2％とフォワードガイダンス政策〟でした。最初は誰もが懐疑的で、インフレ率を2％近傍に維持し続けることなど、できるわけがないだろうと思っていました。ただ、冒頭で紹介した〝経済見通し（Summary of Economic Projections）〟には、正直驚かされました。なぜならここでFRBは金融政策をつかさどるFOMCメンバー全員の、成長率見通し、失業率見通し、インフレ率見通し、そして政策金利（FFレート）見通しを包み隠さず堂々と公開したからです。

これまでFRBは、結果については公開するものの、そのプロセスについて公開することはありませんでした。ですから市場参加者は、それこそブラックボックスのようなところで秘密裏に決められる金融政策を、それぞれの不安と期待が交錯する状況のなかで、ひたすらに待つというのが通例だったのです。

加えてメンバーたちは、長期にわたるそれぞれの米国の経済見通しを、誰に忖度もせずおおっぴらに公開することになりました。あるものはタカ派と呼ばれる引き締めを優先する金融政策を、あるものはハト派と呼ばれる緩和を優先する金融政策を、この見通しのなかで描いて見せました。メンバーたちの独自の意見は〝ドット・チャート〟と呼ばれるグラフに表され、市場を先導していくこととなりました。金融政策に大転換が起きたのです。

## 予想リスクが低下した株式市場

いままで何をしでかすのかわからなかったFRBが、〝いまはこんな風に経済を見ている、だからこれからはこんな風に金融政策の舵を取っていく〟と、懇切丁寧に教えてくれ

◆図表3-2　VIX指数(恐怖指数：株価の予想変動率を表したもの)
平均値：自由裁量の時代＝20.6　インフレ目標の時代＝17.9

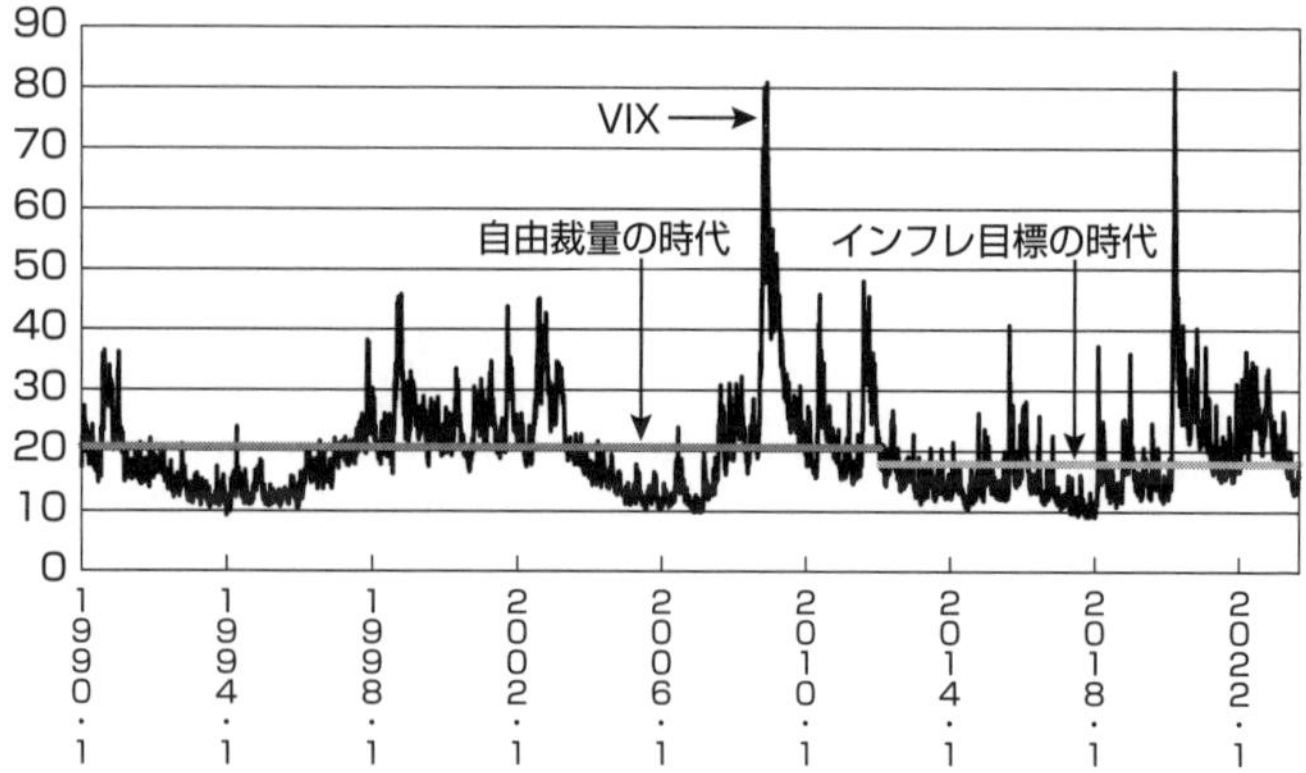


自由裁量の時代＝90年1月2日〜12年1月24日、インフレ目標の時代＝12年1月26日〜23年8月10日

るのですからありがたい話です。それまではある意味、突き放された状態にあった金融市場も、最初は懐疑的だったのですが、FOMC開催の数を重ねるごとに、徐々にこれを理解し、1年もたたないうちにこの仕組みを参考にして戦略を立てていくようになりました。

おりしも時代は金融危機の傷跡がまだそこかしこに生々しいまま残っていて、誰もがリスクを積極的にとることが憚られる時代だったものですから、これは誠に市場に優しい金融政策でした。この変化はすぐに市場に現れました。**図表3-2**は、米国大型株を代表する指数であるSP500の、株価の予想変動率を指数化したVIX指数のグラフです（VIX指数は別名〝恐怖指数〟とも呼ばれ、市場が大きなリスクに直面したときに跳ね上がる傾向があります）。

＊　ＶＩＸのＶはボラティリティを意味していますが、このボラティリティという言葉は非常に重要な意味を持っています。ボラティリティについてはこの章の最後で詳しく解説しますので、ここはそのことは深く考えずに先へと進んでください。

データの開示は１９９０年1月2日から始まっていますので、そこから現行の金融政策が始まる直前の２０１２年1月24日までのおおよそ22年1カ月のＶＩＸの平均値をとると20・6となりました。一方、現行の金融政策が始まった２０１２年1月25日から、これを書いている２０２３年8月10日までの11年7カ月の平均値は17・9です。

＊　もう少し専門的な話をすると、ＶＩＸのグラフを見ればわかるとおり、この数値は、いつもは20前後の水準で落ち着いているのですが、時々、とんでもなく大きな数字になることがあります。こうしたデータを処理するときに気を付けなければならないのは、時々起こる大きなデータのために平均値が引っ張り上げられてしまう現象です。身長や体重のように、平均値から大きいほうにも小さいほうにもほぼ対称な形で分布が広がっているデータなら平均値に意味があるのですが、こうした極端な形

をしているデータには昔ながらの方法で、中央値を調べるのが一般的です。中央値とはデータを小さいものから順に並べたときにその順位が真ん中になる数値のことです。ちなみにＶＩＸのデータの場合、全体での中央値は17・８１ですが、自由裁量の時代である２０１２年1月24日までのデータではこれが19・１３、インフレ目標の時代である２０１２年1月25日以降のデータでは15・９８と、平均値で調べたときよりも両者の差はずっと大きくなっています。

もちろん、まだ現行の金融政策が始まってからの測定期間は、それ以前の時代の半分程度ですから、この結果だけを見て判断するのは早計でしょうが、これまでのところ株式市場が感じている市場の予想リスクは、以前の自由裁量の時代に比べると、インフレ目標の時代に入ってからの平均値は２・７ポイントも低下しています。リスク値が２・７ポイントも低下するというのは、金融工学の理論からすると相当大きな変化です。なぜなら、理論的にはリスク1単位に対するリターンの大きさで、投資対象の組み入れ比率が決定されるというのが基本構造ですから、リターンが同じでもリスクが低下すれば、株式の組み入れ比率が増えることになります。

こうした変化は、ＦＲＢが企図したとおりであったと思います。それまでは常に限られた情報のなかで暗中模索を繰り返してきた市場参加者に、金融市場のかじ取りを担うＦＲ

Bが丁寧に指針を提示し、さらには市場だけでなく、政府にも議会にも国民にも、〝インフレ率を安定的に2％に維持できるように、金融政策をコントロールする〟という実にシンプルな方程式で政策を説明したのですから、金融市場だけでなく経済全体の不確実性を低下させることに成功したのではないかと思います。

## 自由裁量の時代とインフレ目標の時代を比較してみる

今度はもう少し長い時間軸で2つの時代を比較してみましょう。自由裁量の時代は、月末で起算すると1982年11月から2011年12月まで350カ月続けられたわけですが、この期間に米国経済には景気後退期が3回訪れ、その累積期間は34カ月でした。およそ10年に一度発生し、全期間のうちの9・7％が景気後退期であったことになります。一方、インフレ目標の時代は2012年1月に始まり、2023年8月までの計測でまだ139カ月しか経過していませんが、いまのところ景気後退期は1回にとどまり、その期間はわずか2カ月です。これは全期間のうちの1・4％に過ぎません。このデータもまた、

## ◆図表3-3　自由裁量の時代（82年11月〜12年1月）vs インフレ目標の時代（12年2月〜23年6月）

政策金利、10年金利、インフレ率（PCEコア：前年同月比）の推移

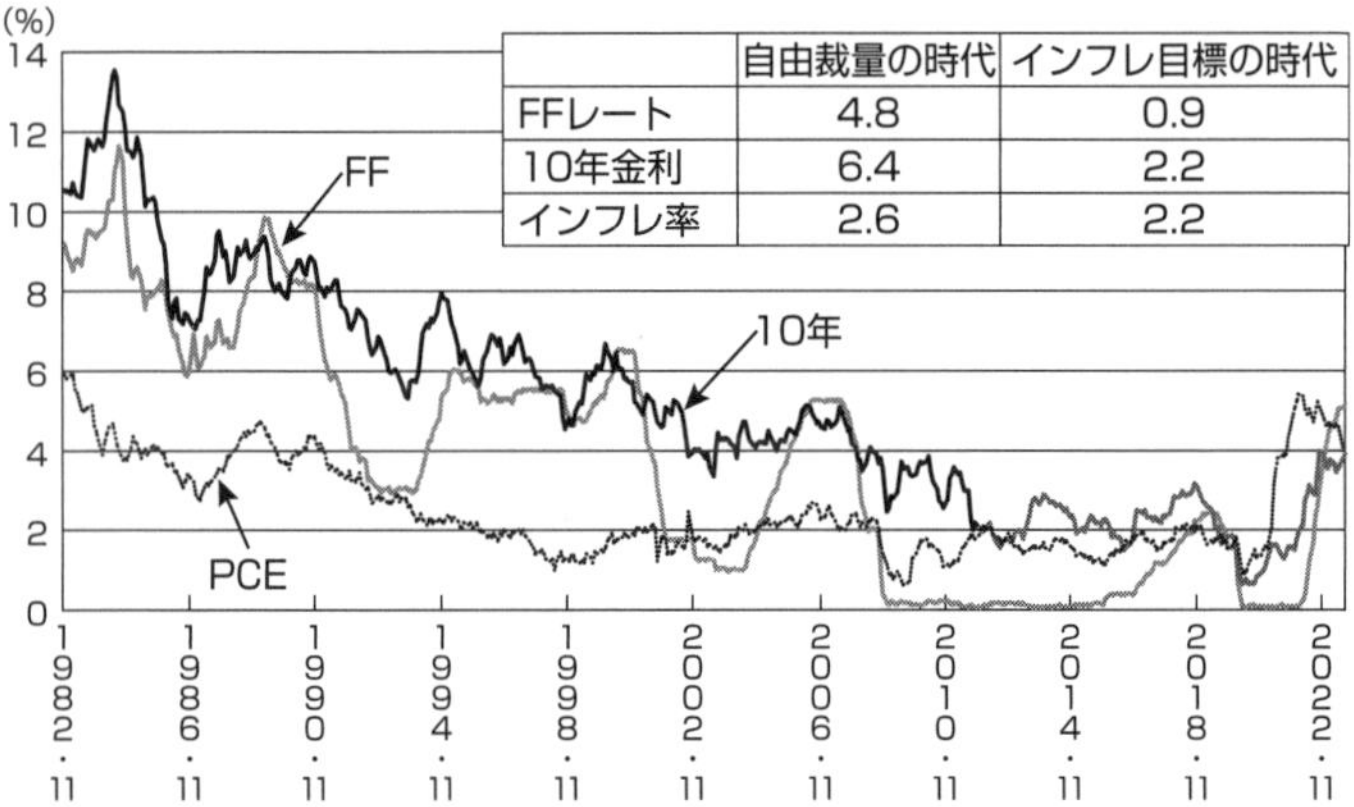


| | 自由裁量の時代 | インフレ目標の時代 |
|---|---|---|
| FFレート | 4.8 | 0.9 |
| 10年金利 | 6.4 | 2.2 |
| インフレ率 | 2.6 | 2.2 |

まだ比較できるだけの同じ時間は過ぎていませんが、これまでのところはうまくいっているといえるでしょう。

　次に、この期間のインフレ率と金利の推移を比べてみましょう（**図表3-3**）。インフレ率はＰＣＥ（個人消費支出デフレーター）から変動の大きい食料とエネルギーを除いたコアと呼ばれる指数の前年同月比を使い、金利はＦＦレートと10年物国債利回りのそれぞれ月中平均値を使っています。

　時代とともにそれまで懸案となっていたインフレ率が低下していき、それに連れて金利もまた低下していきます。自由裁量の時代は、おおむねこのトレンドが続いた時代であったといえるでしょう。

　一方、インフレ目標の時代は先述したよう

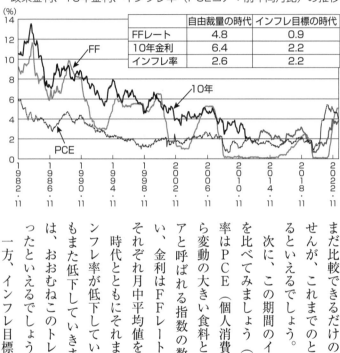

に金融危機の後に始まった時代ですから、もはやインフレは懸案事項ではなく、立ち向かうべきはデフレのリスクでした。その結果、ＦＦレートは著しく引き下げられ、それとともに10年金利もほぼインフレ率と同じ水準まで低下していきます。しかしこの傾向が転換したのが、コロナ後に訪れたインフレ時代です。今度はインフレ率を追いかけるように、ＦＦレートも10年金利も一気に上昇していきます。

## 実質金利の低下がもたらす金融市場の構造変化

ここで先ほどのグラフをもう一度よく見ていただき、今度は実質金利の動きをイメージしてみてください。実質金利とは通常の金利からインフレ率を引いたもので、この場合はＦＦレートからインフレ率を引いたものと、10年金利を引いたものになります。

先に計算結果を書いておきますと、この実質金利は自由裁量の時代にはＦＦレートで計算すると２・２％であったものが、インフレ目標の時代には－１・３％まで低下していました。また10年金利の場合は３・８％であったものが０・０％まで低下しています。実質金利は2つの時代で大きく異なっています。

もちろん、これもまたインフレ目標の時代の歴史が浅いため、現時点で単純比較するのは早計です。しかしここで注目してもらいたいのは実質の10年金利の変化です。自由裁量の時代には平均してインフレ率を3・8％上回る水準を維持していた10年金利が、インフレ目標の時代になると平均して0％とほぼインフレ率と同じ水準で推移しています。とくにこの実質金利の平均値の変化は、FFレートの場合3・5％（2・2％－（－1・3％））であるのに対して、10年金利は3・8％（3・8％－0・0％）と、より大きな落ち込みとなっています。

この背景には、金融政策のスタイルの変化が影響していると考えられます。すなわち、自由裁量の時代において投資家は、いまの時代よりもはるかに高い不確実性をFRBの金融政策に対して感じていました。ある程度の予想は立てるものの、いまのようなフォワードガイダンスがなかったために、とりわけ債券投資のタイミングにはなかなか確証が持てなかったのです。その結果、市場金利の代表である10年金利の平均水準は、インフレ水準に対していまよりももっと高いレベルが要求されていました。

この点、フォワードガイダンスによって長期的な金融政策の方針があらかじめわかっている現在では、投資家は、〝FRBは目標とするインフレ率よりも実際のインフレ率が高ければ引き締め政策を行なうであろうし、低ければ緩和政策を行なうはずだ〟と確信するようになったことから、10年金利の平均水準はほぼインフレ率と同じになっていると考えられます。

## 激変した債券市場のパフォーマンス

投資家の運用スタイルの変化は、運用パフォーマンスに如実に表れます。次ページ**図表3-4**は米国の社債市場を格付け別に分解し、それぞれのパフォーマンスを集計したものを、金融政策が自由裁量の判断で行なわれていた時代（1982年11月～2011年12月）と、インフレ目標の下にシステマティックに行なわれるようになった時代（2012年1月～2023年7月）に分け、それぞれの月次リターンの平均値を年率化して比較したものです（数値はセントルイス連銀のホームページから取得した、バンカメ・メリルリンチ債券インデックスから計算しています）。

### ◆図表3-4　米国社債市場：格付け別年率リターン

自由裁量の時代＝82年11月〜11年12月、インフレ目標の時代＝12年1月〜23年7月

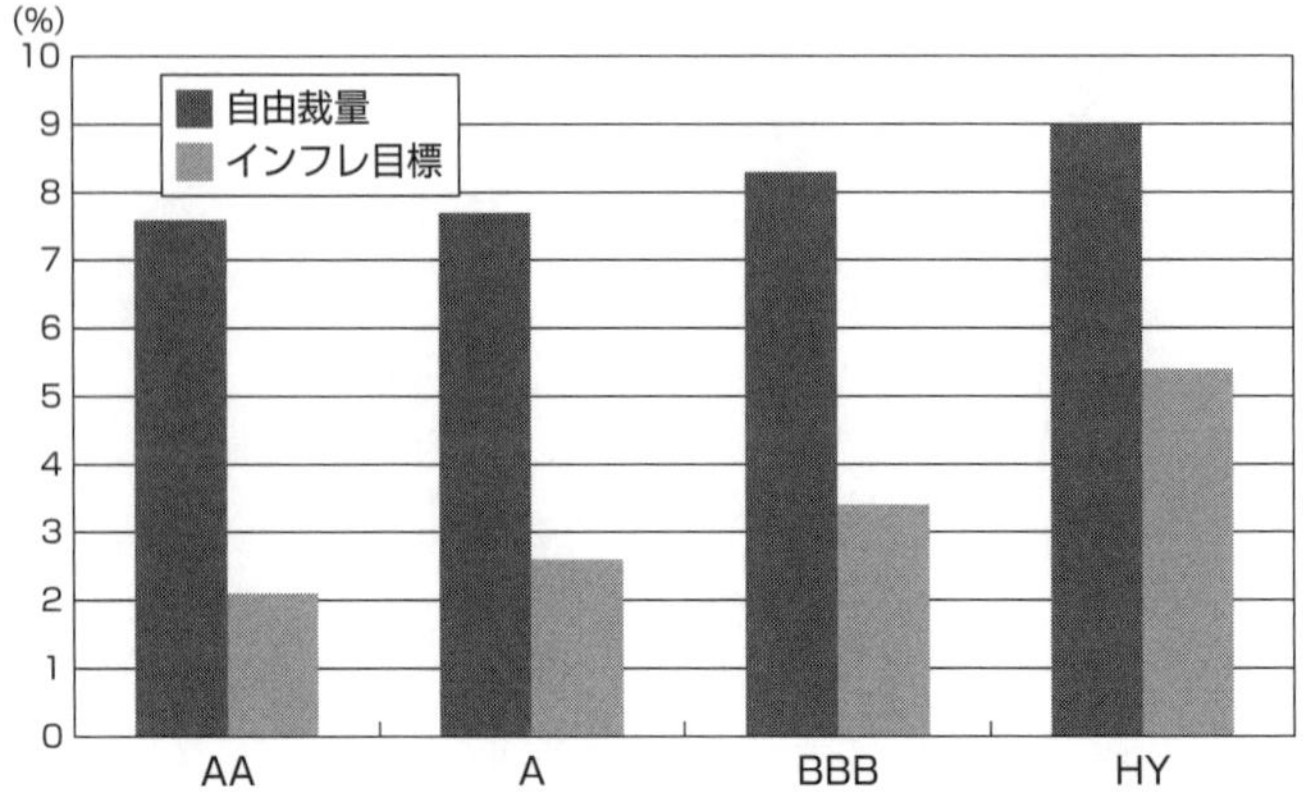


＊　資金を調達する際、米国では日本と異なり、〝直接金融〟と呼ばれるやり方が主流です。〝直接金融〟とは資金を調達したい企業や発行体が、株や債券を発行して直接投資家から資金を集める方法です（これに対して日本では銀行から資金を融資してもらう〝間接金融〟のやり方が主流です）。〝直接金融〟を債券発行で行なうときに必要になるのが〝格付け〟という情報開示です。〝格付け〟とは、格付機関がその企業や発行体の財務内容を評価し、信用力を示したものです。〝格付け〟は格付会社によって表記の仕方が異なりますが、基本的な仕組みとしてはＡ格が優良で、Ｂ格、Ｃ格と劣位になり、Ａ格のなかでもＡＡＡ、ＡＡ、Ａ、と序列がつけられます。またＢ格もＢＢＢ、ＢＢ、Ｂ、と序列がつけられるのですが、このＢＢＢ格以上の債券を一般的に「投資適格債」と呼び、機

関投資家などが安心して買える債券と評価されています。一方、BB格以下の格付けの債券は「投機的格付債（投資非適格債）」と呼ばれ、リスクの高い債券として扱われ、通常、それらをひとくくりにしてハイイールド債と定義されています。

＊　ここからの分析でAAA格の債券のパフォーマンスを割愛していますが、その理由はサンプルとして採用している発行体の数が他の格付けに比べて極端に少ないため、指数としての正確性に欠けていると判断したためです。

年率リターンは2つの時代ともに、AA＞A＞BBB＞HY（ハイイールド債）、となっていますが、これはそもそもの金利の水準が格付けの高いものほど低く、低いものほど高くなる傾向があるからです。ここで注目してもらいたいのは、格付けのそれぞれの金利水準が2つの時代で大きく異なるところです。もちろん、そもそも2つの時代の金利水準が先ほど確認したように大きく異なる（10年金利で見て、自由裁量の時代＝6・4％、インフレ目標の時代＝2・2％）からなのですが、格付け別の2つの時代の格差を見ると、AA格では5・5％、A格で5・1％、BBB格で4・9％、ハイイールド債で3・6％と、格付けが低くなるほど、リターンの格差は縮まっています。さらに、これが最重要な点なのですが、それぞれの期間の平均インフレ率を控除すると、インフレ目標時代のAA格のリターンは実質ベースではマイナスとなってしまいます（ともに2・1％－2・2％＝－0・1％）。これではそもそも投資する意味がありません。

## 株式市場の構造変化

次に米国株式市場の指数を比べてみましょう（こちらもセントルイス連銀ホームページから取得したウィルシャー株式インデックスから計算しています）。株価は景気循環に左右されますから、単純にリターンの比較をしても意味がないので、**図表3-5**に示したようにサイズ別（大型株vs小型株）、スタイル別（成長株vs割安株）のリターンにおいて、2つの時代でどのような優劣があり、さらにそれらがどのように変わったかを見てみましょう。

＊　成長株とは、売上高や経常利益などが年々大きく増加していて、株価が高く評価されている株式のことで、グロース株ともいわれます。これに対し、業績などが良いにもかかわらず、株価が低い状態

## ◆図表3-5　米国株式市場：サイズ別・スタイル別年率リターン

自由裁量の時代＝82年11月～11年12月、インフレ目標の時代＝12年1月～23年7月

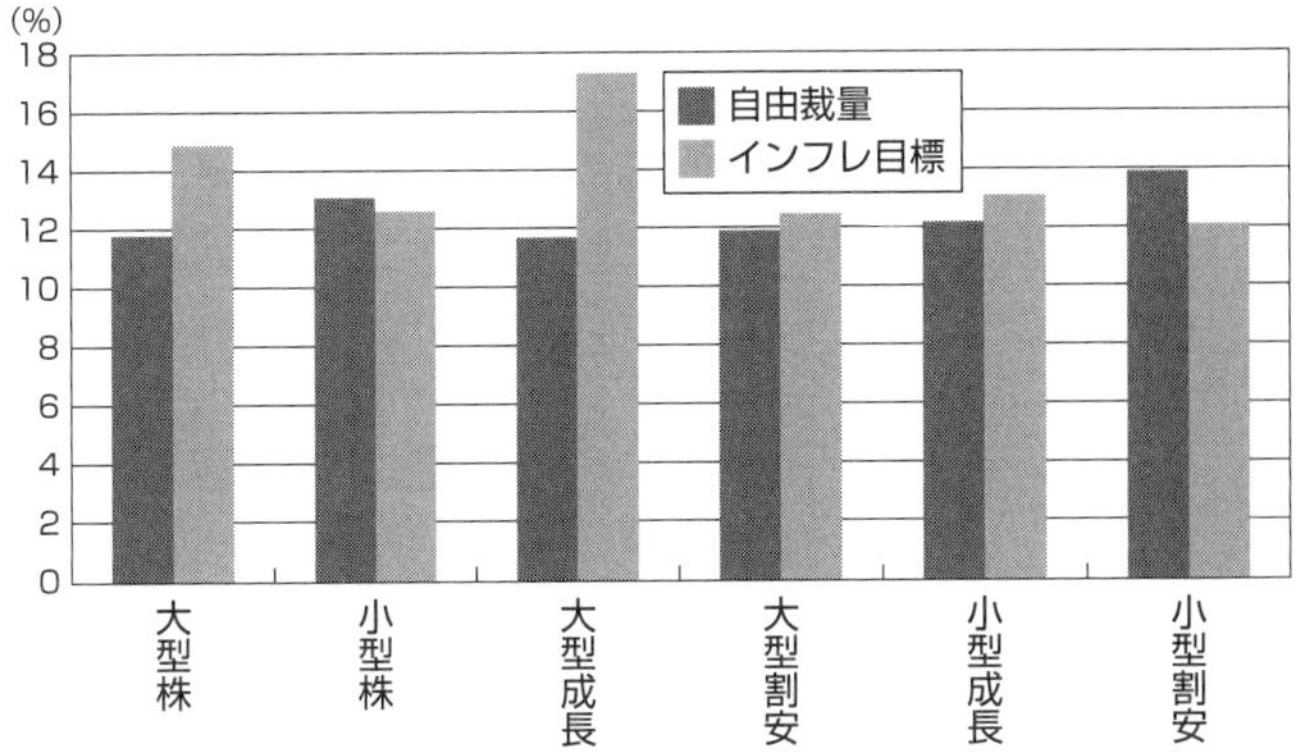


月次騰落率の平均値を年率化

で放置されている株のことを割安株、またはバリュー株と呼んでいます。

まずサイズ別のリターン変化を見るために大型株と小型株に注目してみましょう。自由裁量の時代は小型株のほうが高パフォーマンスなのですが、インフレ目標の時代は大型株が逆転しています。

次にスタイルですが、こちらはまずインフレ目標時代における大型成長株のリターンが突出して高いことに驚かされます。同時に大型vs小型と成長vs割安の4つの指数の順位を見てみると、大型成長株＞小型成長株＞大型割安株＞小型割安株、となっており、サイズに関係なくインフレ目標の時代は成長株が優位な時代であるといえそうです。

（本章のこの後の項は少しむずかしい話になりますので、興味のない方は読み飛ばしてもらっても差し支えありません。ただし、最後の「現代の金融政策が変えたもの」のところだけは、これからの時代の資産運用を考えるうえで、非常に重要なメッセージを含んでいますので、読んでおいてください）

## 運用資産のリスクが変わった

もちろん、こうした結果の背景には、インフレ目標の時代が始まった２０１２年１月以降の株式市場において、ＧＡＦＡと呼ばれる超大型ＩＴ企業（のちに、アップル、マイクロソフト、グーグル、アマゾン、エヌビディア、テスラ、メタの７社がその代表格とされるようになります）の大躍進があったことも事実ですが、投資家の立場からすれば、そうした未来を担う企業に投資しやすい時代であったともいえます。

そこでここからは先ほどのデータを少し加工して、債券からはＡＡ格、Ａ格、ＢＢＢ格、ハイイールド債の、株式からは大型成長株、大型割安株、小型成長株、小型割安株の、それぞれの運用効率（1リスク単位当たりのリターンの大きさを測る尺度です）を調べてみたいと思います。そのためにはまずそれぞれのリターンのばらつき（月次リターンの標準偏差を計算し、これを年率化します）を調べます。このリターンのばらつきを指して、金融の世界では〝リスク〟もしくは〝ボラティリティ〟と定義されています（一般にはリスク＝損をすること、と思われていますが、金融の世界ではこのように極めて曖昧な表現を使います）。

＊　再びここでボラティリティという言葉が出てきました（この章の前半でお話ししたＶＩＸのＶ＝ボラティリティです。先ほど〝リスク〟もしくは〝ボラティリティ〟と、両者が同じものであるような説明をしましたが、実際には似ているようで違うところがあります。というのもＶＩＸに代表されるような、オプション市場で算出されているボラティリティというのは市場で取引されている〝予想変動率〟であり、この章で計算しているのは、すでに実際に発生した〝過去の実績変動率〟であるからです。すなわち、〝リスク〟にしろ〝ボラティリティ〟にしろ、金融の世界には2つの変動率が存在し、人々が予想するものをインプライド・ボラティリティ（もしくはインプライド・リスク＝予想変動率）と定義し、過去に実際に起きた変動率のことをヒストリカル・ボラティリティ（もしくはヒストリカル・リスク＝これがまさに過去のリターンのブレのことです）と定義しています。ここから説明する

**◆図表3-6　2つの時代：各資産のリスク（年率）**
自由裁量の時代＝82年11月～11年12月、インフレ目標の時代＝12年1月～23年7月

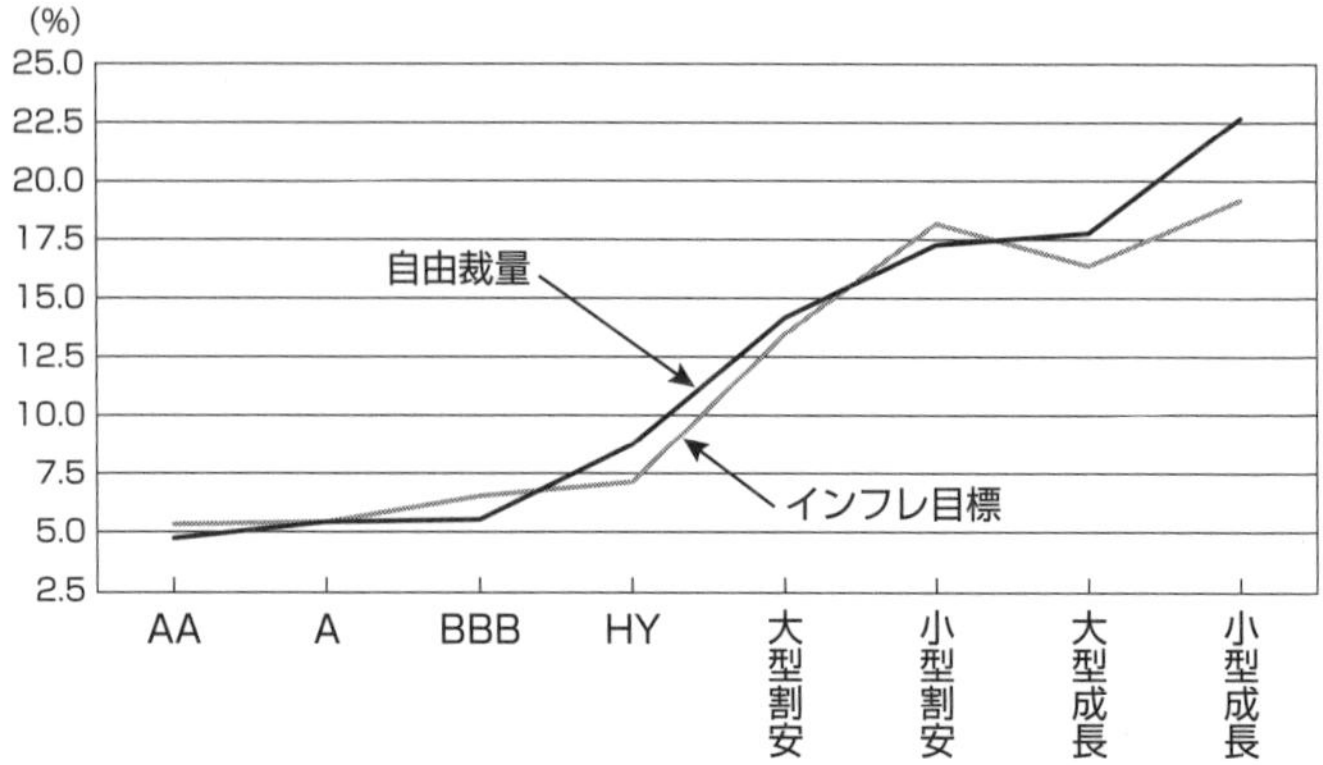


のは、ヒストリカル・ボラティリティ（もしくはヒストリカル・リスク）のほうです。

各資産のリスクは**図表3-6**のようになりました。

横軸の順番は、自由裁量の時代にリスク値が低かったものから順番に、左から右へと、ＡＡ格債、Ａ格債、ＢＢＢ格債、ハイイールド債、大型割安株、小型割安株、大型成長株、小型成長株と並べてあります（成長株のリスクが高かったことを覚えておいてください）。これがインフレ目標の時代になると、グラフに小さな変化が現れました。インフレ目標の時代になると、それまで小型割安株＜大型成長株という関係にあったリスク値が、両者の間で逆転したのです。

これは些細なことのように見えるかもしれませんが、資産運用の世界では大変なことでした。なぜかというと、各資産のリターンは時代によって変化するのが当たり前なのですが、リスク値のほうは10年以上の長期にわたって計測すると、こちらはほとんど動くことがありません。その結果、過去につくられた各資産間のリスクの序列（資産のヒエラルキーのようなものです）が変わることは極めて特殊なケースであるといえるのです。

## 運用効率の序列が大きく変わった

各資産のリスクが出たところで、それぞれの運用効率を比較してみましょう。運用効率とは、１単位のリスクに対してどれだけのリターンを上げることができたか、という尺度で、具体的にはリターンから無リスク資産のリターンを引いたものをリスク値で割って計算します（金融の世界では、この尺度を考え出した人の名前を取って〝シャープ・レシオ〟と呼んでいます）。わかりやすく書けば、「より小さいリスクでより大きなリターンを上げた」資産ほど、この数値が高くなり、つまりは運用効率が良かったと判断できるのです。

### ◆図表3-7　2つの時代：各資産の運用効率

自由裁量の時代＝82年11月〜11年12月、インフレ目標の時代＝12年1月〜23年7月

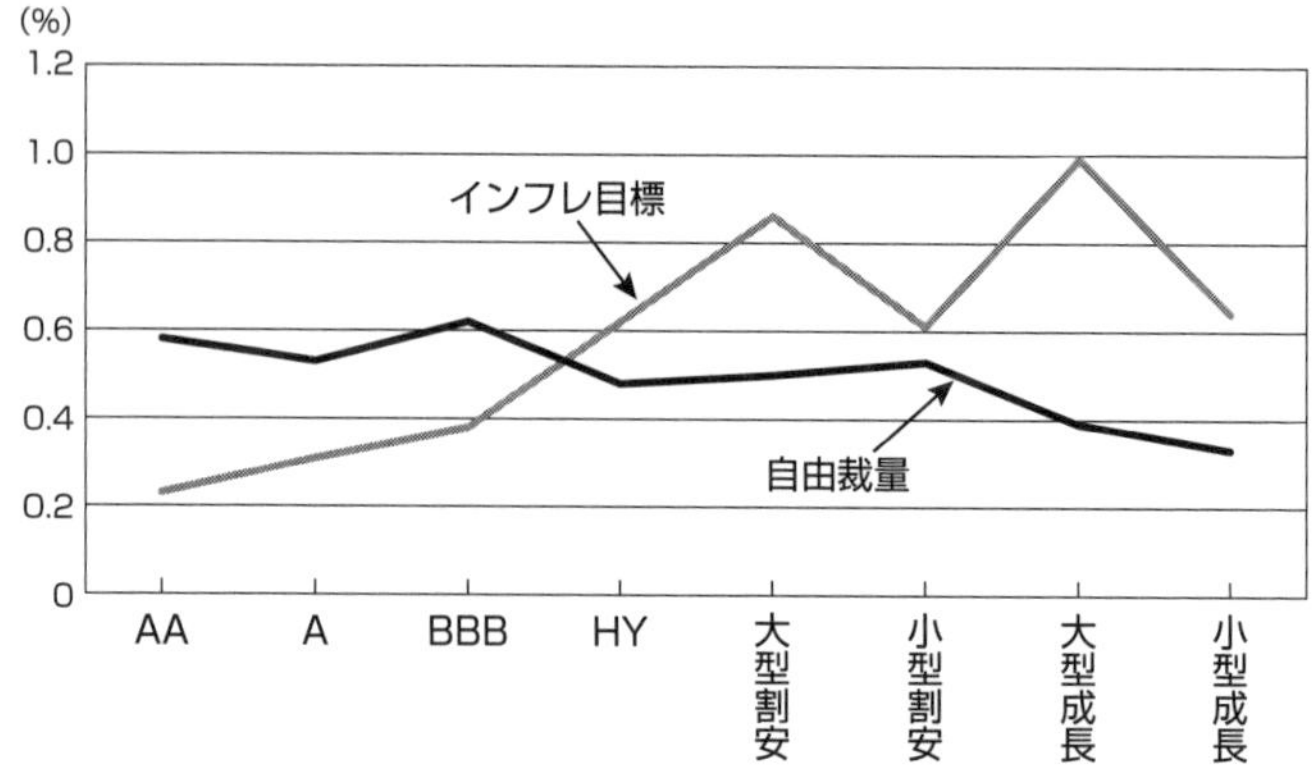


計算してみると結果は**図表3-7**のようになりました。

驚いたことに2つの時代で各資産の運用効率は激変しました。それまでは各資産のリスク値が低いもののほうがおおむね運用効率が高かったのですが、インフレ目標の時代に入るとこれが一変し、リスク値が高い資産のほうがむしろ運用効率が良くなっているのです。債券の世界を見ても、AA＜A＜BBB＜ハイイールド債、という結果になっていますから、それはたんに、「株のパフォーマンスが良かったからだろう」といった時代背景だけで片付くものではなさそうです。

さらにこの変化を詳しく見るために**図表3-8**のようなグラフをつくりました。

このグラフは、先ほどの2つの時代の運用

◆図表3-8　自由裁量の時代からインフレ目標の時代へ
運用効率の変化幅

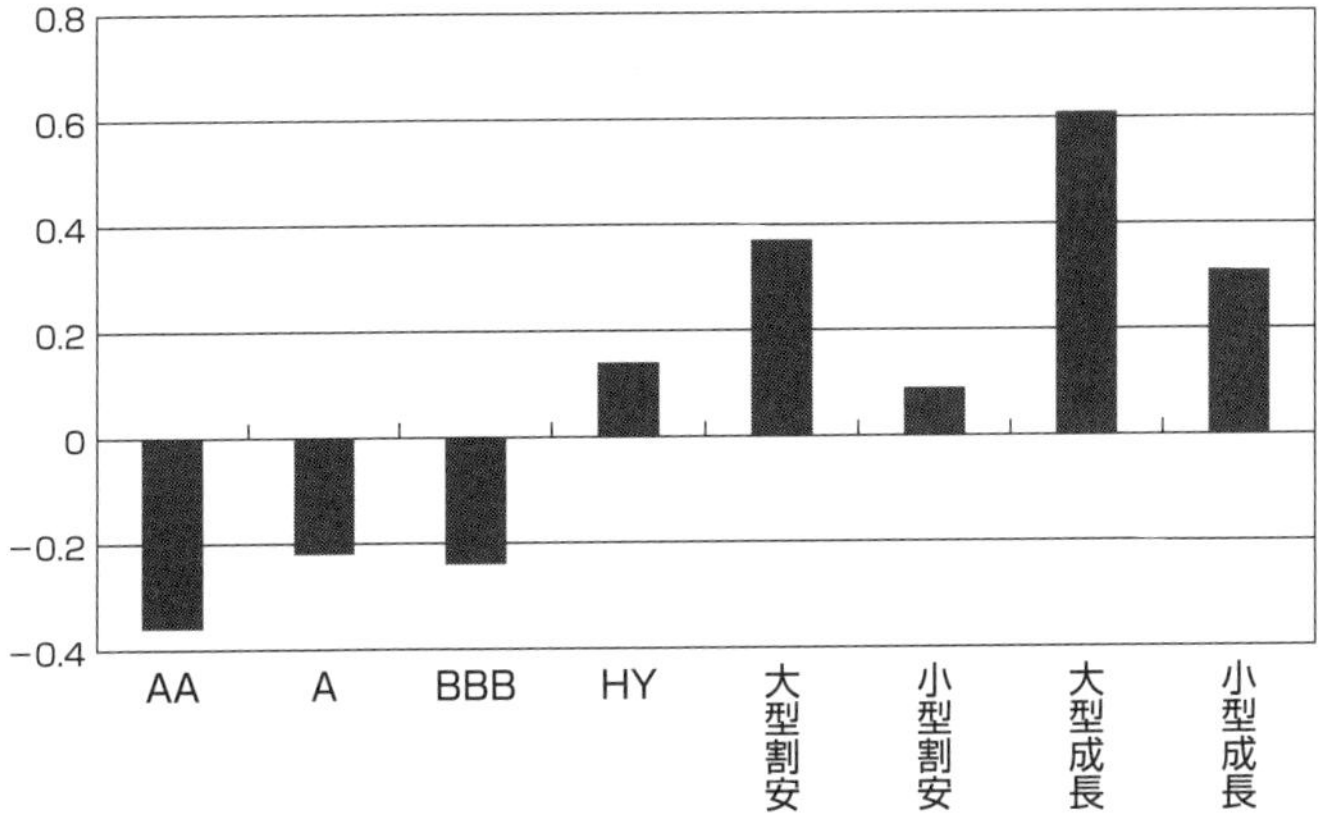


効率の数値について、資産ごとにインフレ目標の時代の数値から自由裁量の時代の数値を引いて、それぞれの運用効率がどのように変化したのか、その差を棒グラフにしたものです。ここから得られた結論を端的に言えば、〝投資適格債の運用効率が悪化し、投資非適格債、並びにリスク資産の代表とされる株式全般の運用効率が改善した〟ということになります。

# 現代の金融政策が変えたもの

目標インフレ率を2％に設定し、ＦＲＢはこの水準を長期的かつ安定的に維持することを目的として、果敢にその職務を遂行しています。目的を明確にしたことで、その手段は無限の可能性を持つようになり、金融危機時にも、コロナ危機時にも、拡張された金融政策は資産買い入れという新たな手段を取り入れることで難局を乗り越えていました（反対に現在はコロナ後に噴出した急激なインフレの進行という新たな敵を退治するために、加速度的な利上げと保有する資産の縮小というこれまでになかった手法を使って、引き締め政策を断行しています）。

同時にＦＲＢはこれまでにはなかったフォワードガイダンスという手段を取り入れ、将来の経済見通しと、それに対して金融政策が進もうとしている道筋を、世界の投資家と米国民に対し明確かつ簡潔な形で指し示すようになりました。何もかもがオープンとなったことで、投資家も、経営者も、消費者も、皆が必要以上の不安感に苛まれることは、以前に比べて少なくなったと思います（不安感というものを過去と比較することはできないのでこの見方を立証することはむずかしいのですが、今回の利上げ局面で米国経済が最終的に景気後退に陥らなければ、この考え方に賛同する人が増えることになるでしょう）。

こうした一連の改革は、同時にそれまで存在していた投資のコスト（＝投資家が要求する利回り、もしくはリスクに対して人々が想定するリスクを総称してこう表現しました）を低下させる効果を市場にもたらしました。この結果、市場も米国経済も、従来とは異なるレジリエンス（回復力）を身に付け、新型コロナという未曽有の危機からも急速に立ち直り、最近では銀行破綻という典型的な危機にも、結局は無傷に終わりました。何よりも2022年3月から始まり、すでに1年5カ月が経過したところで5・25％政策金利が引き上げられたにもかかわらず、いったんは崩壊した市場も、短期間のうちに調整を完了させ、新たな上昇相場に回帰しています。

もちろん、これで何もかもうまくいくと決まったわけではありません。たしかに、先述したように不確実性やリスクを抑制する効果はあると思われますが、成長のないままに不確実性やリスクばかりが減少していけば、成長に見合わない過度の期待（＝バブル）が生まれやすくなっていきます。たとえバブルとまではいかなくても、人間の狡猾さは、いつの時代もいつのまにか錬金術的な投資手法を生み出してきたことは、歴史が証明しているとおりです。不確実性やリスクに対して鈍感になれば、思わぬ落とし穴が待ちかまえているかもしれません。

加えて、時代とともにどんな政策でも制度疲労を蓄積していくものです。そもそも永久に機能する政策など存在しないしでしょうし、いつかはまた新たな刷新が必要になる時代がくることは間違いないと思います。

しかしいまはまだそれを心配するときではないでしょう。繰り返しますが、現在、現行の金融政策は、初めて本格的なインフレと戦っている最中です。この戦いに勝てば、現行の金融政策は、デフレにも、インフレにも有効であることが証明されることになり、完全に勝利した場合には本章で確認した新たに生まれた構造が継続していくことになるでしょう（逆に敗北した場合には、我々はまた新たな金融政策を模索していくことになるかもしれませんが、いまはその可能性は低いと思います）。

とりわけようやくデフレから脱却したばかりの日本においては、いかにして目標とする2％ラインにインフレ率を安定させるかの政策手腕が試されるところです。次章からは米国で成功した新しい金融政策が、果たして日本でも成功できるのか、成功したとすればそのとき我々の目の前にはどんな光景が広がっているのかについて考えてみたいと思います。

OPTIMAL INVESTMENT SOLUTIONS
DERIVED FROM
WILD ECONOMICS

# 第4章

# 日本の金利と金融政策

## 誤った理解

最初に一枚のグラフを見ていただきたいと思います（**図表4-1**）。専門家と称する人の説明やその時代時代で通説とされる考え方が、どれほどあてにならないものかを表しているグラフです。

１９９０年から２０１６年まで、日本の長期金利を代表する10年物国債利回りは延々と下がり続けました。その一方で、日本の財政赤字は延々と増え続けました。いまの時代は財政赤字が金利に与える影響について語る人は少なくなりましたが、90年代においては、〝財政赤字の拡大は金利を上昇させる〟という説が有力で、〝このまま赤字が増え続ければ、やがて政府が利払いができなくなるほどの金利の上昇圧力をもたらし、日本の経済はパンクし、日本の財政は破綻する〟という財政赤字罪悪論を、大多数の識者は連日のように声高に叫んでいたのです。

ところが現実はまったく逆の結果となりました。いまの人たちがこのグラフを見たら、

## ◆図表4-1　日本の10年物国債利回りと財政赤字

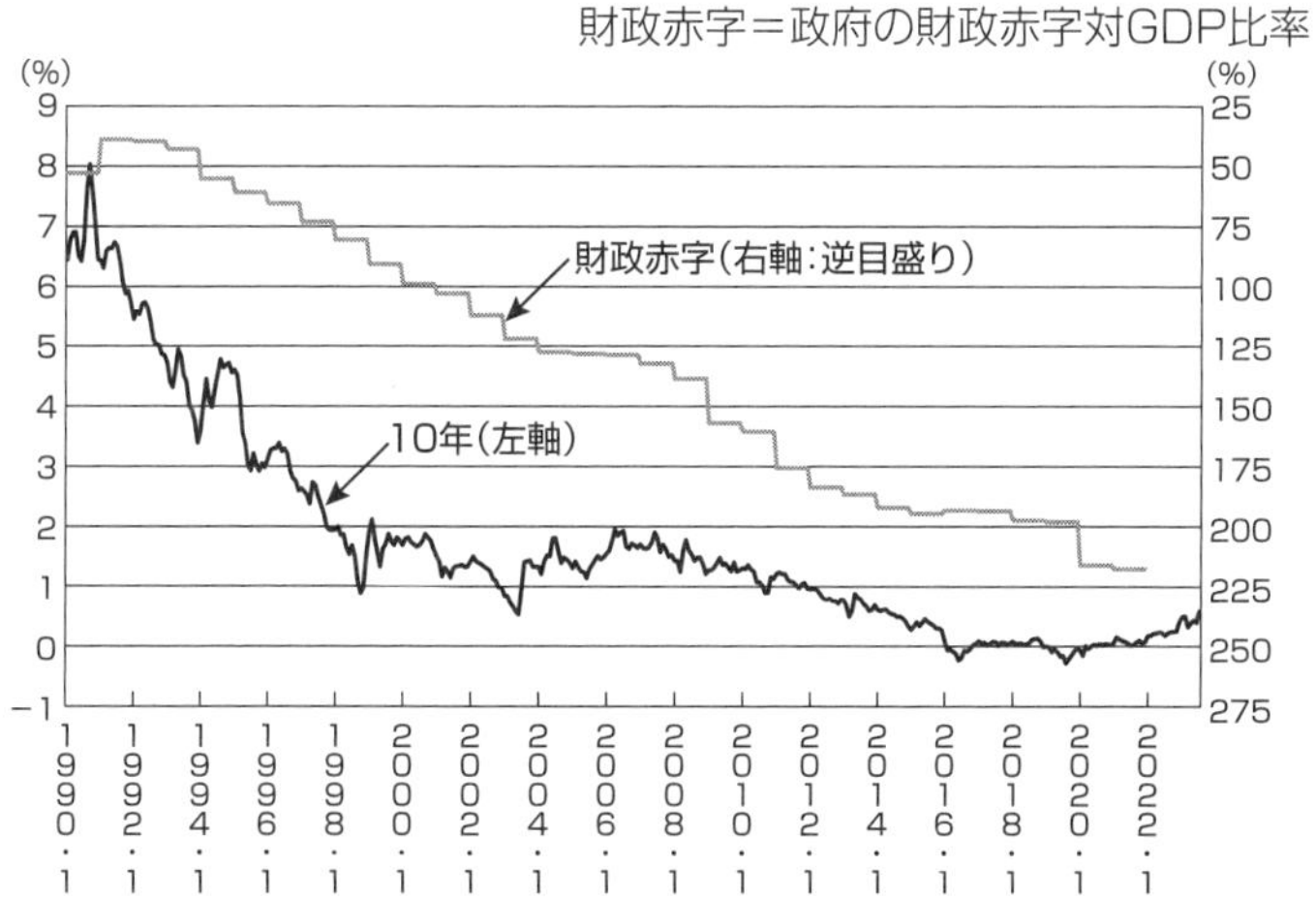

財政赤字＝政府の財政赤字対GDP比率

むしろ財政赤字が増えれば金利が下がる、などというトンデモ理論を生み出してしまうかもしれません。実際、ついこのあいだまではMMT（Modern Monetary Theory＝現代貨幣理論）という名の経済理論が世界中で幅を利かせていたのですが、この理論の主張するところは、通貨発行権を持つ国家は債務返済に充てる貨幣を自由につくれるのだから、「インフレにならない限り国債はいくら発行しても問題はない」、「財政赤字で国は破綻しない」、「財政再建などやらなくても良い」等といった、それまでの主流派と呼ばれる伝統的な経済学を学んだ人たちが眉をひそめるような考え方を、これまた声高に論じていました。

＊　結局のところ経済学というものは、そもそも時

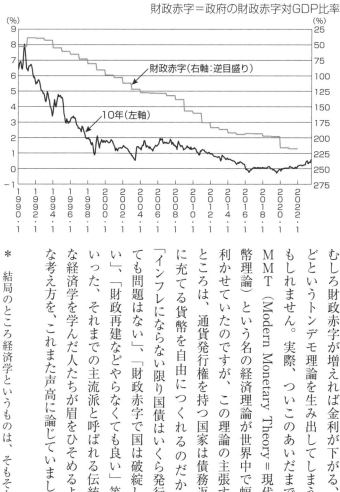

代とともに進歩していく学問だけに、使い勝手がいいように拡大解釈されて、その政策を実行したほうが自分の利益となる人々に利用されていく傾向があるようです。MMTの理論も日本を例にとれば、〝インフレもなく金利が上がる気配もないほど景気が冷え切っているのだから、そんな状態なら財政赤字のことなど気にせずにどんどん国債を発行すればいい〟という主張を、この理論を信奉する識者は論じていたのですが、そんな理論を引き合いに出さなくても先ほどのグラフを見るとおり、財政赤字が直接的に金利を上昇させる圧力とはならないことぐらい、現実の経済と市場がすでに教えてくれていました。ちなみに、コロナ危機の後、世界中がインフレに襲われるなかで、このMMT理論はどこかに消えてなくなりました。

## すべてを動かすのは景気でありそれは名目値で表される

ではなぜ財政赤字の拡大が日本の金利の上昇に結び付かなかったのでしょう。むずかしく考える必要はありません。それは景気が悪かったからです。財政赤字が増えたことを政府が大量に国債を発行して、公共投資を増やしすぎたからだと短絡的に考えるのは間違いです。それよりも１９９０年度には60・1兆円もあった税収が、２００９年度には38・7兆円まで多少の変動はありながらも減り続けたことのほうが問題です。

ではなぜ税収は減り続けたのか。それもまた景気が悪かったからです。では景気とは何でしょう。これには諸説あるでしょうが、定義することをためらっていては、話は前に進みません。そもそも本書が目指すところは、そうした言葉の意味を正確に解明することではなく、これからの日本の姿を描いて見せることにありますから、ここは思い切って断定的に定義しておきましょう。

私は、景気は成長と物価の2つに要素分解できると考えています。つまり景気が良いとは成長の拡大と物価の上昇によってもたらされる、国全体の売上の増加です。企業もまた同じように、売上は数量と販売価格（＝物価）の掛け算で成り立っていますから、つまるところ売上が景気です。また、物価の上昇は賃金の上昇と表裏一体の関係を持っていますから、家計においては、景気は就業者数と賃金によって構成されているといっていいでしょう。ここから、家計においては景気が良いとは働く人が増えたり賃金が増えたりすることで、所得が増えることを意味します。また政府・自治体においては、景気が良いとは税収が増えることを意味します。

つまり景気が良くなるというのは、数（販売の数量や働く人の数で、これが成長を測る尺度となります）が増えながら、同時に価格（販売価格や賃金です）が緩やかに上昇していくことで達成される国全体の売上の増加です。ですから、数量が増えて成長だけが進んだとしても、それを打ち消すように価格や賃金が下がってしまえば、景気が良くなったという感触は一向に得られません。これがいわゆる、デフレ型経済成長の形です。長らく日本経済はこの形で進んできました。反対に物価は上昇するのだけれど成長がマイナスになってしまう、というのが1970年代から80年代後半にかけて世界を苦しめたスタグフレーションです。蛇足ながら、成長もマイナス、物価もマイナスというのが、不況であり真正のデフレであることはいうまでもありません。

少し専門的な知識を持ち合わせている方は、ここで私が言わんとしていることが、〝なんだ、景気とは名目GDPのことなのか〟とお気づきになられたことでしょう。そのとおりです、私が本書で展開している経済モデルは、〝景気とは成長と物価で構成される〟という極めてシンプルな形で始まっており、後はこれを、時間軸を変えていくことで、現実の解明を試みています。同時に、成長にしろ、景気にしろ、一般的には実質GDP（物価を除いて純粋に成長を測ろうとするもの）を使って分析しますが、現実には我々の所得も、消費も、株価も、金利も、為替も、不動産価格も、資産も、負債も、何もかもが〝名目値〟で表されています。だとすればこうした現実の価値を考えるためには、〝名目値〟

でまずは測る必要があり、それを加工し整理して検証することで、理屈だけでは発見できなかった〝現実〟の経済が見えてくると私は考えています。

## 現実のデータから解明した日本の長期金利の本質

〝現実〟の経済について一つ例をお見せしましょう。次ページ**図表４-２**は日本の長期金利の本質は何かを説明する際に私が好んで使うグラフです。

ある一時点のデータを拾い出すだけでは、その奥にある構造はなかなか見つかりません。このグラフもまた試行錯誤の末に生まれたものです。10年金利について、日々の終値や単月の終値の水準をいくら拾い集めても、意味のあるグラフをつくることはできませんでした。名目ＧＤＰの値を、通常発表される四半期ごとの数値や、年度の数字をそのままあてはめても、人々が納得する〝意味のある〟絵を描くことはできませんでした。このグラフにおいて、長期金利（10年物国債利回り）は該当する年度の年間平均値（月末値から計算しています）を使用しています。また名目ＧＤＰは年度の上昇率の７年平均値を使用

◆図表4-2　10年金利の年度平均水準と名目GDPの7年間平均上昇率の推移

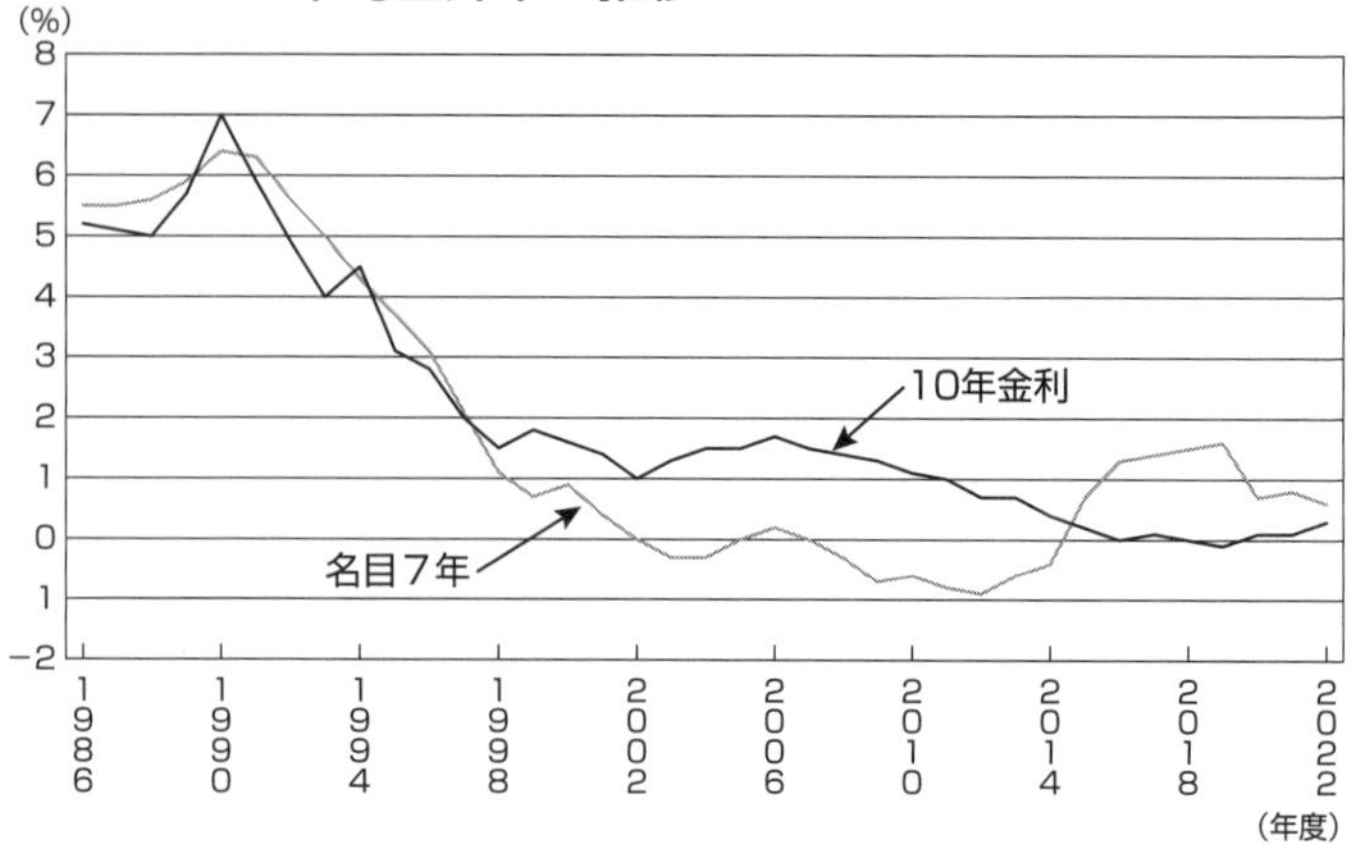


名目GDPの７年間の平均上昇率が10年金利の年度平均水準と最も近い関係にあった

しています。

グラフが教えてくれるとおり、長期的に見ると日本の長期金利は日本の名目ＧＤＰの長期的な変化率とほぼ同じように動いています。途中、１９９９年度から２０１４年度までの15年間は、長期金利のほうが名目ＧＤＰよりも高い水準を維持していますが、これこそが世界の経済学者たちが憂い、〝金利の下方硬直性〟、もしくは〝ゼロ金利制約〟等と呼ばれた、物価はマイナス水準まで低下することがあるが、金利はそこまで下げることができない、というジレンマ的状況です。この期間、名目ＧＤＰの上昇率を上回る水準に長期金利が張り付いたために、日本の実質金利（金利から物価上昇分を差し引いた金利水準です）は高止まりし、経済が縮小していくにもかかわらず、実質的な引き締め効果が発生し、日本経済はますます閉塞していきました。

一方、２０１５年度から２０２２年度までは、名目ＧＤＰが長期金利を上回る状況が続いています。これは、長期金利については２０１３年４月から始まった「異次元の金融緩和」による長期金利の押し下げ効果（大規模な国債買い入れ、マイナス金利政策の導入、そして10年金利を一定水準に封じ込めるＹＣＣ政策＝〝イールドカーブ・コントロール政策〟）が効いた結果であり、名目ＧＤＰの上昇は〝アベノミクス〟政策の成果であるといえるでしょう。

## 当たり前のことが忘れられてきた

長期金利の構造が見えたところで、再び最初のグラフに戻りましょう。日本の長期金利が延々と低下したのは名目ＧＤＰが低迷を続けていたせいで、名目ＧＤＰが低迷すれば税収も低迷し、財政赤字は膨らみ続けます。こうした状況を打破しようと公共投資を始めとする様々な経済対策が過去に打たれてきたのですが、その規模はざっと計算しただけで平成年間だけで150兆円にも及びます。ところがこれで景気が浮揚できたかといえばその効果は限定的であり、結局は財政赤字だけが膨らんだという結果に終わりました。

このデータを見て、ある人は〝それならばやらないほうが良かった〟と言い、またある人は〝やらなかったらもっとひどくなっていた、だからやって良かった〟と言い、結局はいつまでたっても、是非をめぐる議論に結論は見つかりません。しかしこの議論も本質を欠いているのが、たとえ政府が150兆円使っても、企業と家計が150兆円貯蓄すれば、景気に与えるインパクトは相殺されてしまう、という至極当たり前のことを忘れているところです。第1章に書いたとおり、結局は経済を決めるのは国民であり、国民が不況とデフレを恐れれば、いくら政府が大型の経済対策を講じたとしても、そんなものは簡単に吹き飛んでしまうという事実がこの1枚のグラフから見えてきます。

しかし同時に、日本は過去のこうした悲惨な経験を通じて、マクロ経済学の本質を学びました。長期金利は長い目で見れば国家の名目成長率と連動して動いています。そして国家の財政赤字を減らしていくには一定水準以上の名目成長率を維持していかなければなりません。一定水準以上というのは、第一に正の数字であることが条件になりますが、もう一つ、長期金利を上回る水準のことでもあります。

# 長期金利を動かすもう一つの要因

長期金利を上回る名目成長を維持するには、①成長を促す、②物価上昇を容認する、③長期金利を名目成長率よりも低位に維持する、の3つの方法が考えられますが、この3つは動くときには連動して同じ方向に動くのが普通です。すなわち、成長が進めば物価は上昇するし、物価が上昇すれば長期金利は上がります。先ほど確認したように、長い目で見れば長期金利は名目成長と同じ動きとなるのですから、どれか一つだけを下げるとか、どれか一つだけを上げるとかするのは土台無茶な話なのです（この議論になると、成長が低下するなかで物価が上昇する〝スタグフレーション〟の例をすぐに持ち出す人もいますが、それは短期的な話です。あるいは物価と長期金利の上昇が一定水準に抑制されたまま、成長だけが加速するという夢のような話を語る人もいますが、それもまた短期的な話で、いずれは物価か長期金利のどちらかが、もしくはその両方が上がることは必定です）。専門家のなかには、物価と長期金利の上昇を抑制しつつ成長を加速させる方法をいとも簡単に語って聞かせる人もいますが、そんなことは現実には不可能です。むしろ長期金利というものはそもそも日本の事情だけで動くものではないことを、ここで肝に銘じておきたいと思います。

時に長期金利は日本経済とはまったく関係のない動きを見せることがありますが、これこそが自由で開かれた資本市場における小国の宿命です。日本の場合、私の調べた限りでは5年以上の長期の金利は、程度の差はあれ一様に大国である米国の金利の影響を受けます。逆に5年未満の比較的短い金利であれば、中央銀行である日本銀行の金融政策で何とかコントロールできるようです。

## 中央銀行が動かせるもの、動かせないもの

基本に立ち返って考えてみましょう。現代の中央銀行には政策金利という短期金利の誘導目標があり、これを上げたり下げたりすることで国全体の金利水準を動かしています。たとえば米国の場合、これが本書でも度々これまで登場してきたＦＦレート（フェデラ

### ◆図表4-3　日米政策金利の推移

米国＝FFレート、日本＝無担保コールレート

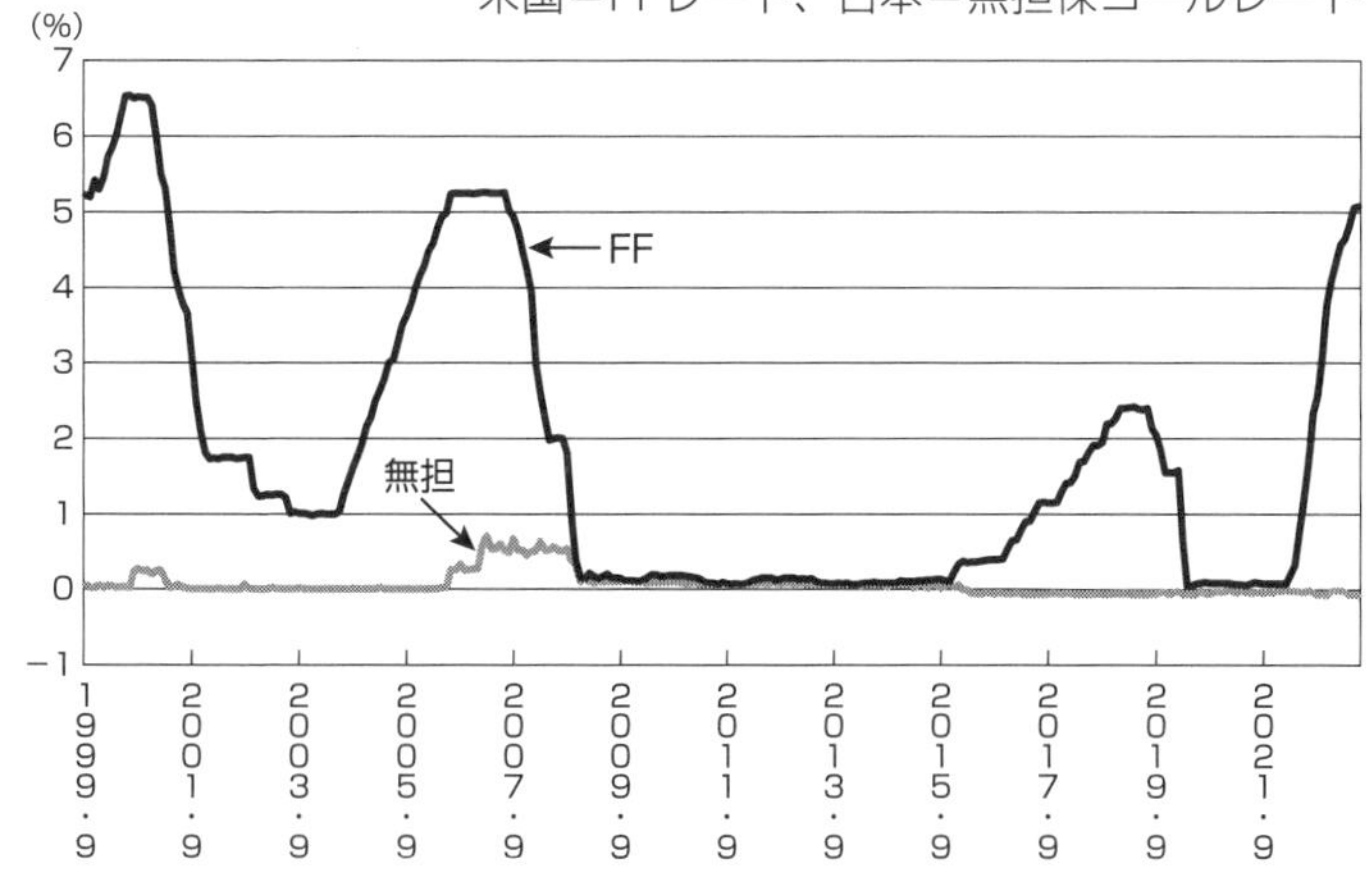


ル・ファンド・レート）であり、日本の場合、無担保コールレートとなります。どちらも中央銀行傘下の金融機関が、無担保で翌営業日までの貸し借りを行なう際に基準となる金利水準を指します。

ではこの日米の政策金利が、過去どのように動いてきたのかを比較してみましょう（**図表4-3**）。

米国のFFレートが、高いときは最大6・5%まで、低いときは最小0%までダイナミックに変動（2023年8月末時点では5・25%~5・5%）しているのに対し、日本の政策金利は、高いときでも最大で0・7%、低いときは最小で-0・1%という狭い水準にとどまっています。この結果、日米の政策金利差は0%~6・5%という極めて広い範

◆図表4-4　日米30年金利の推移

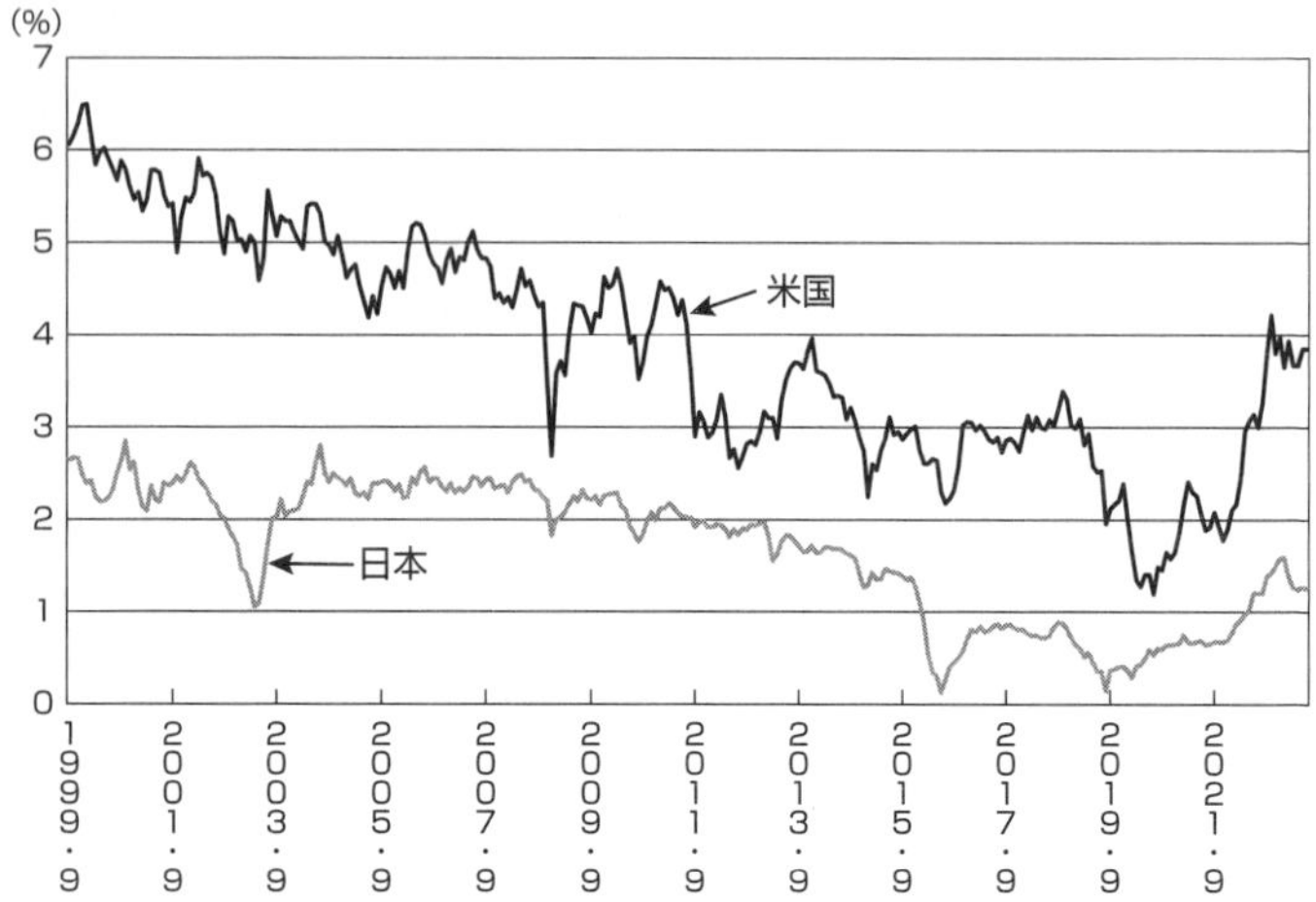


囲で動いています。

では長期金利はどうでしょうか（**図表4-4**）。ここでは日米の最も長い長期金利である30年物国債利回りを使って比較してみたいと思います（日本には40年物国債というものも存在するのですが、米国にはありません）。

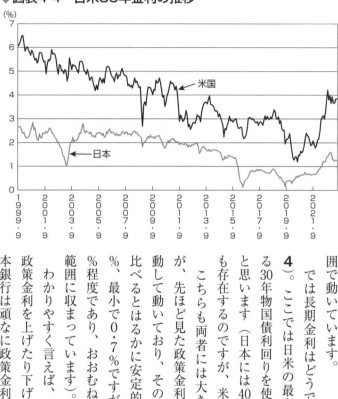

こちらも両者には大きな差があるのですが、先ほど見た政策金利とは異なり、ほぼ連動して動いており、その金利差は政策金利と比べるとはるかに安定的です（最大で4・1%、最小で0・7%ですが、平均すると2・2%程度であり、おおむね2・2%±0・7%の範囲に収まっています）。

わかりやすく言えば、米国FRBが自由に政策金利を上げたり下げたりする一方で、日本銀行は頑なに政策金利を0%近傍に押しとどめていたのですが、30年という長期の金利は米国に引っ張られて上がったり下がったりしてきたわけです。

## 自由化された資本移動の帰結

不思議に思われた方もいらっしゃるかもしれませんが、これが進化した資本主義社会の縮図です。短い金利がバラバラに動くのに、長い金利は連動して動くというのが、日米間の資本移動が自由に行なえるようになった帰結です。日米の場合、１９７３年に変動相場制が始まり、まずは貿易の自由化が進み、１９８０年代からは本格的に資本の自由化が始まりました。資本の自由化とは、民間が自国以外でも自由に資本調達を行ない、自由に資本を投下できるようにしていく政策のことです。いまでこそ我々は、自由に海外の株や債券やＥＴＦを、秒の単位で売り買いすることが可能となりましたが、かつてはそうしたお金のやり取りは厳しく制限されていたのです。それと何よりもインターネット空間が存在していなかった。

資本が自由に行きかうことが可能になったおかげで、企業は効率的に資金調達を行なうことができるようになりました。同時に投資家は効率的に国際分散投資を行なうことができるようになりました。こうした資本の動きが、それまでは貿易取引が中心であった為替市場を動かし、ドル円は均衡点を求めて長い旅が続いています。変動相場制が始まってからの30年はまさに波乱万丈の時代だったのですが、この話はこの本の後半で語ることにしましょう。

自由にお金が行きかうようになった日本と米国ですが、何事においても自由には代償がつきものです。日米のあいだでは、おのおのの中央銀行が独自の金融政策を行なう一方で、為替は自由に動くようになり（もちろん、短期的に過度の変動が起きた際には、為替市場に介入を行ない、その動きを是正する政策がいまも続けられています）、その結果、長期金利は少なくとも小国である日本においては、日本銀行の思いどおりに動いてくれなくなってしまいました。なぜならば、たとえば、日本銀行がいくら金利を低めに維持したいと思っても、為替が円安に動けばそれにブレーキを掛けるように日本の長期金利も上昇してしまうからです（反対に、日本銀行が金利を高めに維持したいと思っても、為替が円高に動いてしまうと、これを止めようとするように日本の長期金利は低下してしまいます）。

＊　こうした自由な資本移動の下で、それに逆らうかのように日本の長期金利を一定の範囲内に収めようと日本銀行が講じた苦肉の策が、２０１６年9月から始まったＹＣＣ（イールドカーブ・コントロール）政策です。ここで少し紙面を割いて、どうしてこうした奇妙な政策を日本銀行が採用し、それに固執するに至ったのかを簡単に説明しておきましょう。ＹＣＣ政策は、代表的な長期金利である10年物国債の利回りを、日本銀行が自分の思いどおりに、それこそ〝コントロール〟しようとした政策で、当初の目的はその年の1月に始めた〝マイナス金利政策〟の弊害を食い止めることにありました。

〝マイナス金利政策〟とは、日本銀行の金融政策の根幹をなす無担保コールレートの誘導目標を、マイナス水準（－０・1％）まで引き下げる政策で、狙いとしてはあくまで短期金利を引き下げることで、緩和の効果をより広く強く国内経済全般に浸透させ、経済を活性化させることにありました。しかしこの政策は、そもそも銀行の数も預貯金の量も多すぎる日本においては逆効果でした。無担保コールレートをマイナスにすることは銀行の収益には大きなマイナスの効果をもたらしただけでなく、すでに金利全般が限界まで低下した日本においては、この先どうなるのだろうという不安が国民全体に広がり、逆にさらなるデフレ効果が生まれてしまいました。

その結果、代表的な長期金利である10年物国債金利までマイナスの域にまで下がってしまうリスクが生じてしまいました。これでは長期債券に投資して長期的に安定した収益を確保していきたい生命保険会社や年金の経営にまで悪影響が及んでしまいます。この弊害を防ぐために始まったのがＹＣＣ

政策で、これの導入のおかげで、日本の長期金利は辛うじてプラス水準を維持することができたのです。

ところが2022年あたりから逆回転が起こります。コロナ危機から立ち直りを見せた世界経済には大きなインフレ圧力がかかり、米国を中心に長期金利の上昇が始まったのです。その一方で日本の長期金利はYCC政策によって一定水準に留まるようにブレーキがかかっていますから、そのしわ寄せは為替市場に起こります。通常ならば米国につれて日本の長期金利も上昇することで、為替は安定するはずなのですが、日本の金利が上がらない仕組みになっていたので、ドル円はするすると円安方向に進み、2022年の秋にはついに150円台をつけるに至りました。

しかし日本銀行は動けません。為替の円安を止めようとするなら本来ならば金融引き締め政策に転換しなければならないのですが、慌ててYCC政策やマイナス金利政策を解除すれば金融市場に混乱を招き、せっかくデフレから脱却しかかっている日本経済を、再び奈落の底に突き落としかねません。仕方がないので、政府が動き出し、10兆円近くにも及ぶドル売り介入を行なうことで、さらなる円安は何とか食い止めました。

しかし介入で根本的な問題が解決したわけではありません。とりあえず応急処置として日本銀行は10年物国債利回りの可動範囲を0%±0・5%まで広げ、市場に若干のゆとりを与えたのですが、2023年に入るころには国民全体に〝日本もまたインフレ時代に突入した〟という認識が広がっていました。さりとて先述したように、ここで慌てて引き締め政策に転換するわけにはいきません。ですので、ここもまた政府に頼るしかありません。政府が２０２３年１月から電気代・ガス代高騰を抑えるために補助金を出すことを決定し、物価上昇の一部に歯止めをかける一方で、日本銀行は粛々と、現行の金融緩和政策を続けていくことにしたのです（その後、ＹＣＣ政策における10年金利の上限は１％まで引き上げられました）。

## 植田日銀総裁の誕生

最終的に大きな混乱を招くことになってしまった黒田前日銀総裁の後を引き継いだ植田日銀総裁の考え方については、すでに第２章でお話ししたとおりです。黒田日銀の時代は、２０１３年３月に始まり、10年後の２０２３年４月に終わりました。「異次元の金融緩和」を掲げて、人々の〝期待〟に訴えかける政策を始めた黒田日銀の時代は、最初はうまくいきました。株価が上昇し、為替市場では円安が進んだので、国民はこれでデフレがようやく止まるのだと大きな期待をかけたのです。しかし何事もそうですが、〝期待〟だけでは長続きはしません。すでに述べたように、日本がデフレから脱却するためには、最終的には〝新型コロナ危機〟という天災の出現まで待たねばなりませんでした。

その後を引き継いだ植田総裁ですが、すでに日本経済はデフレ時代からの脱出には成功しています。ですから次なる問題は、①目標とする2％のインフレ率を安定的に維持させていくのか、②2％のインフレ率を安定的に維持しながらいかにして金融政策を正常な状態に近づけていくのか、の2点に集約されます。

このうち①については何よりも時間が必要です。これは第1章でも書いたのですが、さまざまな物価のなかには、〝粘着性〟という性質を持つものが多く存在し、この性質を持つものはインフレにしろ、デフレにしろ、いったんその状態になると、なかなか元には戻りにくいのです。日本の場合、あまりに長く続いたデフレのせいで、インフレの時代が始まっても、簡単には上がってこないものが多く存在します。その代表的なものが賃金です。

## インフレに負けている賃金の上昇

デフレ時代に総雇用者数の４割近くにも達した〝非正規雇用〟の存在は、賃金に対しては強烈なデフレ圧力をかけ続けました。同時にデフレ時代に機能不全に陥った労働組合は、その多くがインフレ時代に突入してもかつてのような賃金交渉能力を持ち合わせていないのが現状です。加えて日本の場合、諸外国に比べると労働者の移動が少ないため、労働市場において賃金が動くのは、いまだに年に一度の春闘頼みです。この春闘の時期に、日本中で賃金交渉が行なわれ、大企業を中心におおまかな数字が決定されると、雇用の７割を占める中小企業が、それよりも小さい数字で順次決定されていくのが実態です。日本の労働市場は、米国と比べ明らかに市場としては不完全なのです。

しかしながら、不完全だからといって直ちに変更できるものでもありません。もちろん、賃金交渉能力を持つ個人から順々により高い賃金を勝ち取って、その動きが日本中に広がればよいのですが、理想を語っているうちはいつまでたっても予想は立てられません。いまはまだ、賃金上昇のトレンドが、たとえそのスピードは遅くとも、長期的に継続し、これが国全体として目に見えた数字、少なくとも目標とするインフレ率2％を、これもまた安定的に、長期的に超えていくことが必要です。

この間、日本銀行は現行の金融緩和政策を続けていかねばなりません。なぜならば、うっかり緩和を止めたと市場と国民に勘違いされ、それこそ日本経済が再びデフレの方向に進みだすと、せっかくここまで進んだ回復が水の泡です。ですから兎にも角にも拙速な金融引き締めへの政策変更はやってはいけません。

ではインフレ対策は誰がやるのかといえば、これは当面は政府の仕事にならざるを得ません。日本銀行が動けないのですから、政府が様々な補助金を使うことで、国民の生活を守るしかすべはないのです。それを批判する人もいるでしょうが、そういう人々にいまは政府・日銀は耳を貸す必要はないと私は思います。なぜならば、この問題について批判する人は、大概が金融関係者であり、その目的が往々にしてそれぞれの私利私欲にあるケースを、これまで数多く見てきたからです（日本の金利が上がってほしい人、円高になってほしい人、さらには株価や不動産価格が下がってほしい人はこれかも日銀批判を続けることでしょう）。

## 急がれる日本版フォワードガイダンス

しかしただ現状維持を決め込んで、漫然と金融緩和政策を続けていくのでは困ります。何もしなければ、それこそ〝これでいいのか？〟と市場も国民も不安に思います。だからこそＦＲＢのようなしっかりとしたフォワードガイダンスが必要なのです。いまのままでは、それこそＹＣＣ政策を解除するだけでも、マイナス金利政策を正常化するだけでも、直ちに市場も国民も〝引き締めだ！〟と大騒ぎをする。それでは駄目です。

ＦＲＢの場合、米国の景気にとって長期的に見て、２％のインフレ目標を達成しながら、引き締めでもなく緩和でもない水準を〝中立金利（ＦＦレートの長期見通しを専門家はこのように呼んでいます）〟として、ＦＦレートがこれよりも低い水準であれば、緩和気味の政策が行なわれていると解釈されますし、これよりも高い水準になると、本格的な引き締めの政策が始まったと解釈されます。

＊ 事実、2022年のFRBの金融政策の場合、3月から矢継ぎ早にFFレートは引き上げられましたが、中立金利水準である2・5%を初めて上回ったのは9月のことでした。ついに金融政策が本当の引き締め政策に入ったことを認識し、株式市場（SP500）は翌10月に安値を付けます。

ですが困ったことに、日本においては中立金利を決定するための前提条件がまだはっきりとしていません。FRBの場合、現状では1・8%という潜在成長率と4・0%という自然失業率（人手不足でも人手が余っている状態でもない失業率のことです）が明示され、この条件下でインフレ率を2%に安定的に維持するためにはFFレートは長期的に2・5%に保つことが望ましい、とされているのですが、日本の場合ここまでシステムは整備されていません。

## 日本の中立金利はどのあたりにあるのか

では日本の場合、中立金利はどのあたりにあるのでしょうか。これがわかれば、あるいは決定されれば、少なくともその水準を無担保コールレートが超えるまでは、依然として金融政策は緩和的であると市場と国民に理解され、正常化政策は正当化されるはずです

（もちろんこの理解のためには、〝合理的〟な数字を日本銀行が提示しなければなりません）。

この問題についてはは私も何度かトライしてみたのですが、なかなか確信が持てる数字を見つけることができませんでした。というのも第2章でも書いたように、現状の日本の潜在成長率があまりにも低いからです（0％台の前半と日本銀行は2023年7月の展望レポートで小さく表示しました）。米国の場合、これが1・8％で、さらにインフレ目標が2％、両者を合わせると名目潜在成長率が3・8％となり、これを安定的に維持していく政策金利が2・5％という構造になっています。

これに対し日本の場合、仮に潜在成長率0％～0・5％とすると、ここに目標とするインフレ率が2％となり、両者を合わせた名目潜在成長率は2％～2・5％となります。おそらく中立金利はこの数字を超えないところのどこかにあるはずなのですが、単純に日米の潜在成長率格差（1・3％～1・8％）を引けば、日本の中立金利は0・2％～1・2％となります。これはちょっと目標値としては範囲が広すぎます。

さらにもう一つ必要なファクターが自然失業率ですが、残念ながら日本にはこれを表すデータがありません（おまけに非正規雇用の存在のため、計測するのが極めて困難です）。類似したものとして、政府と日銀が計測しているGDPギャップという数字がありまが、これは景気の循環を見るうえでは有益な情報ですが、頻繁に変動するため果たして長期的なデータとして優意性を持っているのか疑問です。

確証はまだ持てませんが、これから日本銀行がFRBに倣ってフォワードガイダンスを策定していく際に、最初に使われる中立金利は、おそらく0・5％に設定されるのではないかと私は考えています。言い換えれば、無担保コールレートが0・5％を超えてくるまでは、日本銀行の金融政策はまだまだ緩和的ですよと説明し、0・5％を超えてきたところで初めて引き締めが始まりましたよ、市場と国民に提示してくるのではないかと思います。0・2％では低すぎるでしょうし、1％以上は高すぎます。ちなみに、私がこう考えるようになったのは日米の長期金利差の長いデータを調べたからでした。

## 日本と米国の長期金利の関係

日本の長期金利のデータは財務省によって1974年9月から日々の終値が記録されています。ただし、当時から一貫して残っている最長期の金利は7年までで、指標となる10

**◆図表4-5　7年物国債利回り：日米金利差（米国－日本）**

以前、以後＝目標インフレ率設定以前、以後

年金利は１９８６年７月から、最長期債の世界標準となる30年は１９９９年10月からとなっています。

さてその７年を使って、日米の金利差がこれまでの歴史の中でどのように動いてきたかを確認してみましょう（**図表４-５**）。

興味深いことに、日本で国債発行が始まった70年代においては、日本の７年金利のほうが米国のそれよりも高かったことがわかります（グラフの数値がマイナスの水準にあることでわかります：１９７７年６月まで）。当時は日本の名目成長率がすこぶる高く、同時に日本の債券に対して世界の投資家たちの目がまだ懐疑的であったからでしょう。しかしその後は一貫して米国のほうが高く、グラフの数値は常にプラスの水準を保っています。

ここで注目してもらいたいのは、かつての日米金利差は大きくダイナミックに変動していた点です。1980年代からで確認すると、金利差は最大で6・5％まで開き、最小で0・5％まで縮まっています。

目標インフレ率2％が定まった、2012年1月を基準として、それ以前と以後で平均値を見てみると、以前は2・8％であったものが、以後は1・9％まで低下しています（平均値からのばらつきを表す標準偏差で見ると、以前が±1・6％、以後が±0・8％とこちらもインフレ目標2％を設定してから縮まっています）。もちろん、これも2016年9月から始まったYCC政策の影響を受けていますが、それでも直接影響を受けた10年金利とは違いますので、どうやら現行の金融政策の下では、日米の長期金利差は2％程度と考えてよさそうです。

そうなると、日米の長期金利差が2％程度ですから、中立金利差もまたこれと同程度と見て良いでしょう。すると日本の中立金利は米国の2・5％から2％を引くことで、こちらも0・5％程度と推計されます。

# 正常化への遠く長い道のり

さてこれで大体の数字が出揃いました。出揃ったところでこの章の結論を私なりにまとめておきたいと思います。

まず現行の金融政策は、少なくとも２％以上の消費者物価の上昇が３年以上続いたとして、２０２４年度後半までは正常化に向かってはならないでしょう。同時に賃金上昇率も、２％以上の上昇が続くことが必要です。

その一方で、日本銀行が急がなければならないのが、日本銀行としての見通しの確立です。どう見ても現在の展望レポートだけでは不十分です。少なくともＦＲＢと同様の中立金利の設定がないことには、市場と国民に、〝**どの水準までが金融緩和で、どの水準からが本当の引き締めなのか**〟を明示できません。これをしないことには、いつまでたっても正常化へのプロセスが見えません。

中立金利が明示されれば、ＹＣＣ政策の解除はそう怖い問題ではありません。金融政策の本質は政策金利の誘導にあるのですから、ＹＣＣ政策などは枝葉末節にすぎません。その意味では、この解除は市場の動向をにらみながら、タイミングを見て決めればよいでしょう。米国の金利にまだまだ上昇圧力がかかる局面よりも、いよいよ金融緩和が始まるとき、あるいは緩和が実際に始まってからのほうが、市場に与える影響は軽微にとどまることになるでしょう。

この間、為替市場には円安圧力がかかり続けます、円安圧力は日本国内にインフレ圧力をかけ続けることになります。しかしそれを抑える仕事は政府に任せたほうが良いでしょう。ドル売り介入と各補助金の支給で、対症療法的に対応するのが現実的には得策です。むしろ円安圧力とインフレ圧力がかかり続ければ、この間、日本の名目ＧＤＰの上昇が続き、政府の税収も増え続けることになるはずですから、財政的には何ら痛痒を感じることはないでしょう。おまけに税収が伸びる一方で長期金利の上昇が限定的であるならば、日本の財政赤字は改善していくことになりますから、これもまた長期的にはプラスに作用していきます。

以上を総合すると、これからの日本銀行の金融政策に必要なものは、こうした〝狡賢さ〟であると私は思います。かつてのように猪突猛進型で金融政策を動かすような、素朴な時代は終わりました。何よりも先頭を走るＦＲＢが、懇切丁寧に市場と国民を導いていく政策を推進しているのですから、日本もまたこれを真似ていかねばなりません。日本の政策は、まだアジア的家父長制度の影響が残っているのか、ともすれば頭ごなしの命令型が多いのですが、そんな時代はとっくに終わりました。これまではサプライズが中心の政策発動だったのですが、その効果がポジティブにしろ、ネガティブにしろ、そんなものは一時的な子供だましの政策にすぎません。

それよりも大事なことは、何よりも市場と国民に「合理性」を伝えていくことです。「合理性」とは何かといえば、儲かることにつながる理屈ですから、市場と国民がこれに納得すれば、その方向に経済は進みます。そこに「理」があり、そこから「利」が生まれるのであれば、いつの時代も人々はそれについていくものです。

OPTIMAL INVESTMENT SOLUTIONS
DERIVED FROM
WILD ECONOMICS

# 第5章

# 新しい時代の投資戦略

# それでも景気は循環する

さてここからはいよいよ具体的な投資戦略の立案に入るのですが、最初に断っておきたいのは、第4章まで繰り返し「目標インフレ率2％とフォワードガイダンスの時代が始まったことで、リスク資産に対するリスクと不確実性は低下した」ことを述べてきましたが、**それでも景気は循環する**という点です。いくらリスクと不確実性が低下したからといっても、それらが消えうせたわけではありません。ましてや現代の経済はそれこそ世界中の人々でつくりだしていくものですから、いい時代が続けば続くほど、人々はつくりすぎていくものです。つくりすぎればやがて余りだし、経済は悪いほうに方向転換し、かくして景気は循環します。景気が循環すれば、企業業績も循環します。企業業績が循環すれば株価も循環します。

ただし、ひょっとすると、新しい金融政策の時代が始まったことで、従来認識されてきた〝景気後退期〟なるものが発生しにくい環境に変わった可能性はあります。何せ経済をコントロールする中央銀行が、これから2～3年先までの経済を、事細かに予想してくれるのですから市場や国民はこれを自身の資産運用や長期的な投資活動、さらには住宅投資などの参考にすることが可能になりました。さらに経営者にとってみれば、最も信頼できるエコノミストが、先行きの経済環境を予想してくれるのですから、以前と比べればはるかに経営はやりやすくなったはずです。

しかしながら現実社会のむずかしいところは、景気は金融政策だけでコントロールできるものではないというところです。新型コロナ危機のときがそうであったように、景気後退などというものは、いつ何時どこからやってくるかはわかりません。

例外的なケースはひとまず置いておくとして、一般的に、景気は次のようなプロセスで循環していくと考えられています。

景気の谷→（景気拡大期）→景気の山→（景気後退期）→景気の谷……

米国の場合、新型コロナ危機による景気後退期が2022年の3月（2月が山）から4月（谷になります）まで続きましたが、この2カ月間というのは1960年以降のデータでは最も短い景気後退となっています。そこから今度は一転して景気拡大期に入ったわけですから、米国はもうすでに3年以上も景気が良い状態が続いていることになります。

＊　米国の場合、景気の循環は、ＮＢＥＲ（National Bureau of Economic Research＝全米経済研究所の略称）という１９２０年創立の非営利的な無党派の民間研究組織が分析し、その結果を公開しています。ＮＢＥＲは経済学における実証分析の研究に特化した組織で、アメリカ人のノーベル経済学賞受賞者35人中20人が本研究所の関係者であることでも有名です（残念ながら我が国ではまだノーベル経済学賞を受賞した人はおらず、景気循環は内閣府経済社会総合研究所が、極めて複雑なやり方で分析し、現実からかなり遅れて発表しています）。

＊　１９６０年以降の循環を調べると、景気拡大期の平均期間は78カ月（6年半）、最長で１２８カ月（２００９年6月から２００２年2月までの10年8カ月、最短で12カ月（１９８０年7月から１９８１年7月までの1年）となっています。一方、景気後退期の平均期間は11カ月、最長で18カ月（２００７年12月から２００９年6月までの1年半）となっています。

## 数年の長い拡大期が続いた後、10カ月程度の後退期がくる

簡単に米国の景気循環のこれまでの歴史を見ておきましょう。データは19世紀から存在するのですが、あまり古いものを見てもピンとこないので20世紀に入ってからの23回の循環を分析してみます。

次ページ**図表5-1**は、景気拡大期だけを集めて、1回ごとの拡大期の期間をプロットしたものです。傾向を見るために過去5回の拡大期の平均期間も記しておきました。20世紀1というのは20世紀に入ってからの1回目の循環であり、21世紀3というのは21世紀に入ってからの3回目の循環で、これが新型コロナ危機によって終わったものです。

第3章でも書きましたが、金融政策というものの歴史は短いのです。経済政策というものも、20世紀に起きた世界恐慌を経て政治家と経済学者が真剣に考えるようになって初めて体系的にまとめられ経済効果を持つようになりました。そうした金融政策や経済政策に携わった人々の功績が、この1枚のグラフに凝縮されています。

## ◆図表5-1　米国の景気拡大期（月数）

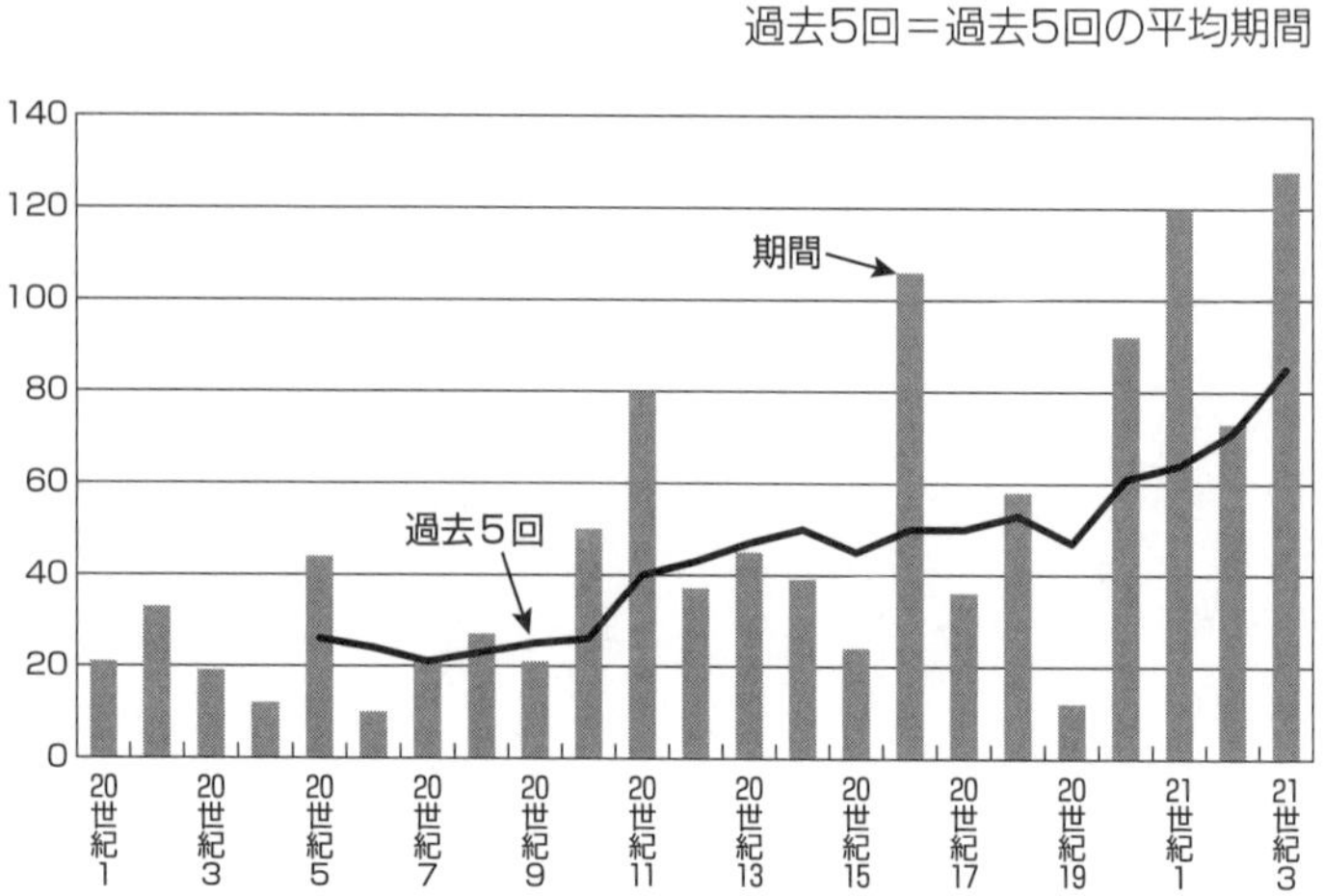


過去5回の景気拡大期の期間の推移を見てもらえればおわかりのとおり、米国の景気拡大期は、長い時間をかけて時代とともに長期化してきたのです。かつては長くは続かなかった好景気が、時代とともに長期化し、最近の5回では平均期間が85カ月（7年1カ月）を記録しています。

では後退期はどうでしょうか。**図表5-2**は、景気後退期だけを集めて、1回ごとの後退期の期間をプロットしたものです。こちらも傾向を見るために過去5回の後退期の平均期間も記しておきました。

後退期もかつてと比べると、期間は短くなってきたようにも思えます。しかし過去5回の平均値を見てみると、20世紀後半以降からは、その数字が10カ月前後のところで止ま

### ◆図表5-2　米国の景気後退期（月数）

過去5回＝過去5回の平均期間

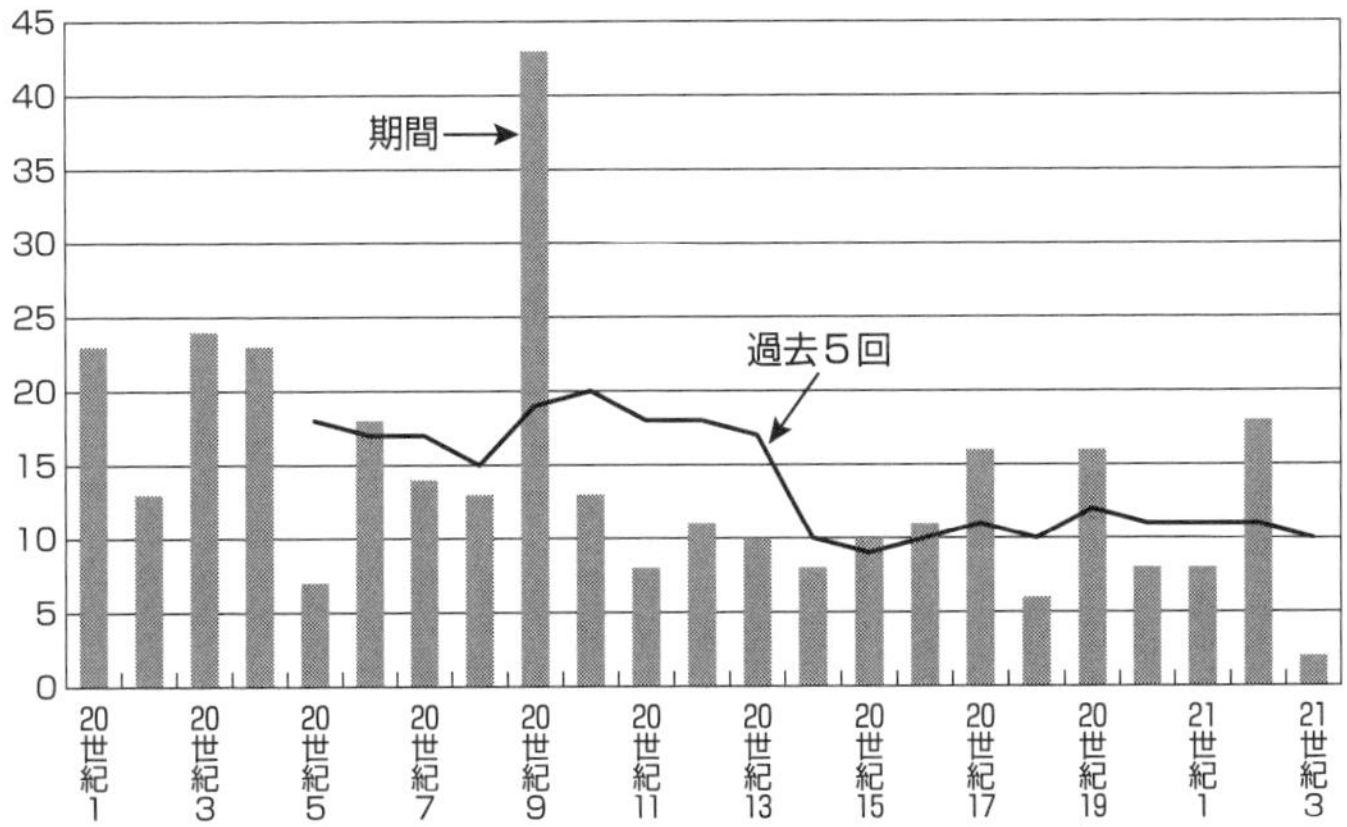


り、それよりも短くはならなくなっています。

これが現実というもののむずかしさなのかもしれません。景気の拡大期間を長期化することに米国は成功したのですが、後退期間を短期化することには手を焼いているようです。たまたま前回の新型コロナ危機によってもたらされた後退期は、わずか2カ月で終わったのですが、逆にその咎めが凄まじいインフレであったのかもしれません。後退期が長く続けばそれだけデフレのリスクが高まるのですが、逆に短く済めばインフレのリスクが高まります。

理屈を考えれば、ある意味これは仕方のない話かもしれません。なぜなら、後退期に入れば金融政策は当然、緩和政策となります。

緩和政策は薬を投与するようなものですから、後退期が長く続くと次第に強い薬を投与することになるのですが、新型コロナ危機のときはこれが現金給付金というていきなりの特効薬でした。ところが簡単に後退期が終了したものですから、この薬が効きすぎて今度はインフレになってしまったわけです。

＊ではなぜ10カ月という期間で後退期が硬直化しているのかというと、これは私にもわかりません。しかし景気後退期＝不況の本質を考えれば、なんとなく理解はできます。不況というものは一種の失敗・敗北ですから、撤退し立て直すのには何よりも一定の〝**時間**〟がかかるものです。解雇された人が新しい職を見つけるまでの時間、撤退を余儀なくされた企業の経営者が何とかして立ち直ろうとするまでの時間、使われなくなってしまった建物を壊すまでの時間、あるいはリニューアルするまでの時間等、どれほど社会が進化し、金融政策が高度化しても、結局は、経済は人間が動かすものである以上、その人間が方向転換するには一定の時間が必要であることは、昔もいまも変わらないのかもしれません。

## すさまじい利上げ

話を今回のインフレに戻しましょう。ＦＲＢが処方箋の間違いに気づいたのが２０２２年の３月でした。前の年、２０２１年のＦＲＢは〝現在のインフレは一過性のものである〟と公式見解を述べ、それまで利上げを見送ってきたのですが、間違いに気づいてからのＦＲＢの決断は迅速でした。

当初は誰もが従来どおりの、０・２５％ずつの、漸進的な利上げを予想していました。漸進的（gradualism）というのは、１９８７年から２００６年までＦＲＢの議長を務めた、アラン・グリーンスパンの唱えた穏健的な政策転換を志向する言葉です。過激でかつ急進的な政策転換を行なうと、株価の急落が起きたり、資金繰りに苦しむ企業や銀行が現れたりするリスクがあるので、これまでのＦＲＢは１回の利上げ幅は、０・２５％が普通で、最大でも０・５％というのが通例でした。

しかし今回のＦＲＢは違いました。次ページ**図表５-３**は実際に決定されたＦＦレートの推

◆図表5-3　2022年3月以降：FFレートの推移（上限：％）

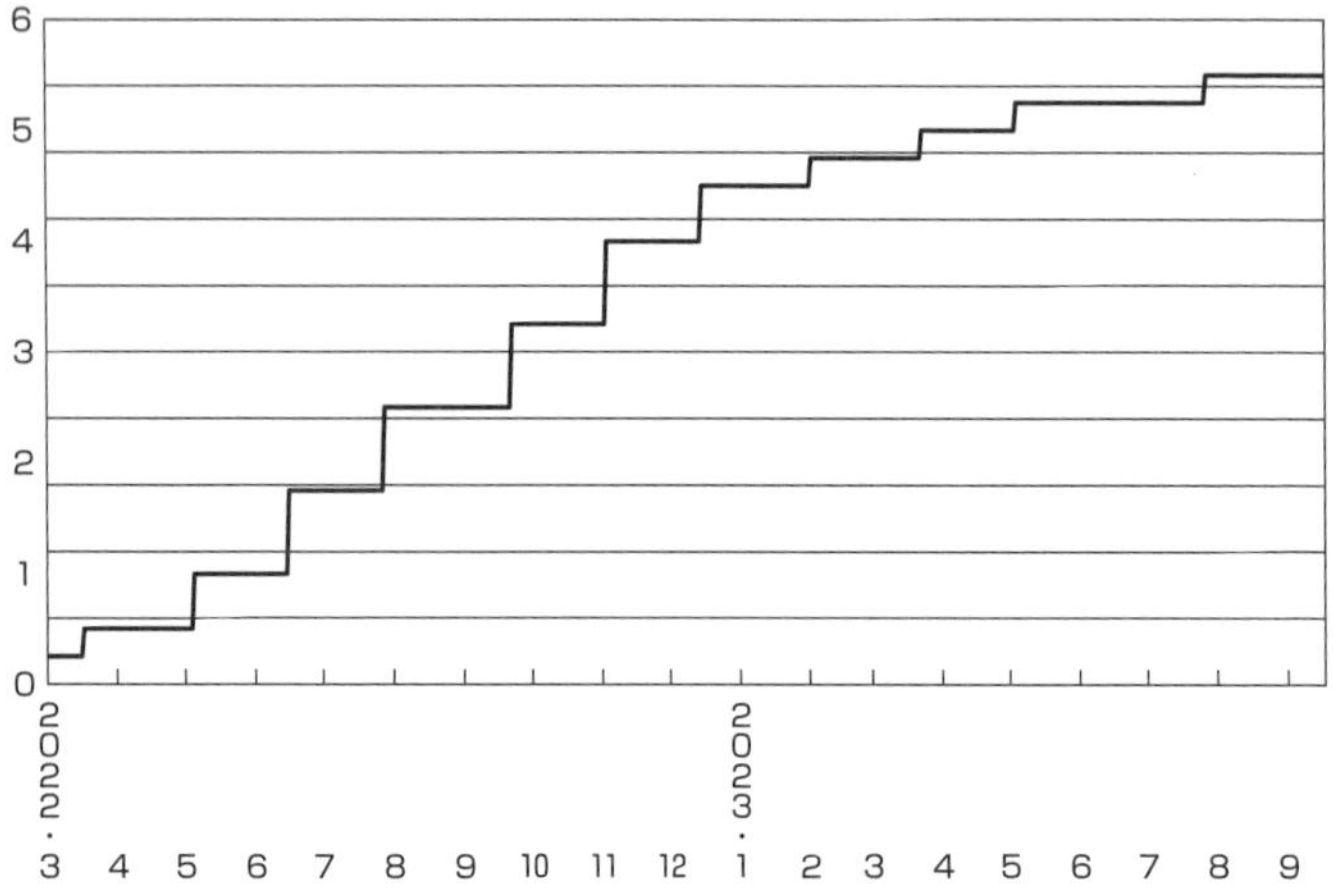


◆図表5-4　FFレートの変化幅：1年前との差、1年半前との差(％)

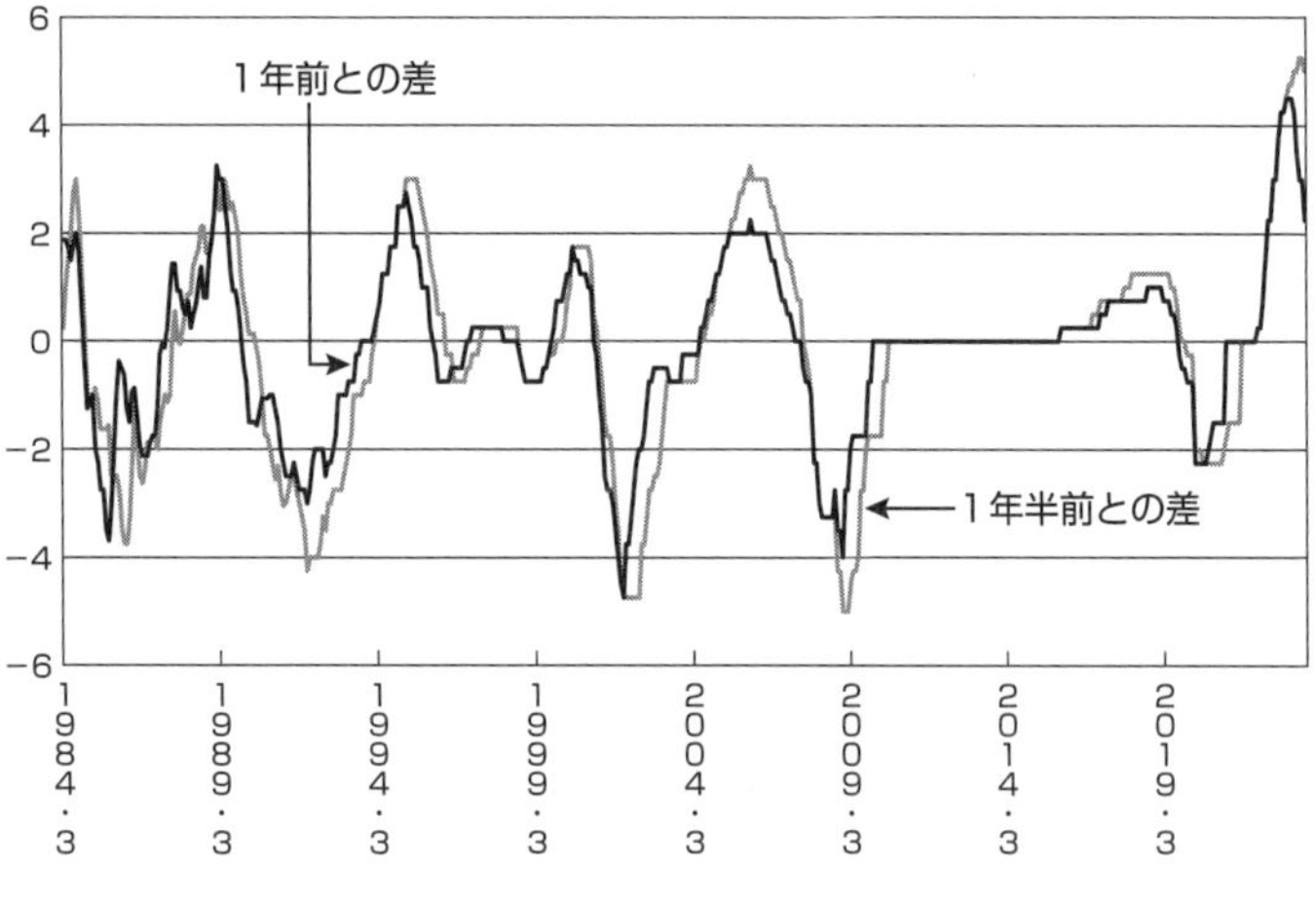

移を表したものです。

最初の2022年3月の利上げ幅こそ0・25%、次の5月が0・5%と、ここまではある程度予想の範囲だったのですが、次の6月から、7月、9月、11月と、連続的に0・75%という見たこともないような大きな幅で利上げを断行したのです。しかも、引き締めの手は休まることなく翌年の5月まで毎回のFOMCごとに続けられました。

気が付くと、今回の利上げのスピードは、FFレートの誘導目標のデータが残る1982年9月以降で、最も早くかつ大きなものとなりました。**図表5-4**はFFレートの、1年前と、1年半前の水準から現在に至るまでの変化幅を記録したものです。今回の場合、1年間で最大4・5%、1年半のあいだで最大5・25%もの利上げを記録しました。これは史上最も早くかつ大規模な引き締めであったといえます。

# 意図して株価潰しに動いたFRB

この0・75％という1回の利上げ幅ですが、0・5％を少しでも上回るFFレートの変更幅が決定されたのは、誘導目標値の記録の残る1982年以降で9回しかありません。そのうち4回が今回の利上げ局面で残りの5回はすべて80年代のものです。このとき、米国株式市場がどういう反応を見せたのかを表にまとめると**図表5-5**のようになります。

予想どおり、総じて株価のパフォーマンスは悪いのですが、それでも1984年11月、2022年7月、11月、の3回はプラスのリターンを残しています（1989年2月は小型株だけがプラスのリターンを残したところも興味深い結果です）。株価は常に先行きを織り込もうとしますから、それぞれの時代で、「やがてインフレは鎮静化し、この激しい利上げ局面も緩和へと転換する」と期待すれば、株価は上昇します。

さて、このデータですが、出典はすべてFRBを構成する地区連銀の一つであるセントルイス連銀のホームページからダウンロードしたデータを加工して作成したものです。で

### ◆図表5-5　1カ月のうちに大幅な利上げが行なわれた際の米国主要株価指数の月間騰落率

（単位：%）

| 順位 | 発生時 | FFレート | 米国主要株価指数月間騰落率 | | | | |
|---|---|---|---|---|---|---|---|
| | | 利上げ幅 | 大型成長 | 大型割安 | 小型成長 | 小型割安 | REIT |
| 1 | 1984年11月 | 1.13 | 1.71 | 1.22 | 0.25 | 1.80 | 0.89 |
| 2 | 1984年 7月 | 0.75 | −1.62 | −1.62 | −5.12 | −2.65 | −1.03 |
| 3 | 1989年 2月 | 0.75 | −2.51 | −1.84 | 0.66 | 0.82 | −1.21 |
| 4 | 2022年 6月 | 0.75 | −8.39 | −8.20 | −8.55 | −9.75 | −7.90 |
| 5 | 1994年11月 | 0.75 | −2.74 | −4.41 | −4.48 | −4.60 | −3.43 |
| 6 | 2022年 7月 | 0.75 | 12.82 | 5.97 | 11.21 | 9.20 | 8.73 |
| 7 | 2022年 9月 | 0.75 | −9.77 | −8.67 | −9.45 | −10.89 | −12.26 |
| 8 | 2022年11月 | 0.75 | 4.18 | 6.51 | 3.66 | 3.44 | 5.84 |
| 9 | 1987年 9月 | 0.56 | −1.98 | −2.24 | −1.90 | −2.28 | −1.38 |
| 平　均 | | | −0.92 | −1.47 | −1.52 | −1.66 | −1.31 |

すから私が調べた結果も、ずっと前からＦＲＢの調査部スタッフは知っていた可能性があります。

当たり前の話ですが、大きな利上げを行なえば資産市場に混乱が起こります。混乱が起こるのは主に株式市場と不動産市場ですが、このうち株式市場は日々大きな取引が繰り返されていますから、混乱の影響は素早く価格に現れます。一方で、不動産市場は株式市場ほどの大きな売買が日々行なわれているわけではないので、混乱の影響が価格に織り込まれるまでには時間がかかります。

ここで、第１章でお話ししたインフレを構成する３つの要素を思い出してください。３つの要素のうち最初にお話ししたのが、〝人々のインフレに対する期待の高まり〟でした。そしてこのインフレに対する期待を醸成していくのが、資産価格であり、その資産価格の中核をなすのが、株価と不動産価格であると書きました。だとすればインフレを鎮静化させるときに最も有効な手立ての一つが〝人々のインフレに対する期待を低下させること〟になるはずです。そしてそのインフレに対する期待を醸成するのが資産価格であり、資産価格の中核をなすのが株価と不動産価格であるのですから、この両者の価値を、金利を急激に引き上げることで、無理やり暴力的にでも押しつぶしてしまえば、インフレの根源を断ち切ることになるわけです。

＊　ちなみに過去のＦＦレートの誘導目標水準が、１カ月間のあいだにどれくらい変更されたことがあるのかを調べてみると、非常に興味深い結果が得られました。**図表5-6**は過去41年間（４９２カ月）のＦＲＢによるＦＦレート誘導目標の変動幅ごとに調べたその発生回数です。４９２カ月のうち変更がなかったのが３４１カ月ですから、金融政策などというものは本来動かないことにこそ意味があるようです。

金融政策を変更した月のうち、緩和の回数は70回に対して利上げの回数は81回ですから、回数でいえば利上げのほうが多いのですが、その変更幅の平均を調べると、緩和の場合０・４３％の引き下げであるの対し、利上げのほうは０・３１％の引き上げと、変更幅は利下げのほうが大きいことがわかりま

◆図表5-6　0.75%以上のFFレート変更は異例のパターン
過去41年間の月間FFレート変更幅の場合分け

| 変動幅 | 発生回数 |
|---|---|
| ～－0.5% | 11 |
| －0.5%～－0.25% | 22 |
| ～0.25%～0% | 37 |
| 0% | 341 |
| 0%～＋0.25% | 60 |
| ＋0.25%～＋0.5% | 12 |
| ＋0.5% | 9 |
| 82年9月～23年8月 | 492 |

した。この背景には、利上げの場合戦う相手がインフレであるのに対し、利下げの場合戦う相手が、デフレであり景気後退でありそれらを総合した不況という得体の知らない化け物であるからでしょう。それだけ利下げを行なう際には、米国経済が緊急事態に陥っている可能性が高いのだといえます。

では、こうした金融政策の変更時に、米国の株式市場はどのような反応を見せるのでしょうか。
先述したように株式市場は先行きを織り込んでいくものですから、利上げによってインフレが鎮静化すると織り込めば株価は上がりますが、鎮静化しないままままだ利上げが続くと織り込めば株価は下がります。また利下げによって景気後退を免れると織り込めば株価は上がりますが、これが手遅れだと織り込めば株価は下がります。

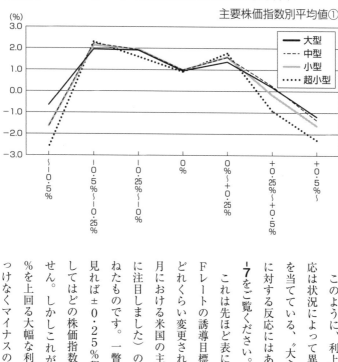

## ◆図表5-7　FFレートの変更幅と米国株月間騰落率

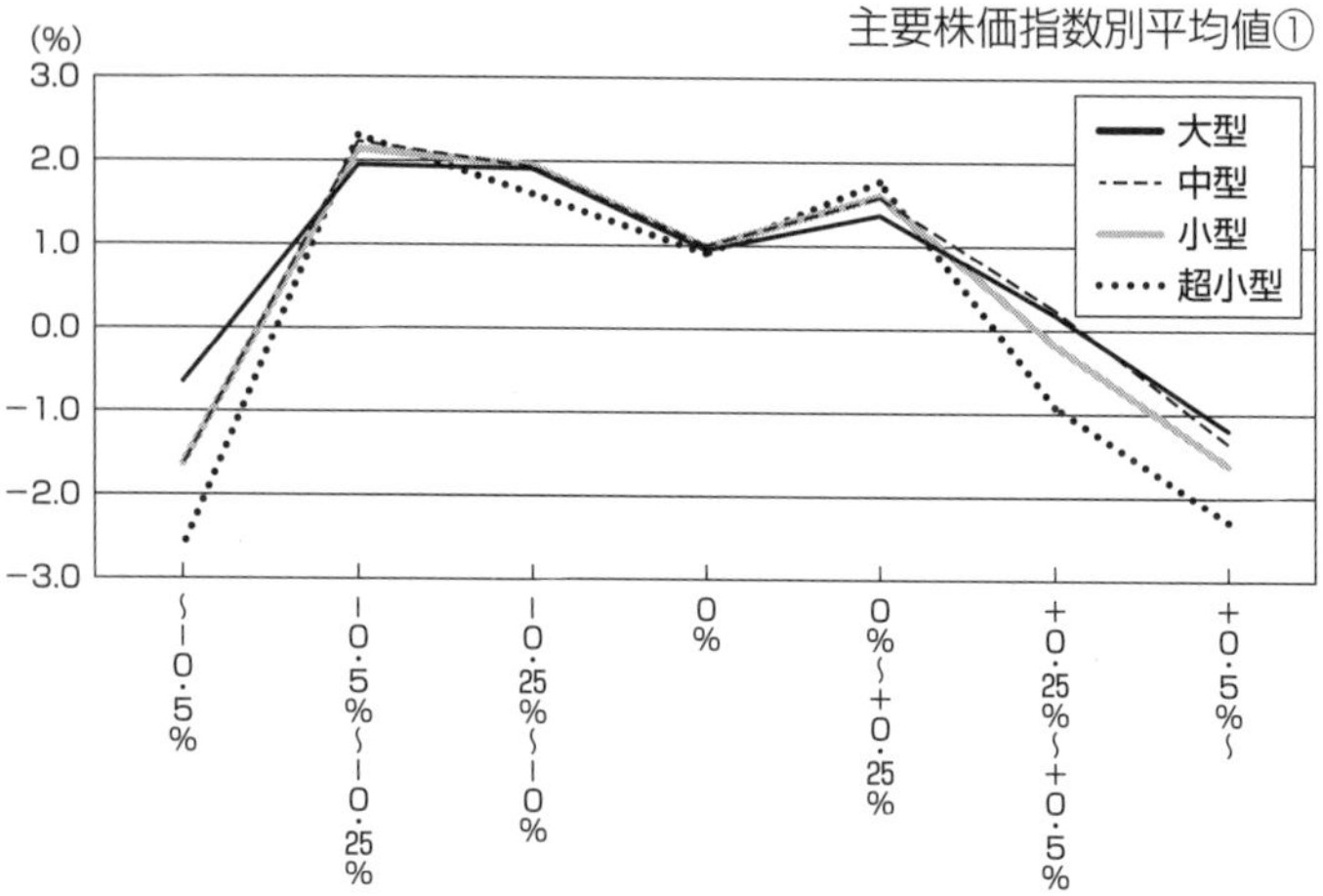


このように、利上げ、利下げに対する株価の反応は状況によって異なるのですが、この章で焦点を当てている、〝大きな利上げ〟、〝大きな利下げ〟に対する反応にはある特徴がみられます。**図表5-7**をご覧ください。

これは先ほど表にした、FRBによる過去のFFレートの誘導目標水準が、1カ月間のあいだにどれくらい変更されたのかの分析に、それぞれの月における米国の主要株価指数（ここではサイズに注目しました）の騰落率を調べその平均値を重ねたものです。一瞥してわかるとおり、長い目で見れば±0・25％程度のFFレートの変更に対してはどの株価指数も大きな混乱は生まれていません。しかしこれが大きな変動、たとえば0・5％を上回る大幅な利上げなどとなると、株価はあっけなくマイナスの領域に沈みます（とりわけ流

## ◆図表5-8　FFレートの変更幅と米国株月間騰落率

主要株価指数別平均値②

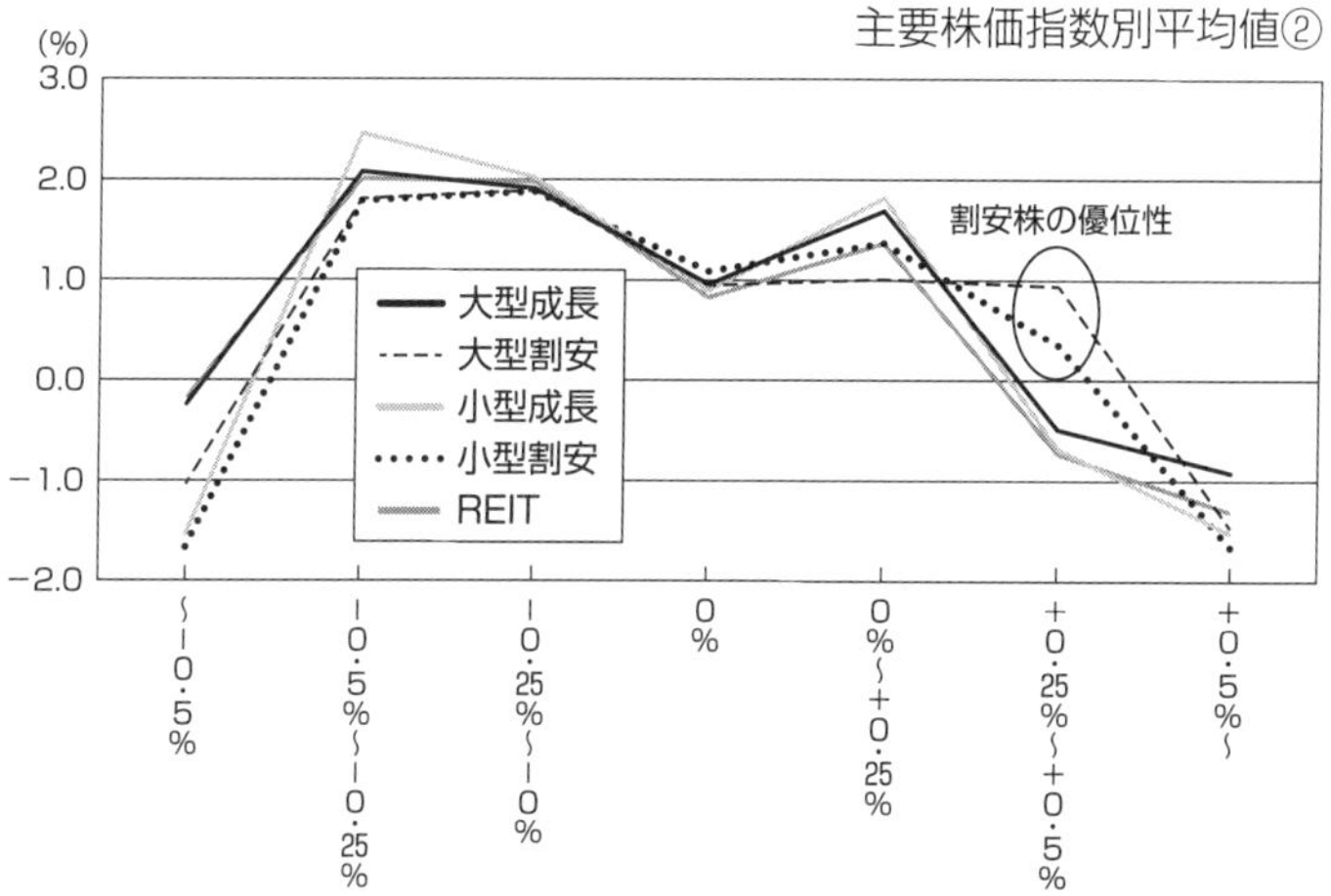


動性の劣る超小型株の劣勢が目立ちます）。また－0・5％を下回る大幅な利下げの際も、もはや緩和の効果は手遅れだということで株価は激しく沈没していきます。

**図表5-8**は、同じやり方で、今度は株価のスタイルごとに反応を見たものです。ここで取り上げている割安株とは、PER（株価が1株当たり利益に対して何倍の価値を持っているかを示す指標）やPBR（株価が1株当たり純資産に対して何倍の価値を持っているかを示す指標）が低い銘柄を集めた指数で、反対に成長株とはそうした指標が高い銘柄を集めた指数です。またREITとは日本でもおなじみの「不動産投資信託」のことで、投資者から集めた資金で不動産への投資を行ない、そこから得られる賃貸料収入や不動産の売買益を原資として投資者に配当する金融商品です。

結果は先ほど見たサイズ別のパフォーマンスとほぼ同じです。ただ1カ所違っているのは＋0・25％～＋0・5％の中型の利上げの際、他の指数よりも割安株（大型も小型も）のリターンが良いことです。株式市場で伝えられてきた〝利上げ期には割安株投資が優位〟という法則は、この中型の利上げの際には当たっているように思えます（ただし、小型や大型の利上げの際には当てはまらないことも覚えておいたほうが良い事実です）。

＊　ちなみに先ほどグリーンスパン元FRB議長が漸進主義を掲げたと書きましたが、彼は、元々はそうした穏健な考え方にとらわれる人間ではありませんでした。1987年8月に民間のエコノミストからFRB議長に抜擢されたグリーンスパンは、翌9月に前年の8月から変更されなかった政策金利を思い切って引き上げました。引き上げ幅は当時の政策金利であった公定歩合を5・5％から6％へと0・5％、さらにFFレートの誘導目標を6・625％から7・3125％へと0・6875％の大型の利上げです（FFレートの月末値では先ほどの表にも記したとおり0・56％の引き上げです）。これを受けて当時の株価は大暴落となったのですが、これがいわゆる〝ブラックマンデー〟と呼ばれる事件です（1日で2割以上も下落したのです）。

# 目標インフレ率2%を遵守するための犠牲となる金融市場

歴史的なデータを再確認したところで、この章のタイトルにもした〝新時代〟の意味を説明しておきましょう。〝新しい時代〟とは新しい金融政策の時代のことで、新しい金融政策とは、この本の主題でもある目標インフレ率を2%に維持するための金融政策を、徹底的にあらゆる手段を駆使して完遂するものです。

あらゆる手段の一つが政策金利の引き上げであり、なかでも今回の利上げ局面で際立っていたのが、これまで見たことのない幅での引き上げでした。これをFRBはFront-loading Tightening（前倒し型引き締め策）と呼んで、従来の引き上げと区別しています。

さらにもう一つの手段がQTと呼ばれる量的引き締めです。量的引き締めとは金融危機時や、新型コロナ危機時に行なわれた量的緩和（こちらはQEと呼ばれています）の反対の政策で、FRBが保有している国債や不動産証券（住宅ローンを証券化したもので、米国の債券市場においては国債に次ぐ12兆ドルを超える規模の残高を維持しています）の償還を放置する形で残高を減らし、その分市場から資金を吸収するという政策です。今回の場合、計画では、国債を毎月500億ドル、不動産証券を350億ドルずつ減らしていく予定でしたが、このうち国債については予定どおり1年間で6000億ドルほど減っているのですが、不動産証券については予定よりも償還が起きなかったため（住宅ローン金利の上昇が大きいため、米国の住宅ローン債務者は従来のように借り換えを行なって期限前償還を行なっていないのです）、予定した額の半分くらいのペースにとどまっています。

それでもこうした質的（金利水準の引き上げ）・量的（FRBが保有する資産を減らす）金融引き締め政策により、株式市場と債券市場はあっという間に崩壊しました。価値で測ると株式市場はピークからおよそ28％、債券市場は22％の下落を記録しました。両者がほぼ同時にこれだけの規模で価値を喪失するのは、データが残る1978年以降で調べてみると、1980年以来のことです。

# 市場と国民に断固たる姿勢を見せたＦＲＢ

私も含め多くの市場関係者は、これだけ大きな犠牲を金融市場が払ったところで、ようやくいまのＦＲＢがやろうとしていることが理解できたのではないかと思います。というのも、かつての私の考え方では、インフレ率を２％に維持する政策などというものは、所詮は絵に描いた餅であると思っていたからです。なぜなら、デフレとの戦いは、積極的な金融緩和政策や、政府による積極的な財政政策をもって、景気を良くしようとするのですから、市場からも国民からも賛同が得やすいはずです。ところが、インフレとの戦いは、利上げをして景気を悪化させることでしか勝利を得ることができないのですから、市場からも国民からも評判が悪いのです。おまけにここに政府が介入してくると、金利を上げて景気抑制しようとする政策など国民の支持を失うばかりのありがた迷惑な話ですから、当たり前のように邪魔をしてきます。

このようにデフレとの戦いとインフレとの戦いは非対称的な性格を持っていますから、

たとえ、目標インフレ率2％にフォワードガイダンスを加えた金融政策がデフレとの戦いに優位性を持っていたとしても、果たしてそれがインフレとの戦いにも通用するのかどうか、極めて懐疑的であったのです。

しかしそうした見方を一蹴したのが、先述した資産価格の暴落でした。結果として資産価格が暴落したのではなく、手段として資産価格の暴落を引き起こすことで、少なくとも市場のインフレに対する期待を粉砕したのですから、先制攻撃は成功したわけです。あとは、国民のインフレに対する期待を鎮静化させるまで、辛抱強く実質金利を高止まりさせていくだけの話です。

首尾よく深刻な景気後退を招かないまま、今回のインフレを退治することに成功すれば、目標インフレ率2％＋フォワードガイダンスという新しい金融政策は、インフレとの戦いにも優意性を持つとして、市場だけでなく世界中の人からの信頼を勝ち取ることになります。

# 景気循環とは別に株式市場には独自の循環が存在する

　このように時代の変遷とともに、金融市場も金融政策もともに進化を遂げ、結果として米国経済は発展を遂げてきたのですが、その一方で今回も起きたように、株式市場には景気とは違う、独自の循環が生まれてきました。現実には、株式市場は景気の循環に呼応して動くだけでなく、ある時には金利の上下運動に反応して大きな上下動を繰り返したり、またある時には、危機やショックと呼ばれるような突発的な事件に反応して循環したりすることもあります。次ページ**図表5-9**は、米国株を代表するＳＰ５００（大型株指数）がザラ場ベースで高値から20％以上上下落したケースを過去50年にわたって調べ、それが起きた時期に、米国株を取り巻く環境の変化を記したものです。

　景気後退期には必ず米国株は大きな下落に見舞われています。しかし金融政策が利上げに転じたからといって、必ずしも米国株が大きな下落に見舞われるわけではありません（例：１９８４年、１９８８年、１９９４年、１９９７年）。しかし多くのケースが、金融

## ◆図表5-9　1970年代以降：過去12回の米国株の大きな下落

大きな下落＝ザラ場ベースで直近高値から20%以上の下落

| 米国（ＳＰ500） | | | | 景気後退 | 金融政策 | 特記事項 |
|---|---|---|---|---|---|---|
| ピーク | ボトム | 下落期間 | 下落率 | あり＝○ | 利上げ期＝○ | 危機・リスクの発生 |
| 1973年 1月 | 1974年10月 | 1年9カ月 | 50% | ○ | ○ | 第1次石油危機 |
| 1980年 2月 | 1980年 3月 | 2カ月 | 22% | ○ | ○ | 第2次石油危機 |
| 1980年11月 | 1982年 8月 | 1年9カ月 | 28% | ○ | ○ | 第2次石油危機 |
| 1987年 8月 | 1987年10月 | 2カ月 | 36% | | ○ | ブラックマンデー |
| 1990年 7月 | 1990年10月 | 3カ月 | 20% | ○ | | 湾岸戦争 |
| 1998年 7月 | 1998年10月 | 3カ月 | 22% | | | ロシア危機 |
| 2000年 3月 | 2002年10月 | 2年7カ月 | 51% | ○ | ○ | ITバブル崩壊 |
| 2007年10月 | 2009年 3月 | 1年5カ月 | 58% | ○ | | 金融危機 |
| 2011年 5月 | 2011年10月 | 5カ月 | 22% | | | 米国債ショック |
| 2018年 9月 | 2018年12月 | 3カ月 | 20% | | ○ | 米中衝突 |
| 2020年 2月 | 2020年 3月 | 2カ月 | 35% | ○ | | 新型コロナ危機 |
| 2022年 1月 | 2022年10月 | 9カ月 | 28% | | ○ | ウクライナ戦争 |

景気後退期：あり＝大きな下落期に景気後退が始まっていたケース
金融政策：利上げ期＝大きな下落期に利上げが行なわれていたか、もしく最後の利上げから1年以内に株価がピークを付けたケース

政策が引き締めに転じ、そこから景気後退が始まったという組み合わせであることは覚えておく必要があります。

また突発的に起きたロシア危機（ロシアが国債の利払い・償還を突然停止し、デフォルトを起こしたケースです）や、米国債ショック（大手格付け機関であるSP社が米国債券の格付けを従来のAAAからAA＋に引き下げたのです）などは、予想する手立てがありません。ただし下落率は両者ともに高値から2割程度に留まっています。

このように株式市場の循環は、景気の循環よりも短い期間で、谷（ボトム）→山（ピーク）→谷（ボトム）、という循環を繰り返しています。1970年5月のボトムから計算してみると、過去12回の谷から谷までの平均

期間は52カ月（中央値も51カ月です）となり、これは景気の循環の約半分くらいの長さです。

それと、これまでの株価の下落トレンドから上昇トレンドへの転換は、何らかの形でＦＲＢの金融政策の転換＝引き締めから緩和政策への転換が、きっかけとなっていました。緩和への転換の多くが下落トレンドの最中、もしくはその前の段階から行なわれています。一方、今回の株価の上昇局面では初めて起こったパターンとして、株価のボトムに7カ月遅れて緩和政策への転換が行なわれています（２０１８年12月に株価が最安値を付けた後、ＦＲＢは翌２０１９年7月から緩和を開始しています）。これもまた新しい時代の到来を裏付けるデータの一つです。

## 米国株の上昇・下落トレンドの長さは共に安定していない

次に株価の上昇期間だけを抜き出して分析してみましょう（次ページ**図表5-10**）。先ほど景気拡大期の分析で使った方法と同じやり方で調べました。

### ◆図表5-10　米国株の上昇期間の長さ（月数）

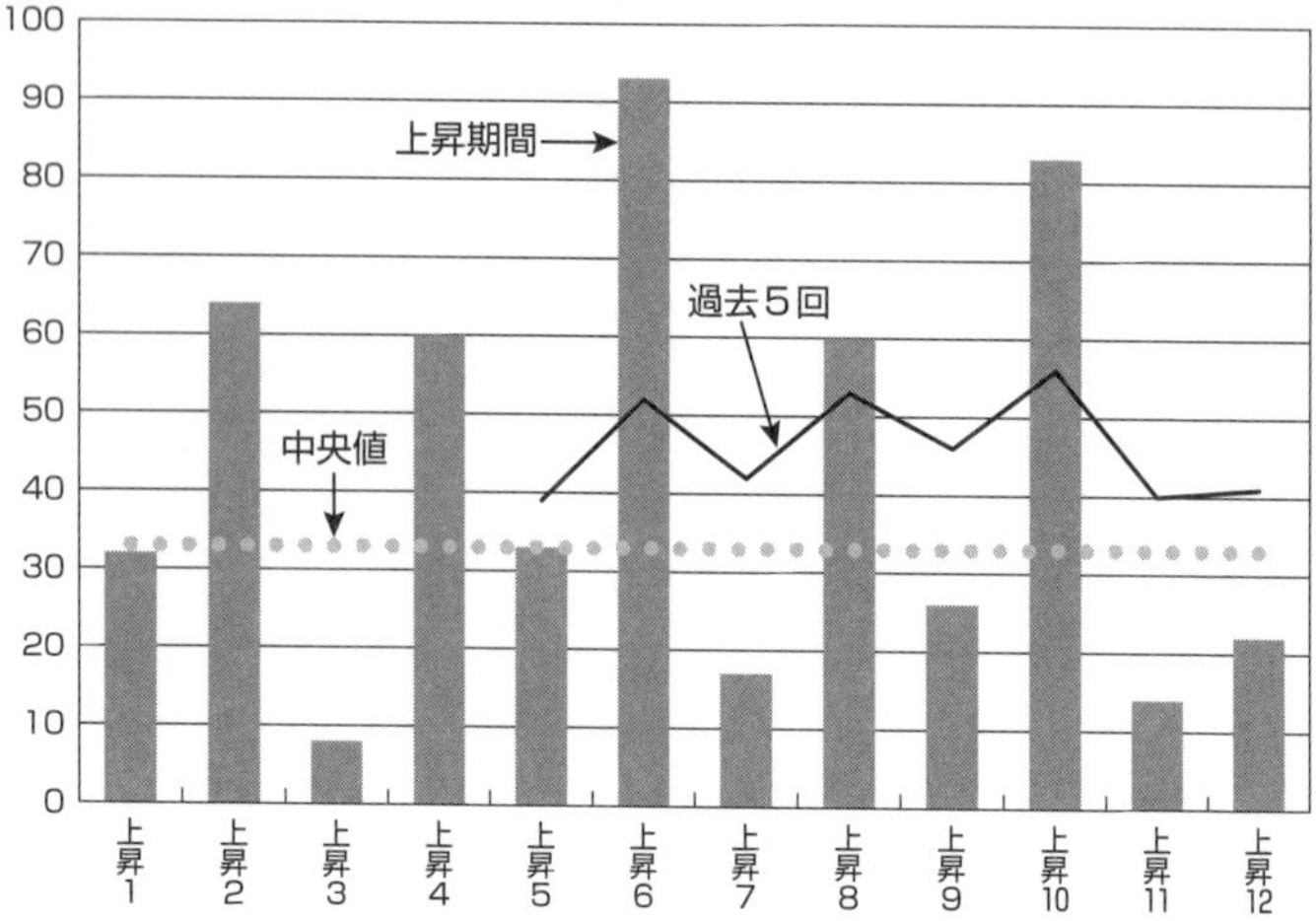


過去12回の上昇トレンドですが、その期間はまちまちです。景気拡大期のようにはっきりとした長期化は見つかりません。このあたりが株のむずかしいところです。過去5回の長さを調べても、40カ月から50カ月の範囲で行ったり来たりを繰り返していますが、中央値である33カ月を超えていますから、何回かに一度訪れる、極めて長い上昇トレンドによって平均値が引っ張り上げられているということになります。

一方、下落トレンドのほうは非常に極端な結果が得られました（**図表5-11**）。

グラフを一瞥してもらえばおわかりのとおり、長期にわたる下落トレンドのケースと、短期のケースとに、真っ二つに分かれています。こちらも中央値（4カ月）に対し過去5

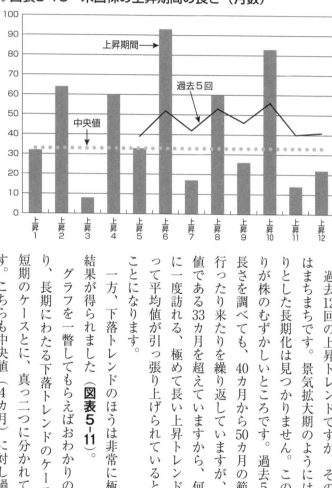

◆図表5-11　米国株の下落期間の長さ（月数）

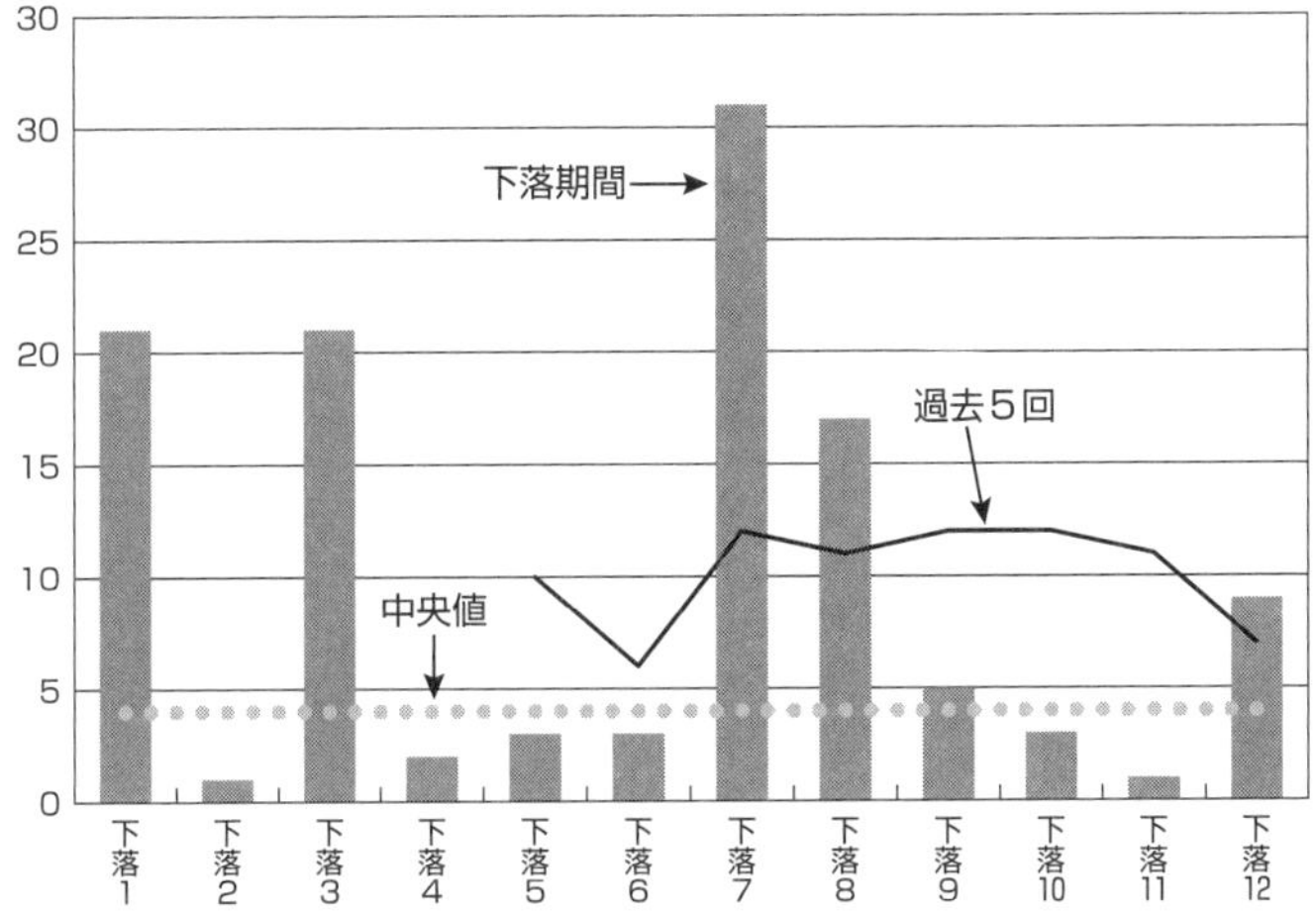


回の平均値がそれを大きく上回っていますから、株価が大きく崩壊した場合の立ち直りのむずかしさがよくわかります。

今回の場合、米国株は２０２２年の10月に大底を付け、そこから20％以上の上昇を達成していますから、一応現在は上昇トレンドにあるといえるでしょう（懐疑的に見る人は前回の高値を超えてこない限りは上昇トレンドとはいえないと頑なに弱気もしくは様子見の姿勢を崩さない人もいますが、そんな古臭い考え方に固執していては時間ばかりが過ぎ、機会損失が増すばかりです）。

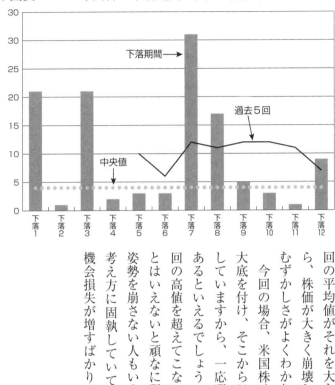

# ここからの基本戦略

さて、以上のデータを使ってざっくりとここから先を予想してみましょう。中央値を当てはめると米国株は２０２５年の７月までは上昇トレンドを持続することになります。また過去5回の上昇トレンドの平均値（41カ月）を当てはめれば、そこからさらに８カ月延びて２０２６年3月までトレンドが続くことになります。

ただそれまでのあいだに、20％未満の調整局面が何度か訪れることはあるでしょう。これも過去のデータから得られた結論ですが、米国株の場合、上昇トレンドが5年を超えると、必ず10％以上の下落が発生しています。加えて、最も重要な景気の後退が、起こらないとまだ確定はされていません。何せこれだけの利上げを行なったところですから、その悪影響は時間とともに米国経済を蝕んでいくことは確実です。ただその悪影響が深刻な景気後退を引き起こす前に、これまで引き上げられた政策金利を、いつの時点で緩和に転換し、さらにはそれをどれくらいのスピードで下げていくのかが問題です。

いつものことながら金融政策の鍵を握るのがインフレの動向ですが、これらについては本書の分析が出揃ったところで、改めて具体的な予想とそれを受けての戦略・戦術を考えてみることにしましょう。それよりもこの章の最後に極めて重要なデータをお見せしておきたいと思います。

## 日本株に生まれた新たな循環

ここまでの株価の循環の分析はもっぱら米国をフォーカスして行なってきました。もちろん、肝心の日本株も分析はしてきたのですが、実のところ日本株の循環はこれまであまりにも頻繁に回転してきたため、トレンド予想して戦略を立てるにはあまりふさわしくない資産でした。

その背景には、バブルの崩壊があるでしょうし、デフレの圧力もあったことでしょう。１９９０年以降の日本株は、ひたすら激しい上下運動を繰り返す商品相場のような値動きを繰り返してきました。それがここにきて突然大きな変貌を遂げたのです。次ページ**図表５**

## ◆図表5-12　日米株価の下落トレンド（ザラ場ベース20%以上の下落）

今回の下落トレンドは80年代と類似

| 米国（ＳＰ500） | | | 日本（日経平均） | | |
|---|---|---|---|---|---|
| 時期 | 期間 | 下落率 | 時期 | 期間 | 下落率 |
| 1973年 1月～74年10月 | 1年9カ月 | 50% | 1973年 1月～74年10月 | 1年9カ月 | 37% |
| 1980年 2月～ 3月 | 2カ月 | 22% | 20%以上の下落なし | | |
| 1980年11月～82年 8月 | 1年9カ月 | 28% | | | |
| 1987年 8月～ 10月 | 2カ月 | 36% | 1987年10月～ 11月 | 1カ月 | 32% |
| 1990年 7月～ 10月 | 3カ月 | 20% | 1989年12月～90年10月 | 10カ月 | 48% |
| 20%以上の下落なし | | | 1991年 3月～92年 8月 | 1年5カ月 | 47% |
| | | | 1993年 9月～ 11月 | 2カ月 | 24% |
| | | | 1994年 6月～95年 7月 | 1年1カ月 | 33% |
| 1998年 7月～ 10月 | 3カ月 | 22% | 1996年 6月～98年10月 | 2年4カ月 | 43% |
| 2000年 3月～02年10月 | 2年7カ月 | 51% | 2000年 4月～03年 4月 | 3年 | 63% |
| 2007年10月～09年 3月 | 1年5カ月 | 58% | 2007年 7月～ 9年 3月 | 1年8カ月 | 61% |
| 2011年 5月～ 10月 | 5カ月 | 22% | 2010年 4月～11年11月 | 1年7カ月 | 26% |
| 20%以上の下落なし | | | 2013年 5月～ 6月 | 1カ月 | 20% |
| | | | 2015年 6月～16年 6月 | 1年 | 28% |
| 2018年 9月～ 12月 | 3カ月 | 20% | 2018年10月～ 12月 | 2カ月 | 21% |
| 2020年 3月～ 5月 | 2カ月 | 35% | 2020年 1月～ 3月 | 2カ月 | 31% |
| 2022年 1月～ 10月 | 9カ月 | 28% | 20%以上の下落なし | | |

-12をご覧ください。

こちらもまた先ほどの米国株と同じように、今度は日本株（日経平均株価）の大きな下落（ザラ場ベースで20％以上の下落）が起きた時期を調べ、その期間と下落率を米国と比べたものです。発生時期が同じころになるように並べて記載しています。

最初に注目してもらいたいのは、1991年以降に起きた10回の日本株の下落トレンドのうち、同じ時期の米国株は5回しか20％以上の下落を記録していないというところです。日本株がいかに米国株に比べ不安定で、かつ変動率が大きな資産であったかがわかります。ではこの時期に日本の景気が後退期に入っていたのかというと、10回の下落トレンドのうち5回は、景気後退期は発生していませんでした（加えて金融政策はずっと利下げ局面にありました。これこそまさにバブルが崩壊していく過程です）。

ところが今回、米国株が２０２０年1月から9カ月間にわたって28％もの下落を見せるなか、日本株は20％を超える下落には見舞われません。もちろん、この時期に日本株も下落したのですが、その下落率は19％に留まり、欧米流でいうところの下落トレンドには認定されませんでした。さらに、これも新しいパターンなのですが、米国株よりも7カ月も早く、２０２２年3月にはボトムを付けるに至っています。長い歴史のなかでこうした現象は、新型コロナ危機が発生するまでは、一度も確認されていません。日本株のほうが米国株よりも先にボトムを付けるのは、新型コロナ危機のときに続きこれで2度目です。

## １９８０年代に起きた現象の再現

新しいパターンと書きましたが、さらに歴史を紐解くと、同じような現象＝米国株が下落トレンドに入っても日本株は入らなかったケースは、１９８０年代に2度見られました。今回と共通するのは、どちらもFRBは異常なほどの引き締め政策を行なっているところです。

ただし、日本株の本質は当時といまとでは大きく異なります。80年代の日本は高度経済成長期たけなわの頃であり、日本企業はみな大きな躍進を期待された成長株でした。ところが現在の日本株は国際比較すると割安株にあふれています。見かねた東京証券取引所が、この割安に放置された株価を是正するように、上場企業に一斉にお触れを出したほどです。

しかし視点を変えて眺めれば、この2つの時代の日本株は同じ魅力を持っています。すなわち80年代の日本株は成長という投資価値を、そして現代の日本株は割安という投資価値を。加えて今回の場合、ここにデフレからの脱却という環境の変化と、G7諸国のなかで唯一の金融緩和の継続という政策への期待が加わります。このような力が合わさりあって、日本株はいままで続いた負の循環＝デフレのなかでの期間の短い変動率の大きな循環を、ようやく終わらせることができたのでしょう。

こうなると日本株は、少なくともデフレではない普通の先進国の株と同じ水準まで、その価値は戻っていくはずです。普通の先進国の株と同じ水準が何かといえば、G7各国の平均的な株式価値（PERやPBRの水準です）と予想株価変動率（インプライド・ボラティリティ）です。

日本株に関してはこれでだけで基本戦略は十分に立てられます。

## 新しい時代の投資戦略

これまでの章で分析してきたことをまとめると、次のように要約されます。

1．２０１２年1月から始まった新しい金融政策「目標インフレ率２％＋フォワードガイダンス」は先進国のあいだで瞬く間に広まり、確実にその成果を上げてきた。
2．成果とは、実体経済においてはデフレからもインフレからも経済を安定軌道に修正する力であるとともに、資産市場においてはこれまで存在していた金融政策に対する不確実性の低下である。
3．金融政策から不確実性が低下することで、世界の投資家はリスク資産に対してそれまでよりも積極的にアプローチできるようになり、その結果、株式やハイイールド債などの運用効率が上昇し、投資家が従来よりもこうした資産を積極的にポートフォリオに組み入れるようになった。

4．同時に、金融政策に対する信頼の増加は、実体経済において景気後退確率を低下させる効果をもたらし、従来よりも景気拡大の時間は長期化するようになった。

5．その一方で、株式自身が持つ循環は存在したままであり、こちらは逆にこれまで以上に金融政策の変化に敏感に反応するようになっている。

こうした点を踏まえて、ここから先はより現実的な、戦術的対応を加えた投資戦略を描いていくこととしましょう。さしあたり最も重要なポイントは金融政策となりますから、米国の金融政策はもちろんですが、我々にとっては何といっても日本銀行の金融政策がこれからどのように変容していくのかについても、綿密なシナリオを立てていかねばなりません。このあたりのことを踏まえて次章は日本株投資について、少し踏み込んだ分析を加えていくことにしたいと思います。

OPTIMAL INVESTMENT SOLUTIONS
DERIVED FROM
WILD ECONOMICS

# 第6章

# 日本株投資の方向転換

# 読者への確認

本書をここまで読んでくださってありがとうございます。ここからはいよいよ日本株への投資を考えていくことになるのですが、最初にいくつか読者に確認しておきたいことがあります。

これまで述べてきたように、私は、日本はデフレから脱却できたと考えています。しかしながら脱却できたといっても、所詮、経済は生き物ですから、悪いことが重なれば、いつ何時デフレに戻るかはわかりません。だからこそ構造的に脱インフレの形が固まるまで、日本銀行には粘り強く金融緩和政策を続けていってもらわなければなりません（構造的に安定するには、理屈のうえでは最低でも1回の景気循環を経験しなければなりません）。

しかしながらいまの状況では、日本銀行がたとえ0・1％でも金利を上げれば、マスコミはそれを「引き締めへの転換だ」と騒ぎ立て、市場は混乱に向かいます。マスコミが無責任であることは昔もいまも変わらないのですが、金利を上げなければインフレで苦しむ弱者を無視していると、金利を上げたなら今度は住宅ローン債務者を見捨てるのかと、どちらにしても声高に正義の味方を演じて日本銀行を叩きます。

こうした障害を克服していくためには、何よりも日本銀行自身がこれまでの政策運営スタイルを変えていかねばなりません。ＦＲＢをお手本にするならば、同じように、成長率、失業率、インフレ率、政策金利の見通しを策定し、同時に、日本経済の潜在成長率を意味する長期成長見通し、自然失業率を意味する長期失業率見通し、さらには中立金利を意味する長期の政策金利見通しを、勇気を出して発表しなければなりません（インフレ率の長期見通しは目標とする２％です）。なぜならば、こうした見通しがなければ、現在のように少しでも金利を上げれば引き締めと見なされてしまうのですが、仮に信頼できる見通しの下で中立金利が公表されれば、少なくともその水準を政策金利が超えない限りは、金融政策は緩和を続けていることになると、市場と国民から理解されるようになるからです。

この仕組みを〝詭弁である〟と考える人は、ここから先の本書が語ろうとする話はすべて無意味になってしまいます。私もかつてはそうでしたが、時代は変わりました。先を行く米国は、こうした政策運営を市場と国民に繰り返し説明し、やろうとしている金融政策への理解を求めてきました。〝はじめに〟のところでも書いたように、米国FRBのやろうとしていることには「理」があり、そこから「利」が生まれることを見抜いて、米国経済は金融危機を克服し、新型コロナ危機を克服し、さらにはインフレの危機も克服しようとしています。

## 日銀が乗り越えていかねばならないいくつもの障害

FRBのような経済見通しを立てることが日本銀行にもできたとしても、まだまだ乗り越えなければならないいくつもの障害が存在しています。

第一に、そうした見通しを誰が市場と国民に納得してもらえるように説明していくのか。残念ながら、お世辞にもこれまでの日本銀行の説明は上手であったとはいえません。〝驚かす〟ことは得意だったかもしれませんが、議事要旨にもたびたび記載されていたように、自らの政策については〝丁寧な説明が必要〟という反省が繰り返されているのが実情です。

さらに、日銀金融政策決定会合の参加メンバーは現在９名（総裁、２名の副総裁、６名の審議委員）いますが、このメンバー全員が、一致団結してフォワードガイダンスというこれまで日本銀行が本腰を入れて取り組んでこなかった仕事に邁進できるのか疑問が残ります。

さらにはＦＲＢの場合、ＦＯＭＣメンバー全員が全米のいたるところで講演活動を開催したりするだけでなく、議長自らが一般向けのテレビ番組に出演したり、あるいは現在の金融政策運営が始まってからというもの、ＦＲＢは消費者や地域開発の専門家を集めて諮問委員会をつくるなどして、積極的にアウトリーチ活動（金融政策に対する理解が不十分な人々への説明）を続けています。このアウトリーチ活動こそが、ここからの日本銀行に必要な政策であろうと私は考えます。

たとえば、すでに現在の金融緩和政策については、いくつかの全国紙が否定的な社説を新聞に載せています。こうしたメディアに、日本銀行の政策決定会合メンバーが自ら赴いて、現在進行中の金融政策について、積極的に説明し、紙面への掲載を求めていくべきでしょう。同様にテレビ番組にも臆せず登場すべきでしょう。すべては金融政策の推進と、その効果を上げていくためです。現行の金融政策をつくったバーナンキが述懐しているように、この金融政策の最も重要な部分は〝透明性〟であり、その仕事の多くは〝話すこと〟

にあるのです。

＊　とりわけ長くデフレの時代が続いた日本においては、インフレによって被害を受けると予想される人々への説明が必要となります。たとえば、賃金をもらえない無職の人々がそうですが、すでに国民の3割程度まで達したとされる高齢者は、2％のインフレが定着することに対して、強い危機意識を持つのが当たり前です。もちろんこうした事態を想定して、物価の変動に応じて公的年金の給付額を1年ごとに改定する物価スライド制度が導入されてはいるのですが、2004年度からは将来の現役世代の過重な保険料の負担を回避するために、現役人口の減少や平均余命の伸びなど社会情勢に合わせ、年金の給付額を物価や賃金の上昇率よりも低く抑える「マクロ経済スライド制」に切り替わってしまいました。この仕組みについては早晩再検討が必要になるでしょうが、これは日本銀行の仕事ではなく、政府の仕事となります。

もう一つの被害者として変動型住宅ローンの債務者がマスコミで取り上げられることが多いのですが、これは少し論点がずれています。住宅購入は住宅投資であるわけですから、そもそも自己責任が原則です。また変動型ローンを選択された方は、固定型ローンよりも圧倒的に低い金利を享受してきたのですから、これまでの相対的な利益を勘案したうえで、全体の返済がどのように変化したのかで、それぞれの損益を考えなければなりません。また住宅投資なのですから、購入した住宅の市場価値がどのように変化したのかを含めて、その投資が成功であったのか失敗であったのかを判断しなければなりません。もちろん、いくら自己責任の原則とはいえ、デフレの時代が続くなかで、金利が限りなくゼロまで低下し続けたことから、これだけ多くの人が変動型ローンに頼る時代がきてしまったのですから、これもまた問題が深刻化してきたならば、政府としても対策を考える余地はあると思います。

## あらかじめ押さえておきたい失敗に終わるケース

さて困難の話はまだ続きます。首尾よく日本銀行が中立金利を含むフォワードガイダンスの仕組みを整え、すべての長期見通しを策定して「理」を説いたとしても、肝心の国民がこれを信用しなければ経済は動きません。毎度のことながら、ここに先述したマスコミが同調し、勝機を見つけた政治家が介入してきます。

では経済が動かないとはどういうことでしょう。動かないとは、物価が上がりそれ以上に賃金が上がったとしても、国民が消費や投資に向かわず、より一層の貯蓄に励むケースです。これまでのデフレの時代がそうでした。ただし、あの時代は、わからなかったことが多すぎたのも事実です。日本国民はデフレなるものの意味がわかっていなかったし、日本銀行はゼロ金利制約の罠というものも理解していませんでした。政府は毎年のように緊急経済対策を打ち出す一方で、消費増税を繰り返していました。ですから今回も、いくら日本銀行が金融政策を執拗に続けても、一方で政府が増税を行なったり、あるいは国民自身がデフレ時代に帰ることを希求したりし始めると万事休すです。

もちろん、いま進んでいる景気拡大が躓いて、予想外に早く景気後退期が日本を訪れる場合も頓挫してしまうケースが予想されます。しかし循環的な問題であるならば、循環的に対応していくだけの話です。すなわち、景気というものはある日突然後退期に入るものではなく、時間の経過とともに、いくつかの経済指標の歯車が噛み合って悪いほうに回転していくときに起こるものですから、いまそれを心配する必要はありません。むしろそれは取り越し苦労であり、少なくとも投資を考えていくうえでは機会損失を招き入れかねません。

＊　米国ではすでに政策金利が5・5％まで引き上げられ、この急激な引き締めによる弊害が、景気後退となって現れるのではないかと心配されています。しかしこれだけの金利引き締めにもかかわらず、米国経済は頑強であり、いまのところ景気後退期に入る気配はありません。それでも可能性としては

ゼロではないので、この問題については次章で分析することにします。

## 長期的な視点〜2つの正常化への道

以上、懸念すべきポイントをはっきりさせたうえで、ここからの展開を考えてみることにしましょう。日本経済はデフレから脱却し、少しずつですが目標とするインフレ率2％の地盤を固めつつあります。ここに賃金の上昇が加わると、日本銀行の考えるインフレの正の循環が始まり、金融政策も慎重に正常化への道筋を進むことになるわけですが、肝心の賃金が日本の場合、年に一度の春闘で決まるという極めて硬直的なシステムをいまだに堅持していますから、早くてもこの正の循環が確認できるのは来春（2024年の春頃）ということになります。

繰り返しになりますが、それまでのあいだに日本銀行は独自の長期経済見通しを作成しておく必要があります。そうでないと、少しでも現状の金融緩和政策を変更すれば、それが金融引き締め政策への転換だと騒ぎ立てられ、市場が混乱に陥るかもしれません。しかしこの仕組みさえしっかりとできていれば、後は決定会合メンバーたちのプレゼンテーション能力次第です。最初はおぼつかないところもあるでしょうが、元々優秀な人たちですから、フォワードガイダンスの意味と目的さえ共有されていれば、次第に国民と市場の理解を得られることになるでしょう。

そうなると次に行なわれるのがマイナス金利の解除です。ここで日本銀行が続けているマイナス金利政策について簡単に説明しておきましょう。

日本銀行は、2016年1月28、29日の政策委員会・金融政策決定会合において、「マイナス金利付き量的・質的金融緩和政策」の導入を決定しました。ここでいう「マイナス金利」とは、金融機関が保有する日本銀行当座預金の一部に0・1%のマイナス金利を適用する、という政策です。

そもそも金融機関は「準備預金制度」に基づき、他行との取引の決済をスムーズにするため、日本銀行の当座預金口座に一定の準備預金を預け入れることが決められています。準備預金はあくまで一定水準でいいのですが、日本の金融機関の場合、ありあまる預金量に対して貸出先や投資先が限定的であるため、従来からこの準備預金の最低金額を超えて日本銀行に預けているケースが多くみられました。

この一定水準を超える預金を超過準備と呼ぶのですが、マイナス金利政策は、この超過準備に付く金利をマイナスにする政策です。何のためにこんなことをやっているのかというと、マイナス金利だと、通常なら支払われる利息が逆に徴収されることになりますから、金融機関は日本銀行の当座預金口座にあった資金を、貸し出しや投資に回そうとする動機が働き、これが日本経済にプラスに作用すると日本銀行が考えたからです（しかし実際は、目論見とは逆に日本の金融機関はますます貸し出しや投資に消極的となり、先ほどのデフレの時代の国民のように、縮小の道を選んでしまいました）。

マイナス金利が解除されることは、短期的には金融機関にはプラスの効果をもたらします。このことを囃し立てて2023年の日本の銀行株は総じて随分と株価が上昇しました。しかし銀行株の真価が問われるのは、ここからです。銀行株の収益を簡単な式で表せば、金利×貸出（投資）先、ですから、マイナス金利解除後の金利がどうなっているのかと、何よりも貸出先、投資先が拡大しているかどうかで収益は決まります。これらはひとえに日本経済、ひいては世界経済がそのときどうなっているかにかかっていますから、いま判断を下すのは早計です。

いずれにせよこれが一つ目の正常化への道なのですが、実は我々が考えなければならないテーマにもう一つの正常化問題があります。それは何かといえば東京証券取引所がPBR（株価純資産倍率）の低迷する上場企業に対して、改善策を開示・実行しなさいとの要請を行なったことです。この要請の詳細は、２０２３年3月31日に発表した、「資本コストや株価を意識した経営の実現に向けた対応について」のなかにしっかりと書かれています。

## デフレのなかで積み上げられた内部留保

この要請に対して上場企業の経営者がとった対応は極めて冷淡なもので、いまのところそのほとんどの経営者がダンマリを決め込み返答を避けています。ただその一方で、株式市場では日本企業全体での資本効率や収益性が改善するとの思惑が広がり、海外投資家などから大量の買いが入ってきたことが4月以降の統計からも確認されています。

実はこのタイミングで東京証券取引所が動いたのはわけがあります。**図表6-1**は東京証券取引所が長期にわたって発表してきた上場企業のＰＢＲのグラフです（ＰＢＲとは第5章にも出てきた株価が1株当たり純資産に対して何倍の価値を持っているかを示す指標で、この数値が低ければ株価が割安であることを示しています）。昔はいまのように数値

### ◆図表6-1　東証1部PBRの長期推移

（2022年4月以降はプライム市場＝P連結総合）

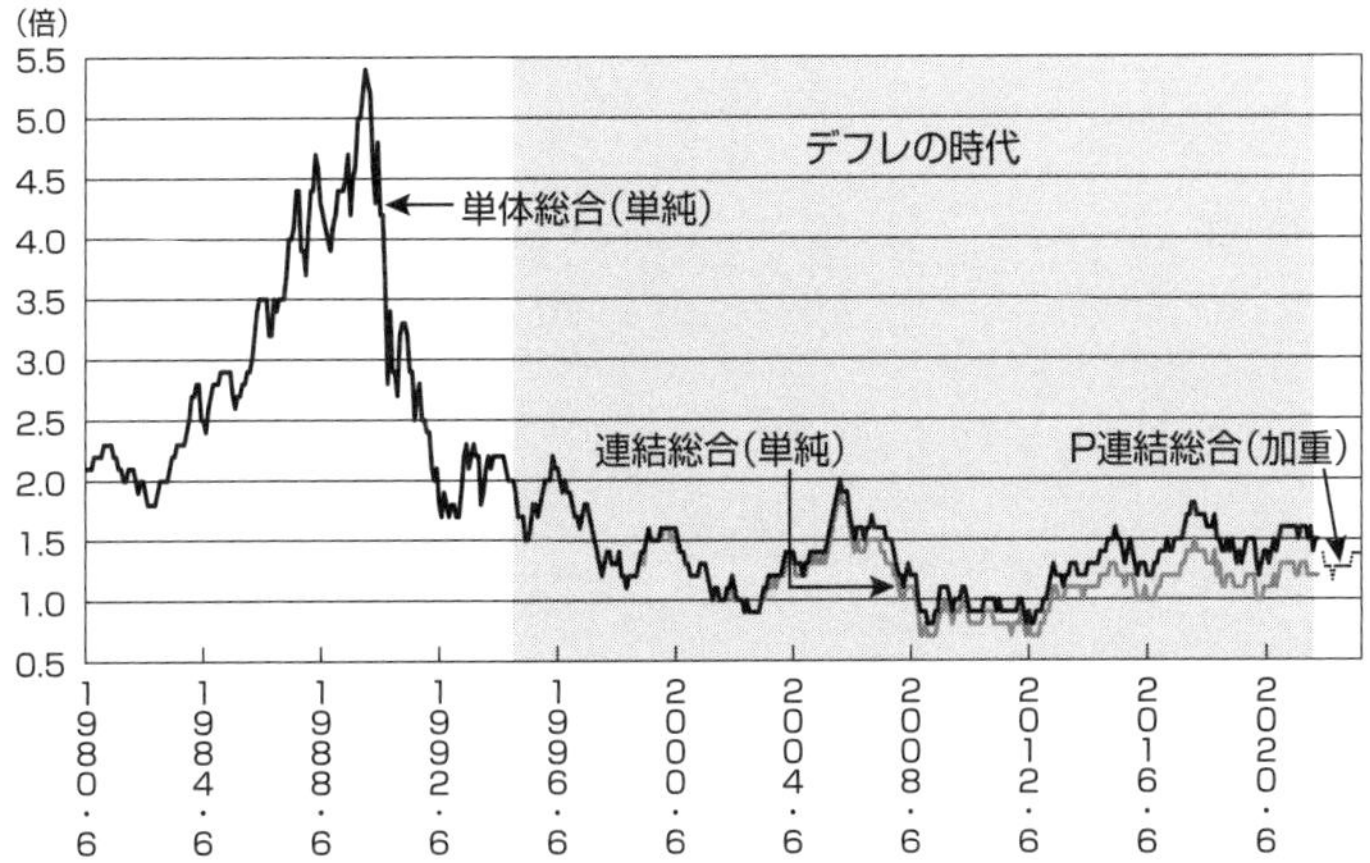


を計算するうえで、加重平均（時価総額を勘案して平均値を計算する方法）型ではなく単純平均型であったり、加えて純資産の計算方法も単体型が中心であったりしたので、連続性には問題が残るのですが、それでも傾向はおわかりいただけると思います。バブルの崩壊後、日本株のＰＢＲは、国際比較しても一つの目安となる２・０倍を超えたのは、２００６年１月の１回だけとなっています。

この恒常的な低ＰＢＲの背景にあるのが、日本企業の内部留保の多さであることは読者の皆さんも聞いたことがあるでしょう。企業が貯め込んだお金は内部留保として計上されるのですが、財務省が集計している法人企業統計によれば、その金額はすでに５００兆円を超えています。経営者にしてみれば、バブルが崩壊し不況が続く時代には、会社の存続のために必死で蓄えることが至上命題だったのでしょう。続いて諸物価が下がり現金の価値が高まるデフレの時代が訪れると、現金の相対的価値が高まるのですから、蓄えることに大義名分が加わりました。暗黙の裡に経営方針になってしまったのです。

ところが投資家にしてみれば、これは容認できない話です。会社の利益は経営者だけのものではないのですから、将来のために使わないのならもっと配当を増やして株主に還元しろと迫ります。労働者は労働者でもっと給料を上げてほしいはずです。しかし経営者は倒産が怖いからと内部留保にばかりお金を貯め込んでいく。

原理原則からすれば、こうなると株主が動くしかありません。なぜならば、株式会社は株主が所有するものなのですから、株主総会で純資産はすべて株主のものだと経営者に直談判すれば、最終的には株主に従わざるを得ないからです。

# 上場企業経営者の取るべきシンプルな決断

こうした経営者―労働者―株主が三すくみの状態になっているところに裁きを下したのが東京証券取引所であったわけです。時を同じくして政府は賃金をもっと上げるように経済界への働き掛けを始めました。残念ながら両者の目論見はまだ達成できたとはいえませんが、それでもここにきていくつかの企業が動き出したことは事実です。

先ほど内部留保は会社の貯えだと書きましたが、この出どころは当然のことながら利益のはずです。なかには儲かっていないのにひたすら経費を節約して貯えを増やそうとする会社もありますが、基本は他からの助けを借りずに（増資をしないという意味です。融資を受けないという意味ではないことに注意してください）自力で会社を守り抜こうとする経営です。もちろん、これは間違ったことではありません。

しかしながら何事も規模とタイミングがあります。ＰＢＲが1倍を割れている会社というのは、そもそも時価総額以上の純資産を持っているのですから、株主にしてみれば原理的には会社を解散して投資した資金をいますぐ返却してもらったほうが儲かる計算になります。さりとて、経営者にしてみれば、新しい事業に乗り出せ、とか、設備投資を増やせ、とか外野席から文句を言われても、儲かる見込みのない話には乗れません。

では一体どうすればいいのかというと、これはシンプルに考えれば答えは簡単に見つかる話です。一つは配当を増やすこと。新規事業や設備投資のチャンスがないならば、利益は最大限投資家に還元すべきでしょう。もう一つは自社株を買うこと。繰り返しますが、PBRが1倍を割れている会社というのは、自分の持っている純資産で自分の株を全部買えるのですから、これは簡単な話です。それなら借金を返したほうがいいという見方をする人もいますが、ある程度の運転資金はどの会社にも必要でしょうし、いまの時代、配当利回りよりも借入金利のほうが低い会社ばかりです。社債を発行するなどして長めの資金を調達してでも自社株買いを行なったほうが得になるケースもあるくらいです。

## 動き出すアクティビスト

先述したように、こうした動きに海外の投資家たちは敏感に反応しています。２０２３年度はこうした東証の要請だけでなく、日本銀行総裁が交代し、改めて金融緩和政策継続の意思が確認されたのですから、自国の利上げに苦しむ投資家からすれば、日本株市場が宝の山に見えたはずです。

記録に残るものとして、今回がおそらく3度目の大規模な外国人の日本株買いになるのではないかと私は睨んでいます。１度目が２００５年夏から始まった、郵政解散をきっかけとした規制緩和期待の外国人買い、２度目が２０１２年の暮れから始まったアベノミクス相場です。正確な数字を捕捉することはむずかしいのですが、どちらも累積投資金額は10兆円以上に及ぶはずです。

おそらく今回は、東京証券取引所の呼び掛けに呼応する形でアクティビストと呼ばれる物言う株主がこぞって日本株に参入してきたものと推察されます。彼らは、ある会社の株式を一定以上保有し、従来の典型的な物言わぬ投資家と異なり、投資した会社の経営陣へ積極的に提言を行なう投資家です。今回の東京証券取引所の働き掛けも、さらにはその後に唐突に岸田総理から発表された、日本の資産運用業の強化へ海外からの参入を促進しようとする政策も、最終的に行きつくところは、〝株主が働き掛けることで日本企業を再生させる〟という試みであるように私には思えます。

## 日本株投資のロードマップ

以上で、大体のここからの日本株を取り巻く環境が描けたかと思います。もちろん、景気の循環はやがてまた訪れますが、いまはその前に確実に起こるであろうと予想される現象を押さえて戦略を立てるのが先決です。

まず、上述した外国人投資家の買いは、少なくとも2024年の株主総会の時期までは続くことになるでしょう。この間に、日本の企業が増配や自社株買いの実施に積極的に取り組めば、さらなる買いが期待されます。

ただし、この流れには上限があることをあらかじめ理解しておかなければなりません。そもそもの発端が、低すぎるPBRの修正にあるのですから、これが適正とされる水準までは株価が買われてもおかしくありません。とはいえ、適正とする水準を見つけることはむずかしく、たとえば直近の実績ベースPBRで見ると、米国は4・4倍であるのに対し、欧州の平均は1・9倍、英国は1・7倍と推計されています。さらに、こうした数字は時代により、景気循環の位置により変わってくるので、一概に一定の水準を決めるのは土台無理な話です。

それでも日本株が先進国のなかでは際立って割安であることは間違いありませんので、それこそ日経平均株価がバブル時の高値を超えてくるまでは、こうした割安感の是正は継続していくものと考えておいてよいでしょう。

次に、日本銀行の金融政策の正常化の動きですが、こちらは2024年に大きな転換期を迎えることになるでしょう。市場に大きな影響を及ぼすのは、まずはマイナス金利解除の時期になりますが、これについては2024年の4月から9月までのどこかではないかとみています。この動きに対する市場反応は、このときまでに日本銀行からあらかじめ詳しいフォワードガイダンスが行なわれていれば、混乱は銀行株にのみ限定された形となるでしょう。マイナス金利の解除だけで日本の市場金利全体が大きく変動することは考えられず、懸念されている10年物利回りの水準も、0・7〜1・0%という現在とあまり変わらないところに落ち着くのではないかとみています。

## インフレ時代の投資戦略①：アルファだけでなくベータも取りにいく

大枠が決まったところで、次は何に投資していくかです。もちろん、これはここからの世界の景気動向や、投資家を取り巻く環境によって揺さぶられることは必定ですから、骨格となる基本戦略として理解しておいてください。

最初に押さえておかなければならないことは、デフレからインフレへと時代が変わったのですから、投資もまたスタイルの変更を余儀なくされるという点です。何せデフレの時代は物価が上がらないのですから、企業にしてみれば経営課題の中心はもっぱらコスト削減にありました。家計もまた安くて質の良いものを選り好みするのが基本姿勢ですから、これではなかなか皆が儲かる時代にはなりません。皆が儲かる時代ではないのですから、世界の投資家が日本株に向ける目も、どちらかといえば冷ややかで、ごく限られた銘柄に時々お金が注ぎ込まれる程度の話です。国中の歯車が噛み合わず、なかなか前に進まない状態（名目成長が伸びてこない）だったのですから仕方のない話です。

ところがインフレの時代が始まると、投資家のスタンスががらりと変わります。これはすでに2023年の4月から6月にかけて見られた現象ですが、個々の銘柄を細かく分析して選び抜かれた企業に投資するというよりも、まずは前に進み始めた〝日本〟を買う行為が先に立ちます。この場合、〝日本〟とは日本を代表する大型優良株のことを指すのですが、現代の市場における具体例としてはTOPIXや日経平均株価などの大型株指数が挙げられます。

この動きを、運用の専門家の世界では〝ベータ〟を取りにいくと呼んでいます。反対に、全体の相場が停滞しているなかで、個別銘柄を選別してそれに投資することでリターンを上げていこうとする行為を〝アルファ〟を取りにいくと呼びます。デフレの時代にはこの〝アルファ〟を取りにいくことが日本株投資の主流だったのですが、インフレの時代に入ったことで〝アルファ〟だけでなく〝ベータ〟も取りにいく時代が始まりました。

## インフレ時代の投資戦略②：
## 短期トレードではなく長期ポートフォリオの構築

さらにこれも2023年の相場が教えてくれるところなのですが、いったん上昇トレンドに入った日本株は、かつてのように簡単には下がりません。もちろん、いつでも上がり続けるというわけではないのですが、かつてのように10％や20％といった大きな下落を待って短期トレードで儲けてきた人々には、チャンスの絶対量が減ってしまう可能性があります。

悲しいことに、多くの日本人はここで重要な鍵を持つ〝長期ポートフォリオ〟（本来は資産の組み合わせを意味しますが、ここでは複数の銘柄の組み合わせと理解してください）というものを実際に構築したことがありません。デフレの時代が続くなかで、ほとんどの企業が長期的な成長の絵を描けなかったのですから仕方のない話です。

経験のないことは、先輩たちに倣うのが手っ取り早いやり方です。おこがましい話かもしれませんが、投資の神様と呼ばれる〝ウォーレン・バフェット〟が率いるバークシャー・ハサウェイという保険会社などは、毎四半期ごとに保有する銘柄を公開してくれます。それを真似して買うのも悪くはないのですが、ここで注目してもらいたいのは、いったん投資した企業をどれも、彼は長く保有している点です。ポートフォリオ戦略の基本は、〝持ち続ける〟ということにありますから、デフレの時代のように短期間で保有銘柄をぐるぐると回転させることはポートフォリオ戦略としては得策ではありません（もちろん、回転させることでリスク管理をしている人も実際にいますから、そのやり方を否定するわけではありません）。インフレの時代に入り、名目価値が右肩上がりで上がっていくトレンドに入ったのですから、売ったり買ったりを繰り返すよりも、持ち続けたほうが原理的には有利のはずです（さりとて何があっても持ち続けるというのも理不尽な話なので、常識的には年間に50％程度までの回転が平均的なポートフォリオといわれています）。

## インフレ時代の投資戦略③
## 良い〝資産〟を持つ企業が選ばれる

以上の2つがインフレ時代の投資戦略のいわば〝やり方〟であるわけですが、最後に投資する具体的な銘柄の探し方についても少し触れておきたいと思います。

これまでの分析のなかで出てきた言葉のなかにも、大型株、とか、割安株、とかいったものが頻繁に登場してきましたが、かといってそういったサイズやスタイルについて、これがいい、これが正しい、と決めつけるつもりはありません。ただ日本の場合、米国に比べると圧倒的に成長株と認めることができる企業が少ないので、気に入った銘柄を選んでポートフォリオをつくろうとすれば、どうしてもスタイルについては、いまはまだ割安株が中心となってしまいます。むしろ無理やり成長株に投資をしようと、少ない銘柄群のなかから自由度の少ない選別を行なうと、でき上がったポートフォリオはＴＯＰＩＸや日経平均株価といったみんなが知る日本株指数とはかけ離れたパフォーマンスを描くようになってしまいます。

こうしたポートフォリオのベータ値は低く、思惑が当たればアルファが出たといって喜んでいられるのですが、一方でみんなが儲かっているときにそうではないケース、あるいは必死になって銘柄を発掘しても結局はＴＯＰＩＸや日経平均を買っておいたほうが良かった、などという苦労が報われないケースになることが、これからの時代には頻繁に起こります。

このように世界の投資家の選択基準ががらりと変わるなかで、新たに脚光を浴びることになる尺度が〝資産〟です。この〝資産〟という言葉は非常に多くの意味を含んでいます。

〝資産〟と書くと、直接的には不動産や権益、取り扱う商品等をイメージされるかと思いますが、それだけではありません。会社にとって人材もまた重要な〝資産〟です。これまでその会社が大事に守ってきた伝統もまた〝資産〟です。そして信頼できる優良な取引先もまた重要な〝資産〟です。これらはすべて一朝一夕に獲得できるものではなく、その会社（創業者や経営者ではなく、法人であると理解してください）がこれまで存続するなかで積み上げてきた財産なのです。

インフレの時代には、これらすべての〝資産〟の価値が上昇していきます。逆に言えば、いまはまだこうした〝資産〟を持ち得ていない会社は、不利な戦いを強いられます。力のある勇敢な会社は、一気に他社からこうした〝資産〟を買い取ることも積極的に行なっていきます。デフレの時代のように、いつでもどこでも供給が転がっているわけではないので（人材という労働供給はどんどん絞られていきます。不動産の供給も生産性の高い土地の値段は上がっていきますから絞られていきます。仕入れ先からの原材料供給も、いつまでも価格上昇に応じなければ絞られていきます）、既存のビジネスに新規参入していくことはむずかしくなっていきます。

## インフレ時代の投資戦略④
# イノベーションはあらゆる分野で発生する

そうした状況のなかで、成功する企業は広範囲にわたるイノベーションに力を入れていきます。広範囲と書いたのは、イノベーションは何も新商品開発に限った話ではないからです。新たな販路や仕入れ先を生み出し拡大していくこともイノベーションです。人材の発掘、開発もイノベーションです。インフレの時代にはあらゆる分野で供給の制約（わかりやすくいえば価格の上昇です）が発生していきますから、これに対抗するためのイノベーション活動が活発になります。

イノベーションという抽象的な言葉を使うと難解な印象をお持ちになったかもしれませんが、実のところインフレ時代には、こうしたイノベーションの例はデフレの時代よりも多く簡単に見つかるはずです。これまでのように決算書や四季報にばかり頼らずとも、ふだんのくらしのなかや、新しい出会いの場所で様々なイノベーションと遭遇していくはずです。ちょっとした変化に目と耳を研ぎ澄ましておいてください。

ただインフレの時代には、淘汰が起こります。供給に障害が生まれてくる会社（人材が集まらない、減っていく、思うように仕入れができなくなる、金利が上昇する、家賃など諸費用が上昇する等、数え上げればきりがありません）は存続の危機に直面します。しかしその会社が〝資産〟を保有しているならば、直ちに買い手が集まるのもインフレ時代の特徴です。つまりは〝資産〟として価値を持つものはすべてが流動化していく時代に向かうのです。

世代交代も加速するでしょう。経営刷新も進むでしょう。すべての価格に正の価値が付けられ、歯車が噛み合って回り出したのですからもう後戻りはできません。

OPTIMAL INVESTMENT SOLUTIONS
DERIVED FROM
WILD ECONOMICS

# 第7章

# これから投資を始めようとしている人へのフォワードガイダンス

## いまという時代の再認識

ここまで最新の情勢を踏まえて説明してきましたが、いかがだったでしょうか。いくつか難解なところもあったかもしれませんが、それは金融の世界もまた技術進歩が繰り返されているところですから、日々、新しい商品や言葉が生まれ続けているからで、とっつきにくいことがあるのは誰だって同じです。理解しようとするよりも、慣れるうちにいつのまにか覚えてしまったもののほうが多いのがこの世界の現実でもあります。

ただ、このように技術進歩が繰り返されてきたおかげで、我々はいま、真の意味で資本が自由化された国際金融市場のなかに生きていることを覚えておいてください。インターネットによって世界の金融市場が繋がったおかげで、日本の投資家もまた世界の金融商品を瞬時のうちに取引できる環境にいまはあります。投資に必要な情報も、かつてはメディアや金融機関を通して、時間をおいて、紙媒体を通じてでしか得られなかったものが、こちらもまた同じ時間に世界の投資家たちと、ネットの世界で共有できるようになりました。もちろん、言葉の壁はまだ残っていますが、この問題もまた自動翻訳技術の進歩のおかげで、ほとんどが解決されたといっていいでしょう。

おまけにかつてと大きく異なるのは、世界の金融商品を取引する際に投資家を悩ませる、手数料や規制といった制約条件が緩和されたことです。手数料は時代とともに引き下げられ、規制もまた緩和方向に進み、一定の経験や知識さえあれば誰にでも門戸は開放されるようになりました。

この結果、投資の世界では何が変わったのでしょうか。我々日本人にとって何よりもありがたいことは、投資における選択の自由が生まれたことです。たとえばバブルの時代に生きた人間なら誰でも思い出せると思いますが、１９８０年代の日本においては、まだ国際分散投資などという手法で資産運用をすることは、個人はおろか機関投資家でさえ本当のところは何もできませんでした。

かつての資産運用の世界は、様々な規制で縛られており、おまけに海外へ投資する際のコストはすこぶる高く、何よりも我々には世界へ乗り出していくためのノウハウも情報も何もなかったのです。

その結果、あの時代に莫大に積み上げられた日本人の富は、そのほとんどが日本の株と不動産に注ぎ込まれていきました。これが日本のバブルの実態です。あの時代をことさらむずかしく解釈する必要なんてありません。日本のバブルは日本がまだ遅れていて、日本人がナイーブ（素朴）だったから起きた現象です。

## 資産バブルを抑制するのも金融政策の仕事

でもいまは違います。日本株にばかり富が集中することはありません。ましてや日本の不動産価格が世界と比べて異常に値上がりすることもありません。いまの時代は若い人たちを中心に、日本から米国への株式投資が隆盛です。それもそのはずで、アップル、マイクロソフト、グーグル（アルファベット）、アマゾン、テスラ、フェイスブック（メタ）などといった世界に冠たる巨大ＩＴ企業は、世界中の人が利用し、あるいは認識し、その価値を実感できる時代です。その流れを見て今度は米国がバブルになっていると懸念する人もいるのですがそれはちょっと違います。**図表7-1**を見てください。

このグラフは通称〝バフェット指数〟といわれるもので、それぞれの国の株式時価総額を、名目ＧＤＰで割ったものです。あの投資の神様といわれるウォーレン・バフェット氏

## ◆図表7-1　日米株式時価総額の対名目GDP比率の推移

トレンド＝10年平均値

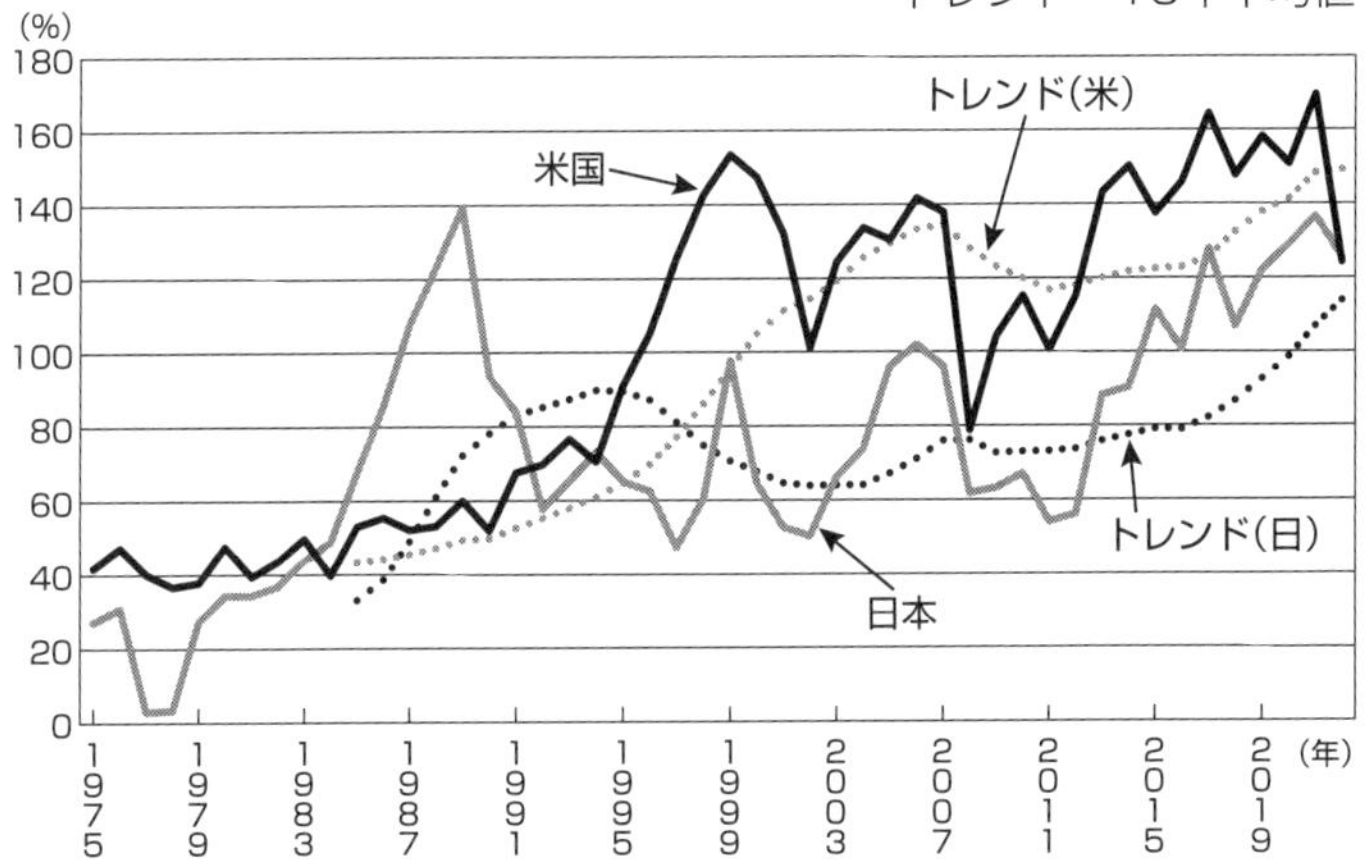


も参考にしている、株価の買われすぎの度合いを調べる数値です。たとえばバブルのピークと呼ばれる1989年の日本を見てもらうと、株式時価総額は名目GDPの1・4倍まで膨れ上がっていました。その10年前は27％に過ぎなかったのですから、いかに短期間のうちに富が積み上げられたかがわかります。

次に1999年の米国を見てください。これが有名な〝ITバブル〟で、このときは名目GDPに対して1・5倍と日本のバブルを凌駕する勢いだったのです。こちらもまたその10年前は60％に過ぎなかったのですから、株価というものがいかに大きな変動を生み出すものであるかがよくわかります。

さらに観察を続けてみると、米国の株式時価総額は名目GDPに対して、2002年にちょうど1倍程度まで収縮した後、再び1・4倍まで膨れ上がります。これがいわゆる、不動産バブルのときで、この後、金融危機が起きて倍率は0・8倍まで低下します。

さすがに金融危機の後はITバブル時を超えることはないだろうと多くの人が考えていたのですが、意外にも倍率は最大値を更新し、1・6倍となります。一時は新型コロナ危機の悪影響が危ぶまれたのですが、それも短期間で終了し、2021年にはついに1・7倍を記録するに至りました。

しかしここで待ったをかけたのが、金融政策でした。FRBは2022年3月から積極的な引き締め政策に着手し、株価を押し下げました。このグラフは2022年までしかプロットしていませんが、まだ米国の名目成長は年間4％台のスピードで拡大を続けていますから、おそらくは2023年も1・2倍程度に留まることでしょう。

ここで注目してもらいたいのは、日本のバブルのときも、米国のITバブルのときも、不動産バブルのときも、そして今回の2022年からの株価の大幅な下落局面においても、中央銀行はすべてのケースにおいて、積極的な利上げを行なっていたという事実です。利上げを行なうことで中央銀行はお金の流れにブレーキを掛け、景気を減速させ（名目成長率を鈍化させるわけです）、それ以上に株価を押し下げようとします。このメカニズムは本書で繰り返しお伝えしてきた、資産価格上昇の基本的な方程式になるのですが、ではなぜ中央銀行が利上げを行なうと株価が押し下げられるのでしょうか。

過去のデータを詳しく観察すると、たしかに中央銀行が利上げをすることで株価が押し下げられるケースは多くみられるのですが、その一方で、利上げをしても株価は何事もなかったかのように、上昇トレンドを持続するケースも数多く見つかります。

この両者の違いを知るためには、株価に備わっている絶対的価値と相対的価値という2つの概念を理解しておく必要があります。

## 株価の絶対的価値とは何か

そもそも株価とは上場している株式会社の1株当たりの価格です。株式会社というものは利益を出し、その何割かを株主に配当するか、あるいは積極的に事業拡大に利用し、残ったお金は資本に繰り入れて純資産とします。1年で稼いだ利益を1株当たりの価値に割り返したものをＥＰＳ（1株当たり当期純利益）といい、株価がこの何倍の価値があるかを測った数値をＰＥＲ（株価収益率）と呼びますが、この話は本書でも度々紹介してきた

### ◆図表7-2　日経平均株価と経常利益の推移

経常利益＝日銀短観大企業経常利益（実額）

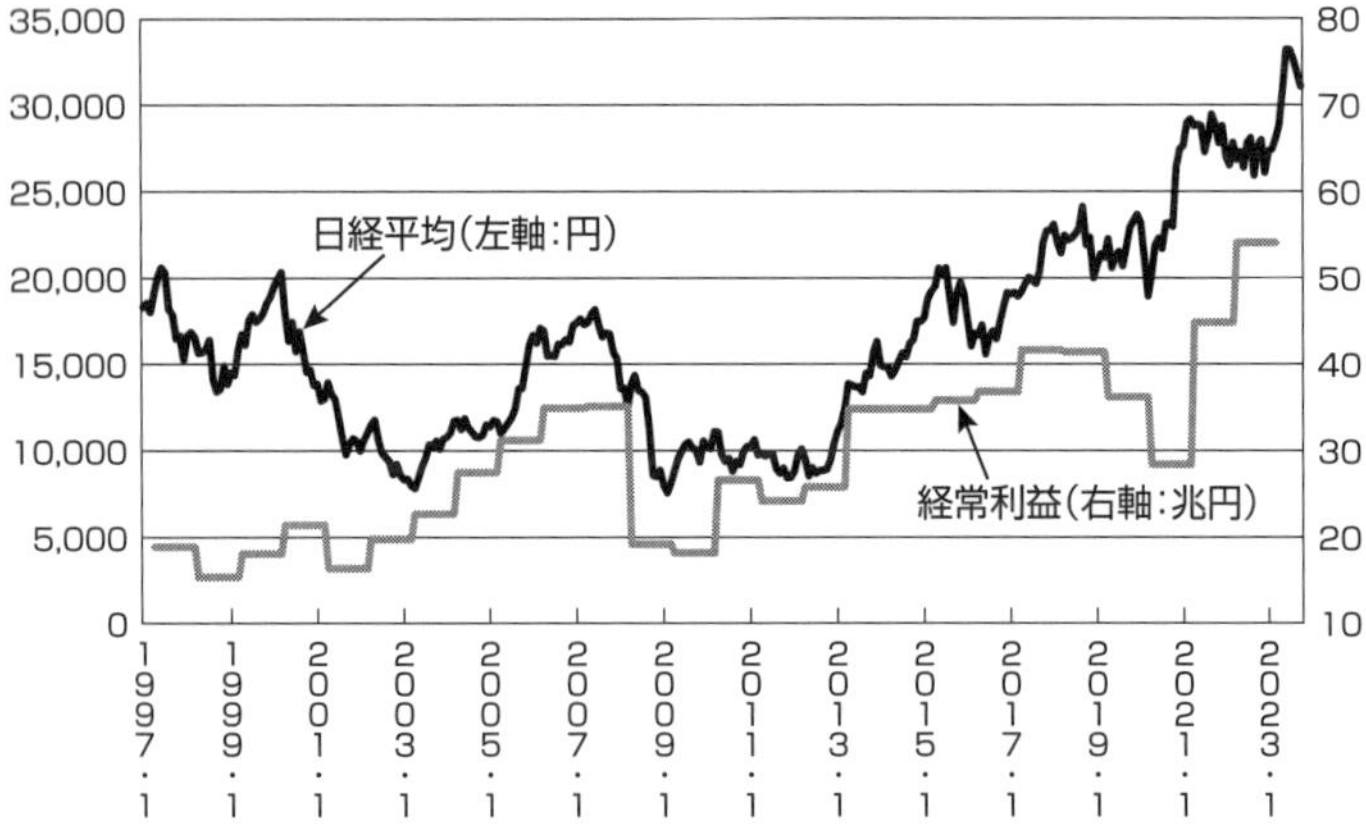


とおりです。

また稼いだ利益のうち、資本に繰り入れて純資産としたものの、1株当たりの価値をBPS（1株当たり純資産価値）といい、ここから計算されるのがPBR（株価の純資産倍率）という数値です。こちらも紹介してきたとおりです。

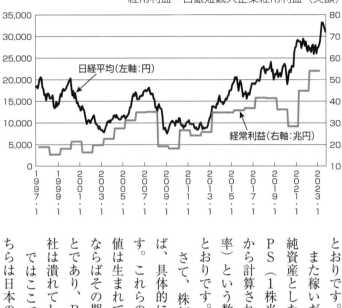

さて、株価の絶対的価値とは何かといえば、具体的にはこのEPSとBPSになります。これらの数字が存在しなければ株価の価値は生まれてきませんし、EPSがマイナスならばその期の決算は赤字になったということであり、BPSがマイナスであればその会社は潰れてしまっていることになります。

ではここで**図表7-2**をご覧ください。こちらは日本の大企業が1年間にこれまで生み出してきた経常利益と株価の動きを比較したものです。経常利益は通常の業務を行なって得た利益のことで、臨時で発生した特別利益や特別損失を含んでいません。

長期にわたる、日本全体の大企業（現在1810社が日本銀行によってその対象となっています）の1年間の経常利益を積み上げたものと、日経平均株価の推移を重ね合わせて見ると、おおむね、連動した形となっています。これを見れば、「株価は利益で、つまりは業績で決まる」という基本的な公式が正しいようにも思えてきます。

しかし仔細に眺めてみると、ところどころで齟齬が見つかります。たとえば、利益は増えないながらも横ばい推移だったのに株価のほうは下がったり、あるいはその逆に利益は増えていないのに、株価だけが上昇したりすることがあります。ただ幸いなことに、利益が減らない限りは、やがて株価は上がってくるという、安心できる一つの法則性のようなものも見て取れます。

このように株価にとって利益は、これが増えるか減るかという点で見れば、すべての始まりともいうべき絶対的な価値を持っているのですが、これがすべてというわけではありません。では利益以外に何が株価を決定しているのかといえば、それこそが相対的な価値になります。

# 株価の相対的価値とは何か

当たり前の話ですが、昨日のトヨタの業績と今日のトヨタの業績に、そんなに大きな変化が生まれることはありません。しかしトヨタを取り巻く環境は、為替レートが動き、金利が動き、原油価格が動き、様々な市場価格が動くことで、日々刻々と変わっていきます。ましてやトヨタを見つめる世界の投資家の心理は、それこそ分刻みで変わっていくものです。

具体的な事例をお見せしましょう。**図表7-3**をご覧ください。

このグラフはＦＲＢの政策金利であるＦＦレートと、米国株（ＳＰ５００）の推移を見たものですが、米国株にはちょっとした工夫がしてあります。まず米国株の数値を示す右軸ですが、こちらは逆目盛りとなっています。さらに米国株の数値自体も、月末値６カ月平均値を計算し、さらにそれの前年同月比を取っています（こうすることで値動きの荒い株価を平滑化させています）。

## ◆図表7-3　FFレートと米国株（SP500）の推移

米国株（SP500）＝月末値6カ月平均の前年同月比

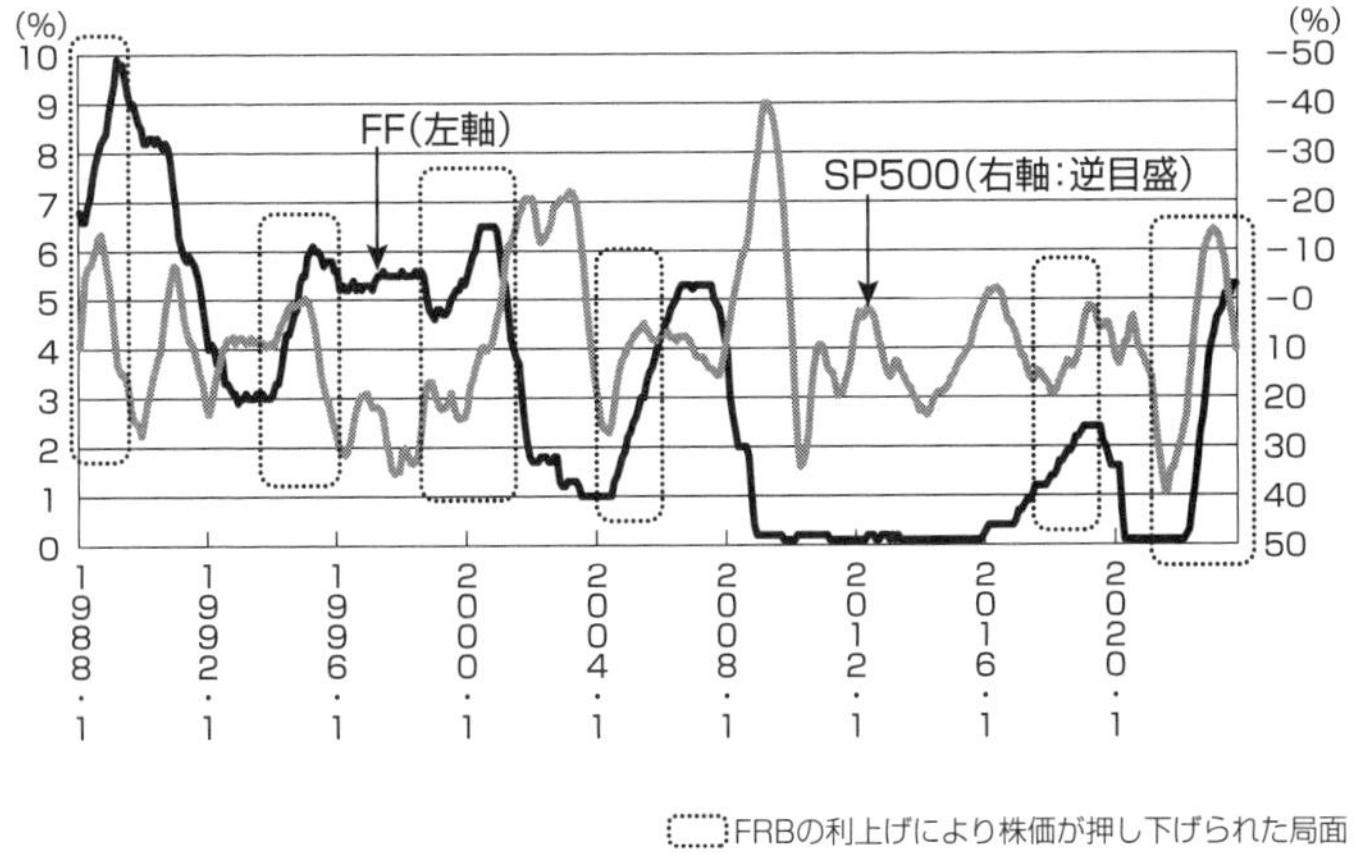


注意して見てもらえるように四角の枠で囲んであるのですが、この時期の株価はＦＲＢが引き締め政策を進めるなかで、下落しています。端的にいえばこの時期が、利上げによって株価の相対的価値が下落しているところです。

これまでは本書ではＦＲＢの利上げを、景気にブレーキをかける役目であるとか、マネーサプライの拡大に歯止めをかけ縮小に向かわせる手段として書いていましたが、利上げにはもう一つ重要な目的があります。それは金融資産のみならず、すべての資産の価値（投資家から期待されているリターンと解釈してください）を**相対的に引き下げる**ことです。

# 株価の相対的価値が下がると何が起こるのか

順を追って話しましょう。ＦＲＢが利上げを行なうと、短期金利が自動的に上昇していきます。このとき長期金利が上昇するかどうかは、投資家の先行きの見通しにかかっています。投資家が、先行きの景気に問題がないと判断すれば、長期金利も上がっていきます。先行きの景気に問題が生じると判断すれば、長期金利は下がっていきます。

では短期金利も長期金利もともに上がっている場合はどうでしょうか。金利が上がると、投資家にとっては安定的なリターンが期待できる債券投資の魅力が増すことになります。反対に株や不動産といったリスク資産にとっては、相対的な魅力が低下することになります。なぜならば、絶対に儲かるとは言い切れないリスク資産の期待リターンが変わらないところで、安定的なリターンの水準を示す金利が上がったのですから、リスク資産の一部を債券のような利回りが固定された商品に移していくのが合理的な選択になるからです。

## ◆図表7-4　金融政策の変更と金利の変化がもたらす株価への影響

| FRB | 金利 | | 株価 | 株価に起きた反応 | |
|---|---|---|---|---|---|
| | 短期 | 長期 | | 絶対的価値 | 相対的価値 |
| 引き締め | 上昇 | 上昇 | 上昇 | ○ | — |
| | | | 下落 | — | × |
| | | 低下 | 上昇 | — | ○ |
| | | | 下落 | × | — |
| 緩和 | 低下 | 上昇 | 上昇 | ○ | — |
| | | | 下落 | — | × |
| | | 低下 | 上昇 | — | ○ |
| | | | 下落 | × | — |

○＝ポジティブな反応　×＝ネガティブな反応　—＝どちらとも言えないケース

かくして株式の価値は低下していきます。

このように金利という尺度によって比較される投資価値が相対的価値であり、これは金利と逆方向に動いていきます。

次に、短期金利が上がった一方で、長期金利が下がった場合を考えてみましょう。この場合、金利という投資尺度が下がったことは結構なことなのですが、下がった理由を考えておかねばなりません。なぜならば、短期金利が上がったにもかかわらず長期金利が下がったというのは、投資家が景気の先行きについて不安を感じたことの表れです（同時に短期金利については、近いうちに下がるだろうと予想したことになります）。

このとき、投資家が景気の先行きに不安を感じたということは、先述した株式の絶対的価値に不安が生じたということに他なりません。こうなるとこちらの場合も、株価は下がってしまうことになります。

このようにＦＲＢが金利を上げると、長期金利がどちらの方向に動いたとしても、株式市場にとっては、あまりいい結果は待っていません。さりとて現実には、長期金利が上昇しても株が上がるケースもあれば、低下しても株が下がるケースもあります。これらはすべて株価の絶対的価値が動いているのか相対的価値が動いているのかによって決まっているのですが、簡単に整理しておくと前ページ**図表7-4**のようになります。

## 本当に怖いのは絶対的価値の低下

結局のところ、株価への影響を最終的に決めるのは長期金利の反応であることがこの表からもうかがえます。定式化しておくと長期金利と株価の反応の関係は次の４つのパターンに分かれます。

長期金利上昇↓株価の下落＝株価の相対的価値の低下
長期金利上昇↓株価の上昇＝株価の絶対的価値の上昇
長期金利低下↓株価の下落＝株価の絶対的価値の低下
長期金利低下↓株価の上昇＝株価の相対的価値の上昇

ここで、株価の下落を表す式に注目してください。一つは長期金利が上昇する際に発生する株価の相対的価値の低下のケース、そしてもう一つは長期金利が低下しているのに発生する株価の絶対的価値の低下のケースです。ここで次ページ**図表7-5**を見てください。中身は先ほど見た、ＦＦレートと米国株（ＳＰ５００）の推移のグラフと同じですが、先ほどはＦＲＢが金利を引き上げる際に株価が下落するケースを、わざわざ四角の枠囲みを使って観察してもらいました。今度は逆に、ＦＲＢが金融緩和を行なっているにもかかわらず、米国株が激しく下落している局面を見てもらいたいと思います。

これが米国株の絶対的価値が急激に低下した局面です。こちらも４つの四角い枠で示しましたが、実はこれらはそれぞれが米国経済の景気後退期に当たります（１９９０年８月〜１９９１年３月、２００３年４月〜２００４年11月、２００８年１月〜２００９年６月、２０２０年３月〜４月）。このうちの２回は、株価は高値から半分以下まで低下しま

## ◆図表7-5　FFレートと米国株（SP500）の推移

米国株（SP500）＝月末値6カ月平均の前年同月比

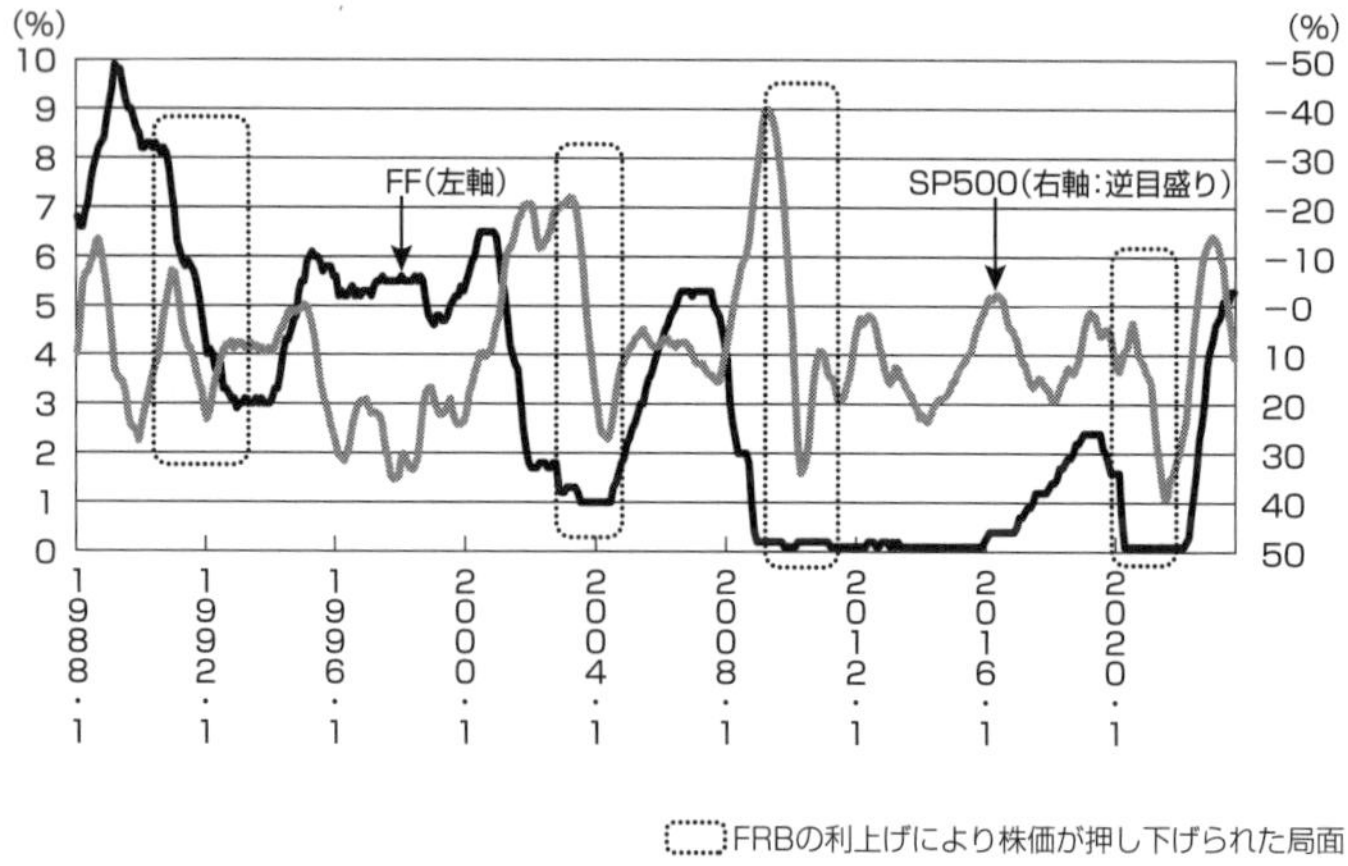


した。

さらに四角く囲んだ枠の個数も、最初のグラフには6個ありましたが、今回のグラフでは4個に減っています。つまりこのグラフからいえることは、1988年以降、大きな利上げ局面が6回あり、そのうち4回は最終的に景気後退に結び付き、米国株は絶対的価値の大きな低下に見舞われたが、2回はそうした被害は免れることができたということです。

＊　この章での分析がもっぱら米国株を中心に行なっているので、日本株投資について詳しく知りたい方はご不満かもしれませんが、これにはわけがあります。御存じのとおり、少なくとも1990年代の日本株はバブル崩壊の過程にあったため

に、長期データを観察したところで得られるものはとくにありません。さらには1995年から2021年まで長いデフレ局面にあり、金融政策が機能しない、つまりは金利がそもそもなかった時代にあったため、株価の相対的価値の変化を厳密に抽出することがむずかしかったのです。ただその一方で、この時代に資本の自由化の波は日本に押し寄せ、いまや日本株は米国株の一部のような動きになっています（日本株に限らず欧州株も、オセアニア株も、ほとんどの先進国株も同じです）。したがって、ここで米国株の分析を徹底的に行なっておくことが、これからの日本株投資にとっても有益な情報を見つけることにつながると私は考えています。

## 米国株はどう下落したのか

では絶対的価値の低下と相対的価値の低下はどのような形で米国株価の価値を貶めてきたのでしょうか。これを考えるには過去のデータをもう一度子細に見つめ直すことが必要です。そのためにはこれまでの金融引き締め期に米国株がどれくらい下落してきたのかを確認しておく必要があります。調べ方としては、第3章で確認したように、米国の政策金

**◆図表7-6　1994年2月から1995年2月までの利上げ期前後の株価の動き**

下落率＝直近の株価の高値からの下落率（SP500）

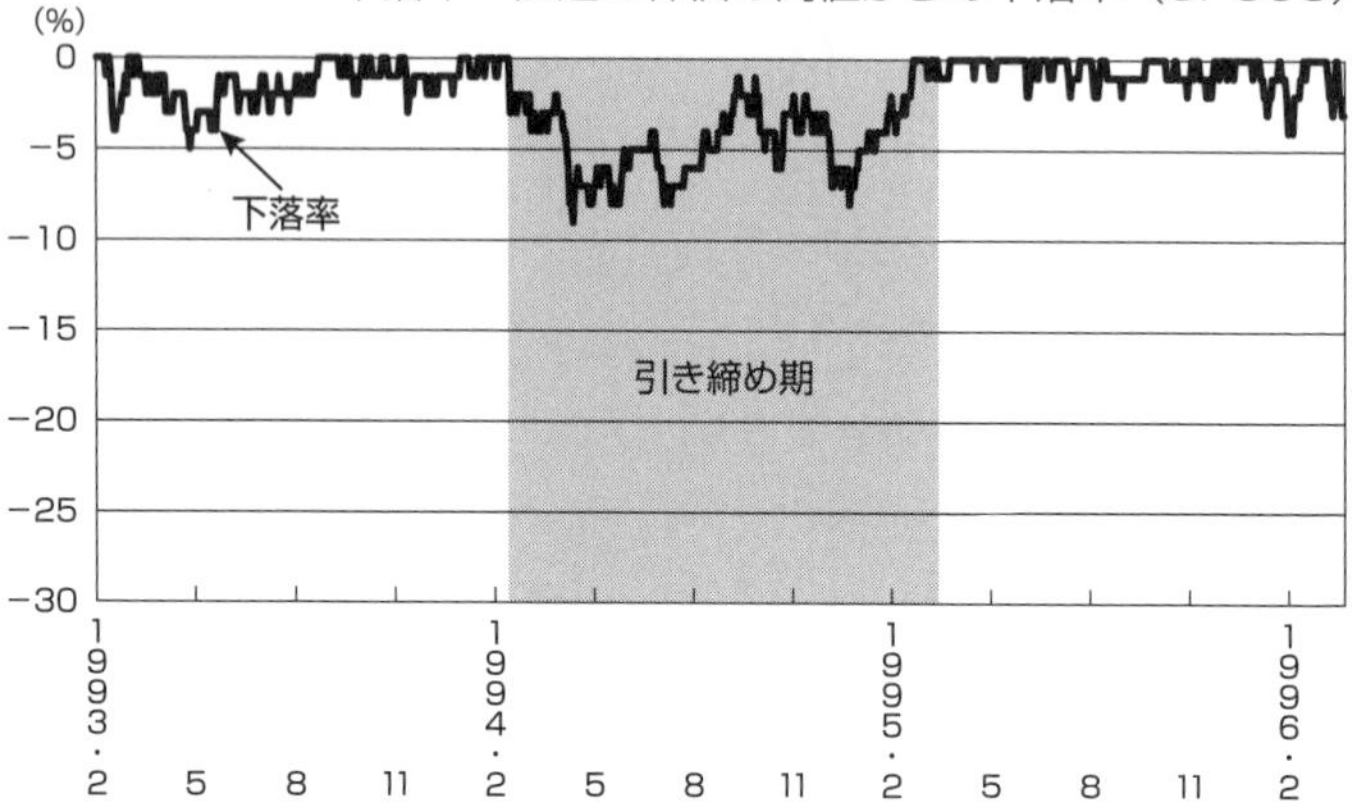


利は1994年から、それまでの公定歩合方式から現行のフェデラル・ファンド方式へと変更されたので、それ以降の5回に及ぶ連続的な利上げ期に、米国株がどの程度の下落を見せたかで測ってみることにします（単発で終わった1回だけの利上げ局面は省いています）。下落の度合いは、米国大型株を代表する指標であるSP500の価格を調べ、直近の高値から何%下がったかをプロットしていきます。

まず1994年2月に始まり1995年2月に終わった利上げ期を見てみましょう（**図表7-6**）。株価の動きは利上げが始まる1年前から、最後の利上げが行なわれた1年後までの期間を取り、この間に、先ほど述べたように直近の高値から株価がどれくらい下落し

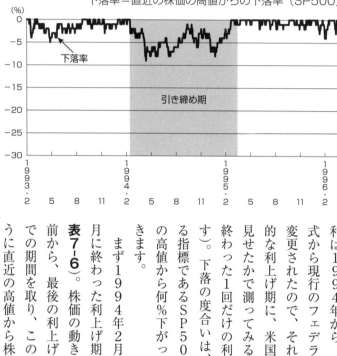

### ◆図表7-7　1999年6月から2000年6月までの利上げ期前後の株価の動き

下落率＝直近の株価の高値からの下落率（SP500）

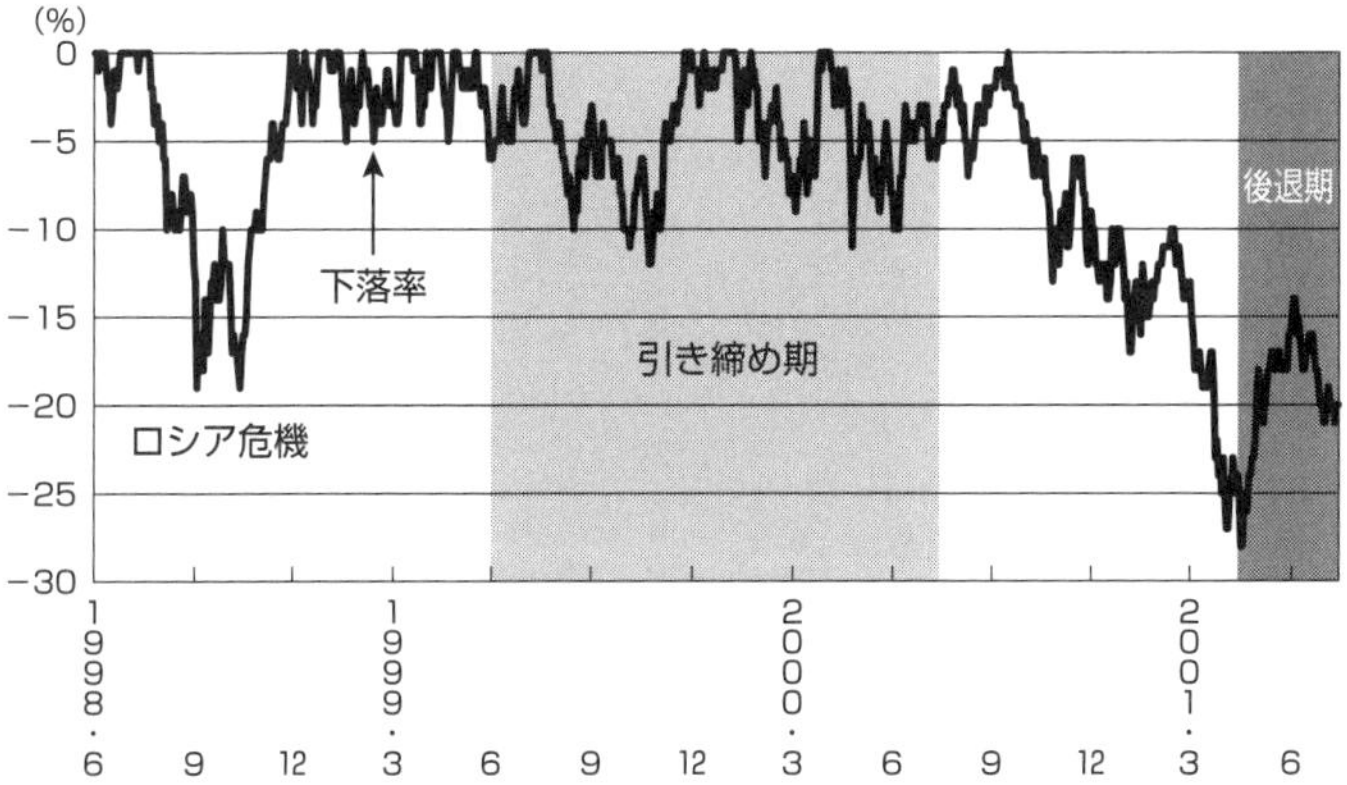


たのかを計測しグラフ化しています。

１９９４年２月からの利上げ局面において、株価は最大で９％高値から下落していません。この間、米国は景気後退に見舞われることはありませんでしたから、この９％がこの時期の金融引き締めによって失われた米国株の相対的価値であったと考えられます。

では次の時代を見てみましょう。１９９９年６月から２０００年６月にかけての利上げ局面です（**図表7-7**）。

このときは前年に、本書でもお伝えしたロシア危機という事件が起きたため、ＦＲＢは１９９８年のうちに３度も利下げを行なっていましたので、１９９９年６月の最初の利上げは正常状態への復帰を目指すものでした。最終的にこのときの利上げは６回に分けて行

### ◆図表7-8　2004年6月から2006年6月までの利上げ期前後の株価の動き

下落率＝直近の株価の高値からの下落率（SP500）

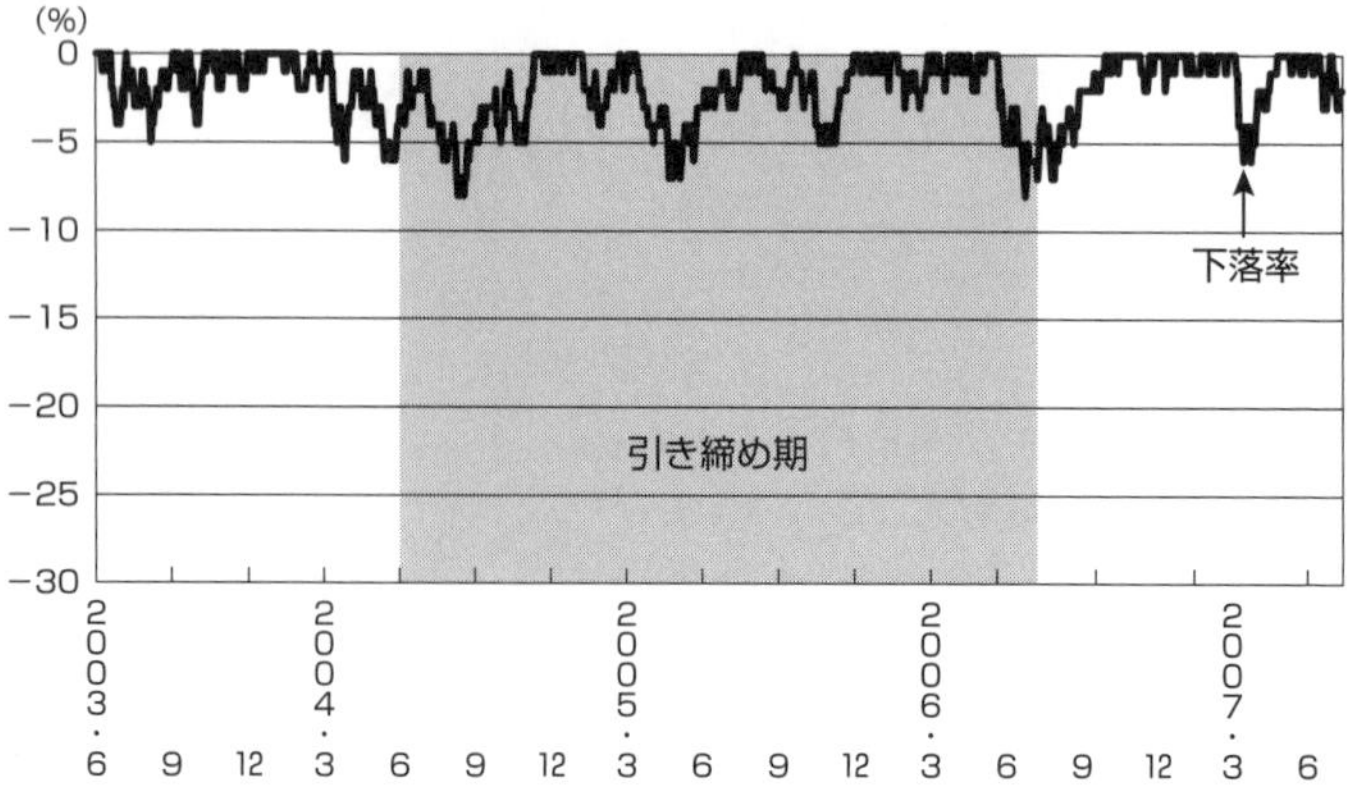


なわれ、利上げ幅は合計1・75%となりました。この間の、株価の下落率は最大で12%に留まっています。ただし、この後、有名なITバブルの崩壊が始まり、米国経済は2001年4月から景気後退期に突入し、株価のほうは絶対的価値の低下が始まります。

次の利上げ局面は2004年6月から2006年6月です（**図表7-8**）。このときは年8回行なわれるFOMCのたびごとに、0・25%の引き上げが決定され、終わってみれば合計17回、4・25%もの政策金利引き上げが決定されました。しかし最後の利上げが行なわれた1年後までを調べても、株価の相対的価値の低下は8%に留まっています。

金融危機が発生するのは最後の利上げが行なわれてから2年3カ月後のことです（リーマン・ショックは２００８年9月に起こりました）。また米国株は最後の利上げから1年4カ月ものあいだ、上昇を続けます（最終的に２００７年10月までSP５００は上がり続けました）。しかしその後は悲惨な景気後退期が待っていました。ここで米国株は大きな絶対的価値の低下に見舞われ、株価は最終的に高値の半分以下まで低下しています。

このようにこれらの時代の金融引き締めによる株価の相対的価値低下は、おおむね10％程度に限られていました。もちろん、ＩＴバブル崩壊時や、金融危機のときのように、最後の利上げから1年程度が経過したところで景気後退期が始まると、今度は絶対的価値の低下が始まるので別の理由で株価は大きな下落に見舞われるのですが、この時代はまだ引き締めによる相対的価値の低下が限定的であったともいえる時代でした。しかしこのパターンは目標インフレ率2％＋フォワードガイダンスの時代に入ってから、大きく変わります。

## 現行の金融政策が始まってから、相対的価値低下の度合いは大きくなった

次のグラフは金融危機後、現行の金融政策が始まった2012年1月以降、最初の利上げ局面における米国株価の下落率を調べたものです。何せ金融危機後の最初の利上げですから、当時のFRBは慎重のうえにも慎重を期していました。この動きを時系列順に書くと、まず2013年5月に当時のバーナンキ議長が〝そろそろ量的緩和を終了しようかと考えている〟と発言します。ここで最初の動揺が市場に走るのですが（日本株などはこのとき、あっという間に高値から20％も下落しました）、大きな混乱には至らなかったものですから、FRBは翌年から本格的な金利の正常化に着手します。

利上げの前に、それまで続けていた量的緩和政策を減速すべく、2014年1月から債券の買い入れ量を減らしていき、最終的に10月にこの政策を終了させています。次いで、市場の動向を見極めながら2015年12月に最初の利上げを行なうのですが、2度目の利上げまでには1年の時間をおいています。そこからは2018年12月の最後の利上げま

### ◆図表7-9　2015年12月から2018年12月までの利上げ期前後の株価の動き

下落率＝直近の株価の高値からの下落率（SP500）

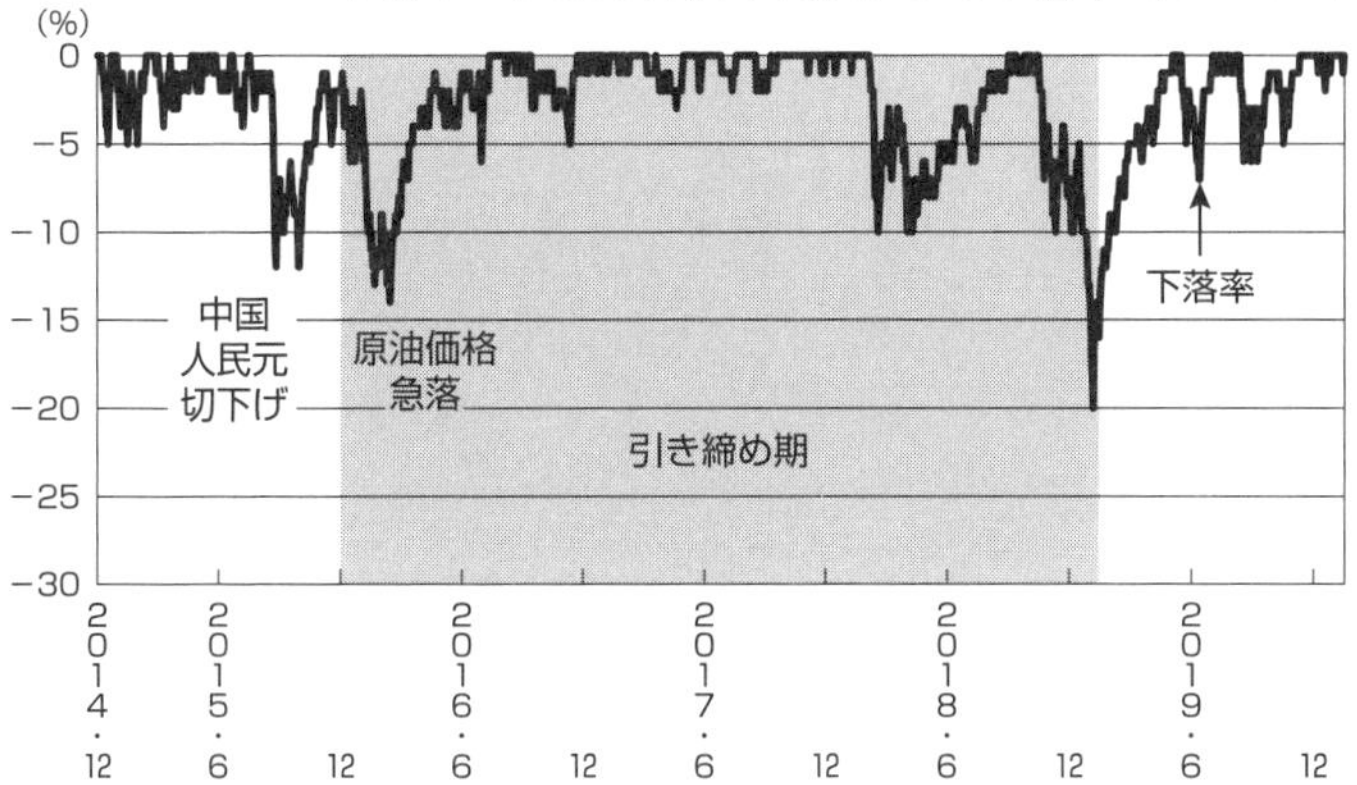


で、合計9回、2・25％の利上げを行ないました。この利上げ期間の1年前から1年後までの株価の高値からの下落率が**図表7-9**です。

2015年8月の下落と、2016年2月の下落は突発的なものです。前者は突如として中国人民銀行が通貨の切り下げを発表したために生じた混乱です。後者は前年からの原油価格が急落したことによる、こちらも短期的な混乱です（2014年までは1バレル100ドルを超えていた原油価格が2016年2月には20ドル台まで急落し、当時、米国のシェール業界で第2位の規模まで成長していたチェサピークという会社が破綻の危機に陥りました）。

こうした多難なスタートを切った利上げ局

◆図表7-10　2022年以降の利上げ期前後の株価の動き

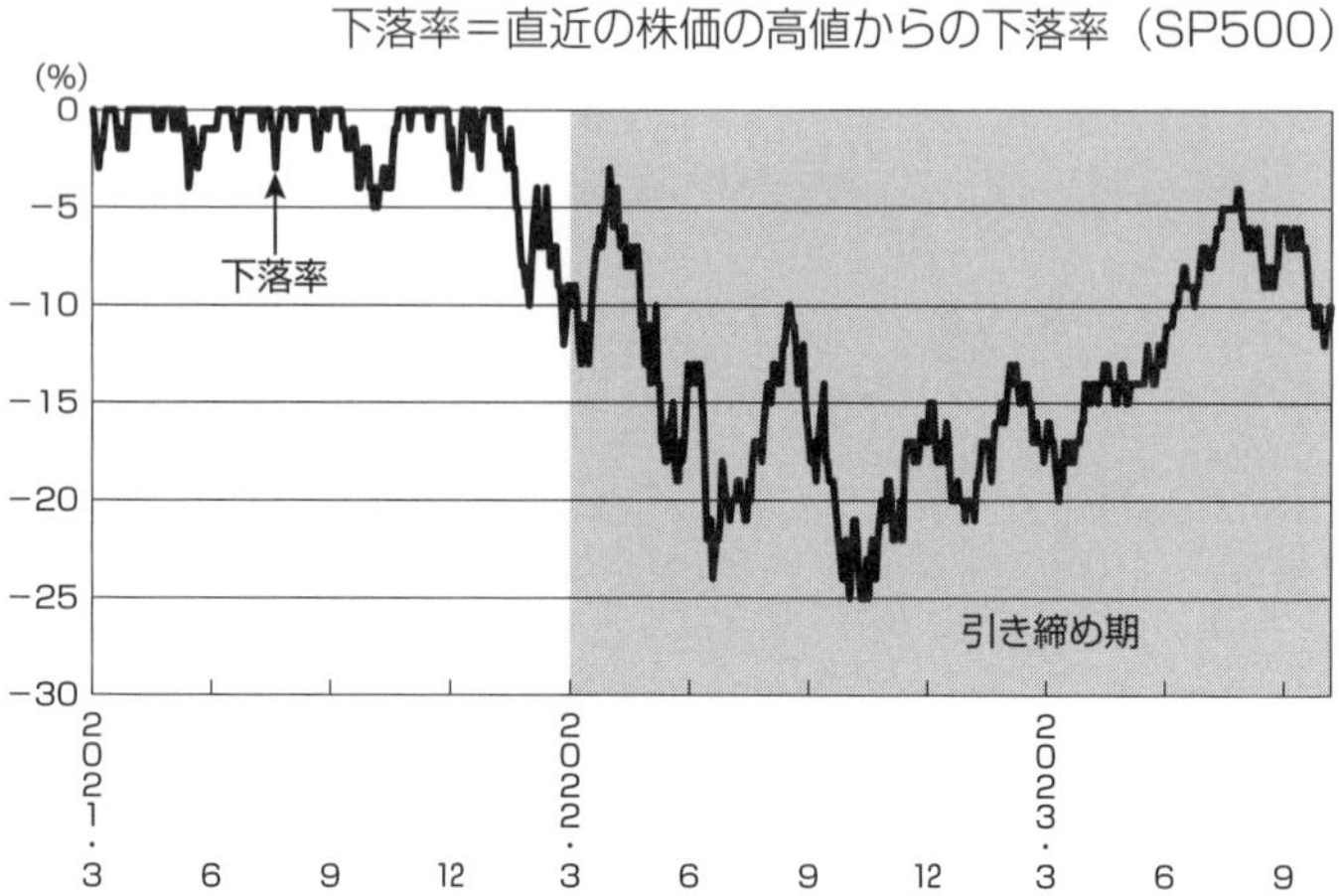


面ですが、その後は株式市場に大きな価値の低下を強いることなく順調に進みました。本格的な相対的価値の低下をもたらしたのは、２０１８年１月と考えられますが、このときも下落率は10％程度に留まり、ここまで見てきた過去の利上げ期の株価の相対的価値低下局面の典型的な現象と考えることができます。

ところが、その後に起きた20％近くの株価の下落は、市場を震撼させるものでした。同時にこの動きは当事者であるＦＲＢも驚いたはずです。ただこのときは２０１８年12月の利上げで打ち止めになるとＦＲＢ自身が言明したことで、その後株式市場は反騰に転じ、事なきを得ました。事なきを得たことで市場関係者はこのときの下落とその後の回復について詳しい分析を行なってこなかったのが実情ですが、このときの株価の動きはそれまでの利上げ期に起こる現象とは明らかに異なる点があったことは確かです（毎度のことながら、利上げが行なわれ株価が下落すると〝景気後退が近い〟と声高に叫ぶ人が増えるのですが、このときもそうでした。しかし実際には景気後退の気配などどこにも見つからず、最終的に米国経済は新型コロナ危機に襲われる２０２０年2月まで成長を続けることになります）。

そして今回の利上げ局面です（**図表7-10**）。今回の場合、株価はいきなりこれまでとは違うパターンで急落し、利上げが始まって3カ月後の２０２２年6月には下落トレンドとされる高値から20％以上の下落を記録します。下落の勢いは10月に入って高値から25％の下落を記録したところで急に止まり、その後は意外にも緩やかな回復局面入りとなり、翌年6月には上昇トレンドへの転換を示す、最安値から20％以上の上昇を達成します。

## 1987年と類似した展開

もちろん、ここから近いうちに景気後退期が始まり、株価の絶対的価値の低下が始まるのなら、2022年1月から10月までの25％もの下落は、それを前もって織り込んだものであるとして正当化されます。ところが株価が最安値を付けた2022年10月からすでに1年が経過していますが、いまのところ米国経済には景気後退の兆しは見えません。だとすれば2022年10月までの25％もの株価の下落は利上げによる相対的価値の低下ということになるのですが、これはいままでの常識から考えて大きすぎる数字です。ただし、前回2018年12月に記録した下落も20％でしたから、両者には共通点があるようです。

ここで読者にはもう一度、第5章を思い出していただきたいと思います。急激な利上げに対して株価はなすすべもなく急落してしまう現実を、細かくご紹介しました。第5章で何度も参考資料として引き合いに出したのが、1987年10月に起きた、通称、ブラックマンデーと呼ばれる株価の急落です。当時の株価の動きを金融政策と合わせて振り返って

### ◆図表7-11　1986年から1989年：FFレート、公定歩合、10年金利の推移

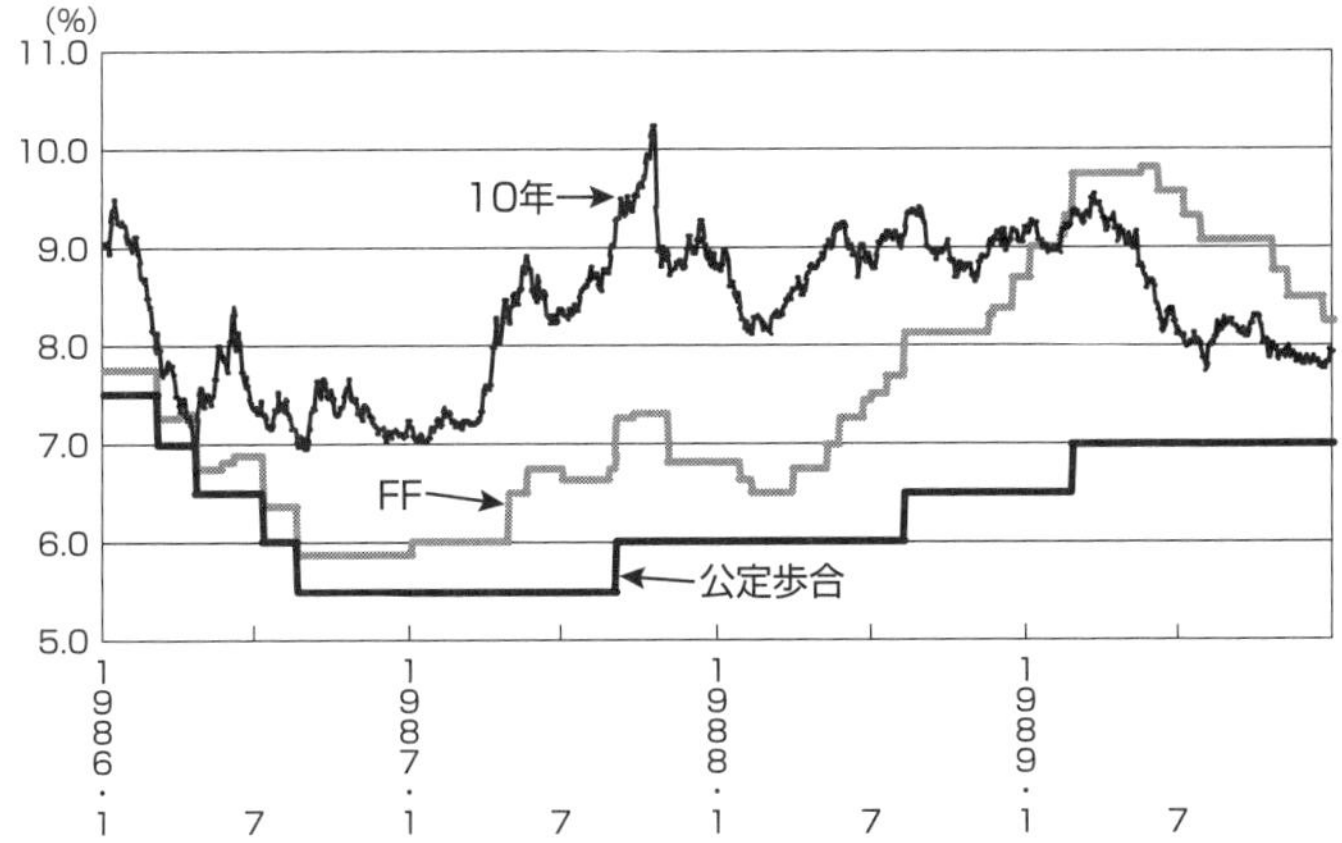


みましょう。まずは金融政策と長期金利からです（**図表7-11**）。

この頃の金融政策は、まだＦＲＢは政策金利として公定歩合を使用していました。１９８６年まで緩和政策を続けていたＦＲＢは、１９８７年９月に前年の８月から変更されなかった政策金利を思い切って引き上げました。引き上げ幅は当時の政策金利であった公定歩合を５・５％から６％へと０・５％、さらにＦＦレートの誘導目標を６・６２５％から７・３１２５％へと０・６８７５％の大型の利上げであったことは、第５章に記したとおりです。これを受けて当時の株価は高値から34％もの大暴落となったのです（次ページ**図表7-12**）。

ところがこのときも、結局は、米国経済は

### ◆図表7-12　1987年9月から1989年2月までの利上げ期前後の株価の動き

下落率＝直近の株価の高値からの下落率（SP500）

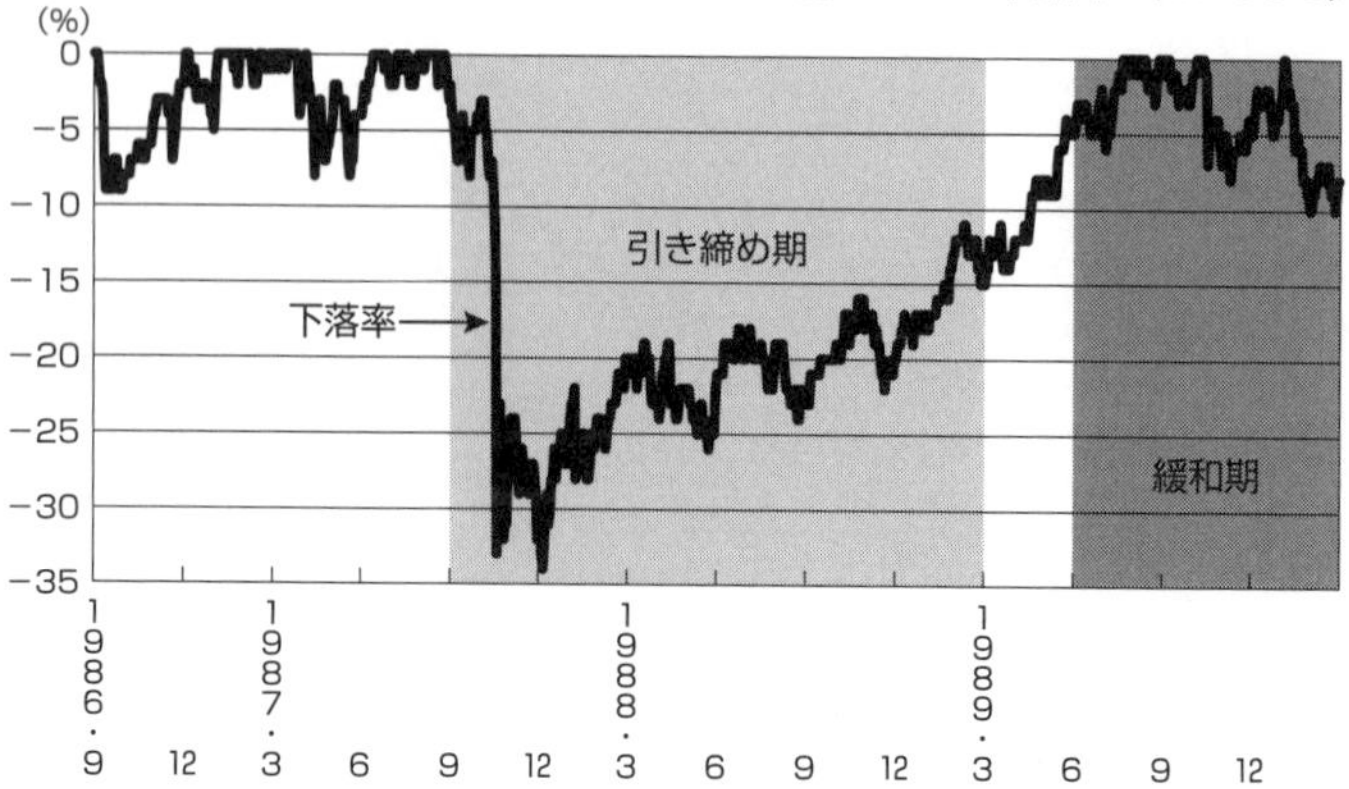


### ◆図表7-13　1987年12月以降と2022年10月以降の株価の推移比較

株価の大底＝100（T+0時点）として指数化

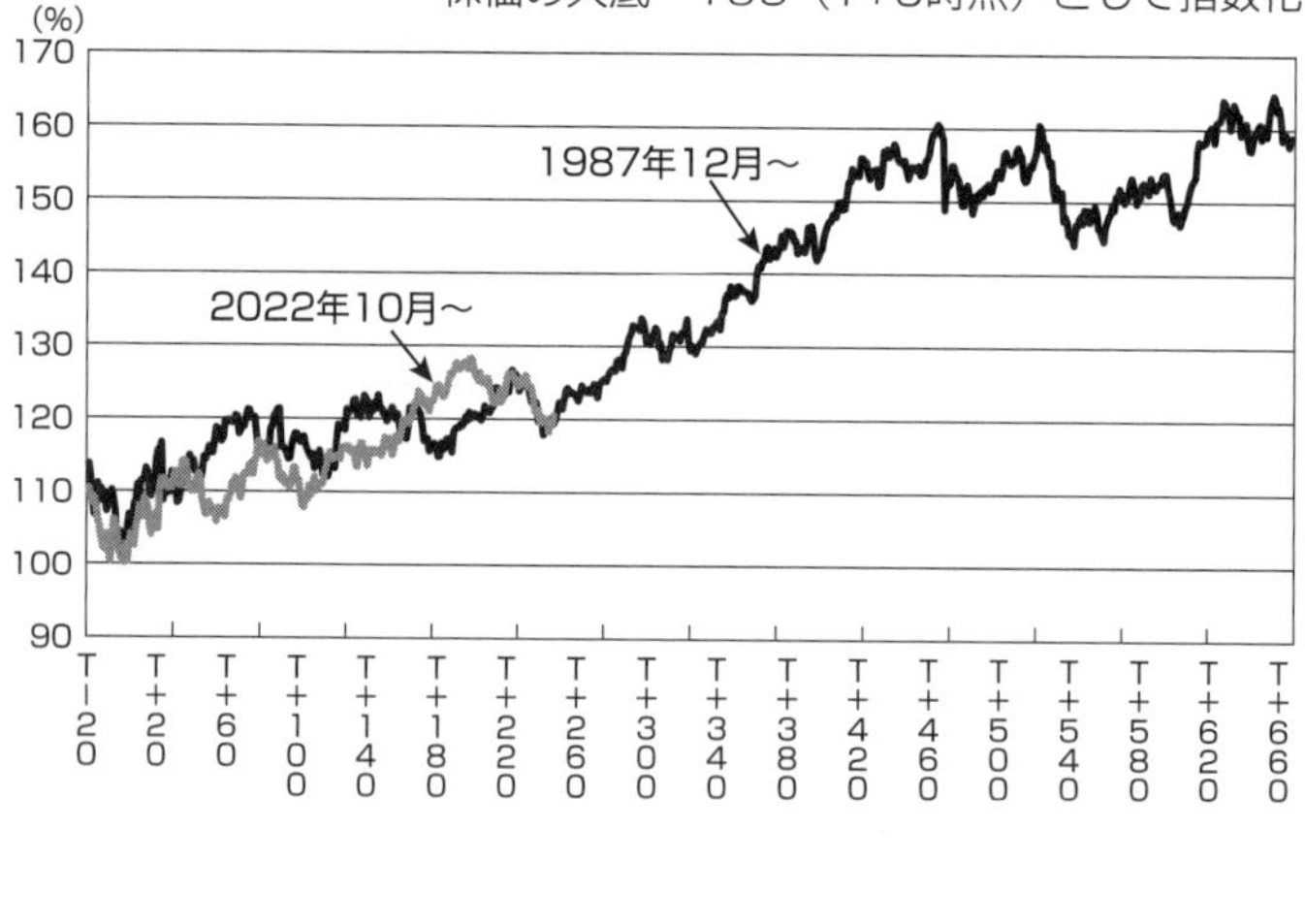

景気後退には陥りませんでした。１９８７年12月に大底を付けた後、ゆるゆると回復局面に転じ、翌１９８８年３月には上昇トレンドへの転換を示す、安値から20％上昇した水準を突破していきました（**図表7-13**で２つの時代の株価の動きを重ねて眺めると、最安値＝グラフでは大底と記載、を記録してからのゆるゆるとした回復局面の動き方が驚くほど似ていることに動かされます）。

## フォワードガイダンスが生み出した株価の下落

話を現代に戻しましょう。いくら類似しているとはいえ、当時といまとでは状況は大きく異なります。とりわけ金融政策は、かつては自由裁量の時代にあり、市場参加者が、ＦＲＢが何をしでかすかわからないという不確実性に苛まれていた時代と、現在のようにフォワードガイダンスによって、先行きの進路が明示されている時代とは、これまでも繰り返し述べてきたとおり、投資に対する取り組み方に大きな違いが生まれてきます。

しかしここで我々が冷静になって考えなければならないことが一つあります。それは、

### ◆図表7-14　2012年1月以降：中立金利、名目潜在成長率、長期金利、FFレートの推移

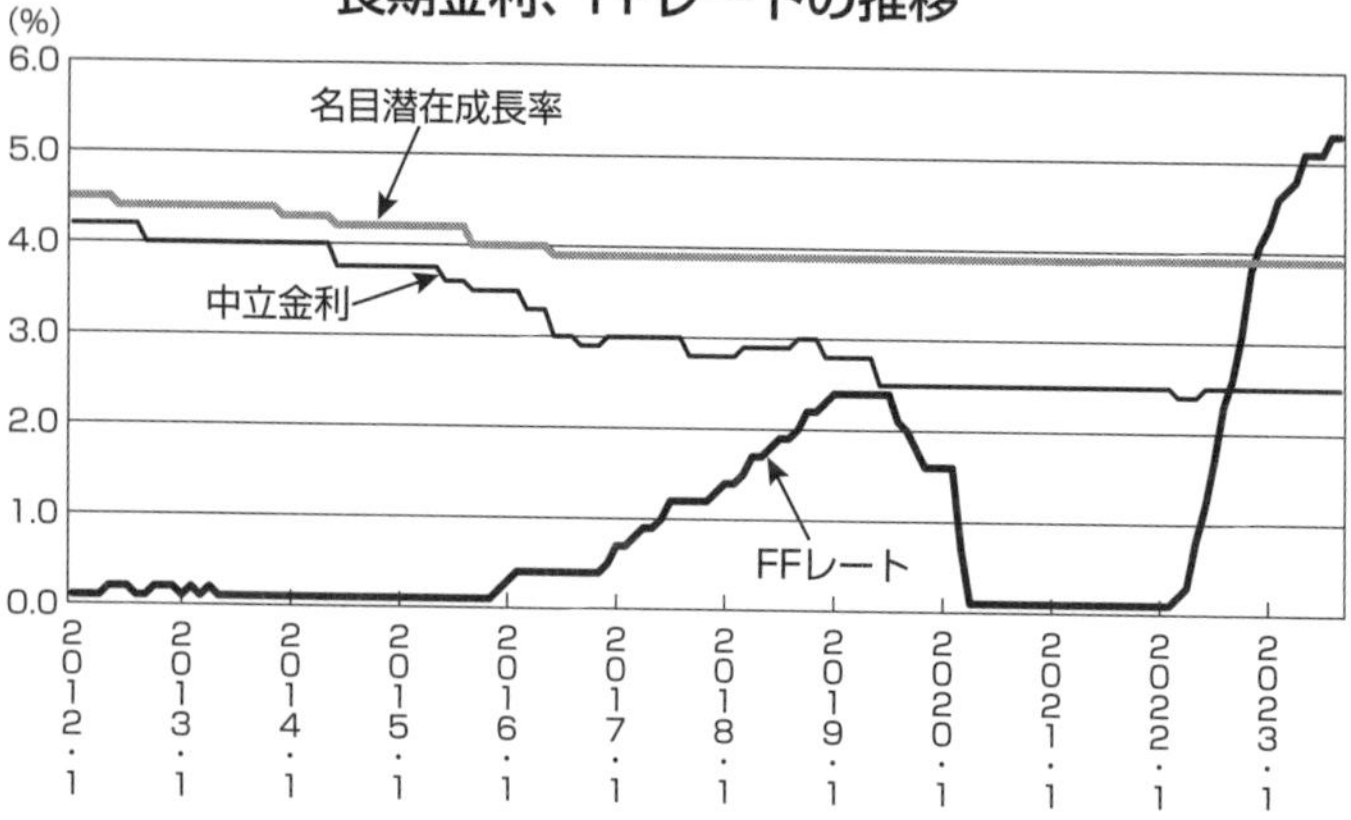


名目潜在成長率＝インフレ目標値＋潜在成長率（FOMC長期経済見通し）

たとえフォワードガイダンスによって先行きの進路が明示されていたとしても、それが楽観的なものではなく悲観的なものであった場合にどうなるのか、という問題です。フォワードガイダンスはたしかに不確実性を減らすことには成功しました。しかし今回の利上げ局面で明確となったのは、FRB自らが、中立金利をはるかに超える水準まで政策金利を引き上げることを宣言し、同時にそれを複数年にわたり継続することまで確約するという、いわば投資家に覚悟を迫るような行動に出ることもある、という現実です（前回の2015年から2018年にかけての利上げ局面の場合、中立金利を超える水準まで政策金利が引き上げられることはありませんでした）。

このあたりのところをもう一度振り返っておくために、**図表7-14**を作成しました。このグラフは現行の金融政策が始まってからのＦＦレートの動きと、四半期に一度発表されるＦＯＭＣメンバーたちが考える中立金利の動きを比較したものです。さらにもう一つ、名目潜在成長率として、ＦＲＢが目標とするインフレ目標値である２％に、メンバーたちが想定している長期経済成長見通し（潜在成長率と考えて良いでしょう）を加えたものもプロットしています。

今回の場合、投資家は、最初はＦＲＢの態度が変わったことに驚き、これまでと同じようにまずは株価の相対的価値低下に動きました。具体的にいえば、これが２０２２年３月までの株価の13％の下落です。次いで投資家はＦＲＢが中立金利を超える水準まで、本気で金利を引き上げるつもりであることをフォワードガイダンスで知り（２０２２年３月のＦＯＭＣ以降、政策金利の先行き見通しは一貫して中立金利を上回っています）、もう一段の株価の相対的価値低下に動きました。もちろん、途中でインフレ率の上昇が鈍化するのを見て、ＦＲＢの頑なな引き締め態度が軟化することを期待したこともありました。これが２０２２年6月から8月までの短い反騰局面ですが、これはその後に発表されたインフレ率がまだ鈍化していないことを表す経済統計によって、無残にも打ち砕かれました。

そして最終的に政策金利が経済成長を抑制するまで高止まりするリスク、さらにはそれにより景気後退が引き起こされるリスクまでもフォワードガイダンスで明示され（2022年9月のFOMC以降、失業率の見通しは自然失業率を超える水準が続くことを予想しています）、株価はついに絶対的価値の低下に動きます。これが2022年10月に付けたこれまでのところの株価の安値が意味するところです。ではその後の株価の動きはFRBのフォワードガイダンスから何を読み取っているのでしょうか。それを語るためには、今度はこの間の長期金利の動きをもう一度見ておく必要があります。

## 金利水準と株価の関係

実は、ここからが本書で、現在の市場を徹底的に分析し、最終的に導き出した〝仮説〟であり、これから投資を始めようと思っている人へ伝えたい、私の〝結論〟になります。もうお気づきになられたと思いますが、現代の株式市場は相対的価値の大部分をFRBによってコントロールされているというのが私の結論です。もちろん、絶対的価値は依然として実体経済、すなわち、景気動向、企業業績によって決まっています。

## ◆図表7-15　2012年1月以降：中立金利、名目潜在成長率、長期金利の推移

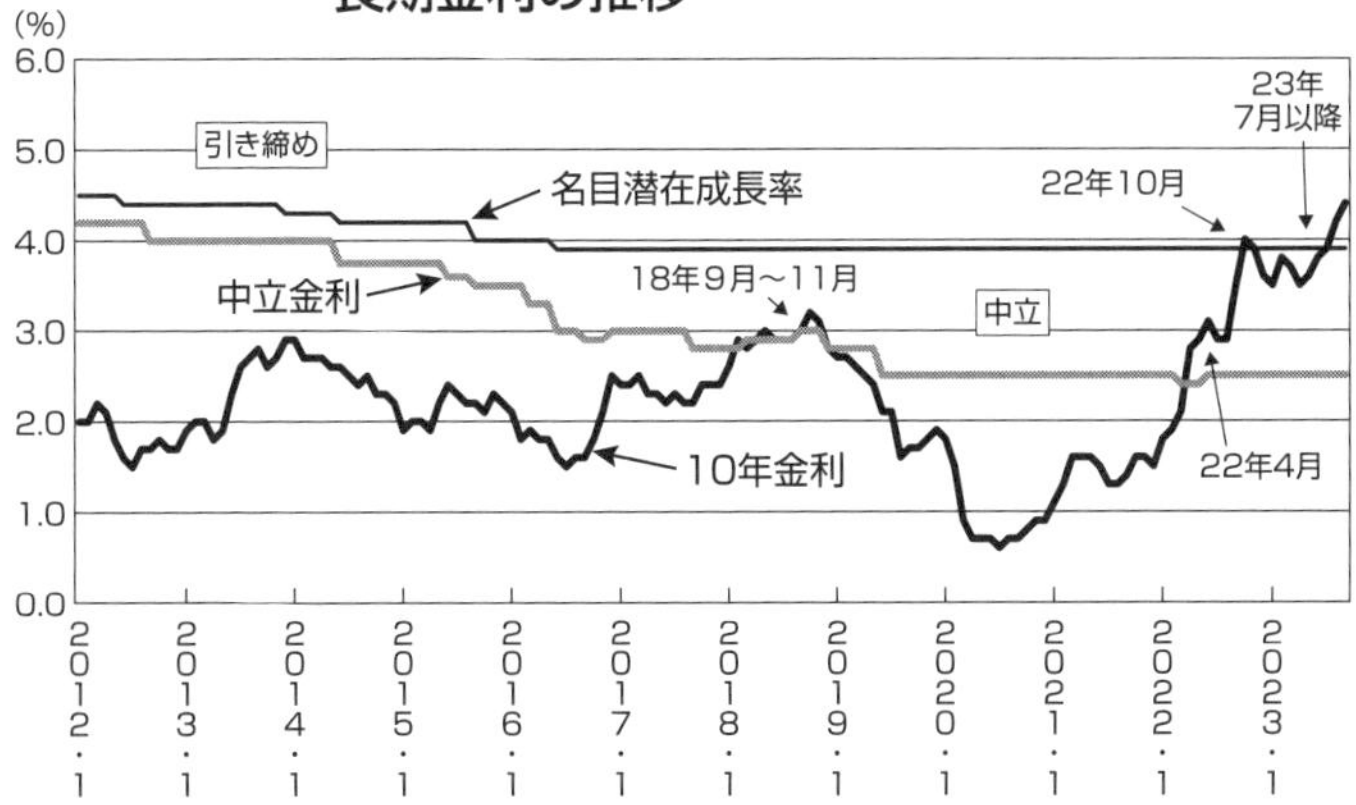


名目潜在成長率＝インフレ目標値＋潜在成長率（FOMC長期経済見通し）

しかしながら、2012年1月以降、FRBによる四半期ごとの先行き見通し発表や、さらには高官たちによる丁寧な説明などを通して、債券市場の参加者たちは、FRBが何を考え、どのように金融政策を動かしていくのかを確実に理解するようになり、その理解は市場金利に投影されていくようになりました。投影された市場金利を代表するものが10年物国債利回り、一般的に長期金利と呼ばれる金利です。そしてこの長期金利の動向と水準を見て、株式市場は自らの相対的価値と、将来的な絶対的価値を考えます。

こうして長期金利がFRBの描く将来の経済を理解し、それを金利水準に投影することで株式市場にその意味を伝える伝達者となる時代が始まったのです。**図表7-15**をご覧く

ださい。

このグラフは、先ほどお見せしたグラフからＦＦレートを取り除き、代わりに長期金利（10年物国債利回り）をプロットしたものです。現行の金融政策が始まったとき、ＦＦレートは０％〜０・２５％、長期金利はまだ２％程度の水準でした。このとき、ＦＯＭＣメンバーたちが考える中立金利は４・２％でしたから、政策金利も長期金利も相当低い水準にあったわけです。第２章でお話しした、〝長期金利の水準には将来にわたる政策金利の平均的な水準が投影されている〟という考え方を応用すれば、この時代は、政策金利は長期的に緩和水準に保たれる、と市場参加者が認識していた時代であったといえるでしょう。


言い換えれば、政策金利から市場金利まで（０年から10年まで）、すべての金利が中立水準を下回って緩和ゾーンにあったのですから、いったんは金融危機に押しつぶされた株式市場も、静かに回復の道を進むことができたのだということになります。

ところが２０１５年12月からＦＲＢは金融正常化へと舵を切り、政策金利はゆっくりと引き上げられていきます。この時代、最終的にＦＦレートは当時の中立金利（２０１８年12月の時点で２・８％でした）を超えることはなかったのですが、長期金利は２０１８年の10月から11月にかけて３％を超える水準まで上昇しました。これを見た株式市場は、金利水準が緩和ゾーンから逸脱することによって引き起こされる様々なリスクを恐れ、大きな下落局面を迎えました（相対的価値の低下です）。幸いなことに、このとき、FRBは先述したようにここで利上げの終了宣言を行ない、これを受けて長期金利は低下に転じ、金利は再び緩和ゾーンへと戻りました。金利が再び緩和ゾーンへ戻ったことを好感し、株式市場は安定を回復しました。

そこから新型コロナ危機が世界を襲い、金利は再度、緩和ゾーンのなかを推移します。このときもまた、金融危機からの回復局面と同じやり方である緩和政策によって株式市場は救われました。ところが今度は新型コロナ危機の終結とともに米国を襲った、凄まじいインフレに市場は度肝を抜かれます。

## 名目潜在成長率を超えた長期金利

2022年3月からの利上げの経緯は本書ですでにお伝えしてきたとおりですが、ここでは利上げの決定と3カ月に一度の見通しの変更を受けて長期金利がどのように動いてきたかに注目してみたいと思います。まず利上げの開始とともに4月の段階で長期金利は月中平均水準を中立金利よりも高い位置まで上げてきます。これは何を意味しているかといえば、債券市場は今回の利上げが中立金利を超える水準まで一気に進められ、さらにはそれが長期化することを示したのです。

これを見て株式市場は、緩和の時代が終了したことを悟り、相対的価値の下方修正に動きます。このときの動きは２０１８年9月から12月にかけての動きをやや上回る規模で、下落率は23％となりました。先述したように、この時期に、いったんインフレ率が鎮静化する動きを見せたのですが、それはぬかよろこびに終わりました。インフレ率が再度の上昇を見せたことと、9月のＦＯＭＣで本当にＦＦレートが中立金利を超え、さらには長期金利が、ＦＯＭＣが想定する名目潜在成長率である３・８５％を超えてきたことを受けて、ついに下落率は25％を記録しました。これがいまのところ今回の株価の下落トレンドにおける最低水準です。

＊　ここでこの章で初めて登場した名目潜在成長率という言葉とその概念について説明しておきたいと思います。名目成長率とは具体的には名目ＧＤＰの伸び率のことであり、これは物価上昇率と成長率（実質ＧＤＰ）の２つから構成されています。ＦＯＭＣは四半期に一度経済見通しを発表するのですが、

そのなかには長期の経済成長見通しが含まれています。これは一般的にＦＯＭＣメンバーが考える米国の潜在成長率であると解釈されています。一方で、物価については長期的に目標である２％を達成するとＦＯＭＣは約束していますから、両者を合わせるとＦＯＭＣが想定する名目潜在成長率ということになり、この数字は２０２２年９月から２０２３年９月のＦＯＭＣまで、２％＋１・８５％＝３・８５％の水準に保たれています。

長期金利がこの名目潜在成長率を超えてくるということは、政策金利が長期的にＦＯＭＣで想定している名目潜在成長率を上回る水準で推移すると、債券市場が予想していることに他なりません。長期的に名目成長率を超える水準に政策金利が設定されると、これは景気が阻害されることになります。昔から金融業界ではこのことをオーバーキルと呼んで恐れてきたのですが、過去のデータでは1年以上ＦＦレートが名目ＧＤＰを上回る水準に維持された場合、米国は確実に景気後退期に突入しています。

## 金利に3つのゾーンがつくられた：長期金利の3分割

今回の場合、２０２２年10月に株価の高値からの下落率が25％に達したところで、長期金利の上昇はいったん止まり、再び名目潜在成長率を下回るレベルまで低下しました。これを見て株式市場はゆっくりと回復局面に向かっていきました。回復局面は２０２３年７月末まで続きます。そして7月からはその歩みが止まりました。

これはまだ市場におけるコンセンサスが生まれてきたものではありませんが、私は２０１２年1月以降の一連の動きを観察するなかで、次のような金利のゾーン、もしく長期金利の３分割とも呼べる、３つの異なる相場環境が存在するという認識が市場に生まれたと考えています。

１．緩和期：長期金利＜中立金利

長期金利が中立金利を下回る水準にある時代は、金融市場が完全に緩和状態にあり、景気後退期や、危機時の対応策としてＦＲＢによって誘導され発生する。このときのＦＲＢの金融政策は、実行可能な政策を総動員してデフレを回避することが最優先課題となっている。

2. 中立期：中立金利≦長期金利≦名目潜在成長率
長期金利が中立金利よりも高く、名目潜在成長率よりも低い水準にある時代は、金融市場が緩和でもなく引き締めでもない状態にあり、景気の拡大期に自然に発生する。このときのＦＲＢの金融政策は、従来どおりの〝物価の安定を維持しながら雇用を最大化していくこと〟が目的となる。

3. 引き締め期：名目潜在成長率≦長期金利
長期金利が名目潜在成長率を上回る水準にある時代は、金融市場が完全に引き締め状態にあり、インフレ時の対応策としてＦＲＢによって誘導され発生する。このときのＦＲＢの金融政策は、実行可能な政策を総動員してインフレを回避することが最優先課題となる。

ＦＲＢは中立金利という概念を金融政策に導入し、その水準よりも政策金利が低ければ緩和期、高ければ引き締め期と考えるようになりました。しかしその2分割では、市場に、緩和期なら買い、引き締め期なら売りと、極端な解釈が生まれ、混乱が生じてしまいます。

そこで私は、市場金利はそれよりももっと複雑で柔軟な解釈を行なっていると考え、2012年1月以降の実際の債券市場と株式市場の動きを注意深く観察したうえで、このように3分割を行なったのです。

ここで注意してもらいたいのは、この3分割はあくまで、長期金利がそれまでいたゾーンから別のゾーンへその水準を移動するときに、株価を代表とするリスク資産の相対的価値の変化が起きることを示唆する指標であるという点です。早とちりをして、緩和期＝株価の上昇期、引き締め期＝株価の下落期、と単純に判断しないようにしてください。

具体的に書けば、長期金利が緩和期から中立期に向かうところ、および中立期から引き締め期に向かうところで、株式市場には相対的価値の下方修正圧力がかかることが、2012年以降の2回の金融引き締め期に観察されました。逆に、長期金利が引き締め期から中立期に向かうところ、および中立期から緩和期に向かうところでは相対的価値の上昇圧力がかかることも確認できました。現行の金融政策が継続するあいだは、この3分割が、いまがどういう時代であるのかを理解するうえで、有益な投資における環境認識につながると思います。

また、この3分割は3カ月に一度発表される、FOMCの経済見通しによっても、微妙にその水準が調整されていくことにも注意しておいてください。FOMCメンバーによって決定される中立金利の水準が動けば、緩和期と中立期のあいだに存在するボーダーラインも一緒に動きます。メンバーによる米国経済の長期成長見通しが動けば、中立期と引き締め期のあいだに存在するボーダーラインも一緒に動くことになります。

＊　為替市場を考えるうえでは、まだこの3分割は必ずしも優位性を持つものではないようです。為替の水準は昔からそれぞれの時代によって位置を変えてしまうものなのですが、2012年1月以降に絞ると、緩和期にはドル安円高傾向になりやすく、引き締め期にははっきりとしたドル高円安傾向がみられます。いまのところ判断がむずかしいのは中立期で、3分割の考え方からすれば、為替市場も安定的に推移すると書きたいところなのですが、まだそれを裏付けるデータは揃っていません。あるいは、為替市場はその性格上、2分割で考えたほうが、理解しやすい市場なのかもしれません（FOMCと同じように、長期金利が中立金利を上回ればドル高円安方向に、下回ればドル安円高方向に進むようです）。

## 長期金利の限界水準

話を最も新しい時代に進めましょう。これを書いている2023年10月の段階では、米国の長期金利は完全なる引き締め局面で推移しています。理論上はこのような高金利水準が続くと、米国経済は後退期に突入していく可能性が高まっていきます。たとえば**図表7-16**は、長期金利の水準が長期的な名目成長率とどのような関係にあるのかを調べたものです。長期的な名目成長率は30年間の平均値を使いました。一方で、期間は短いのですがFOMCメンバーが想定している名目潜在成長率もプロットしてあります。将来を見据えた長期的な名目成長率見通しが、実は長い過去の歴史とほとんど変わらないものであることもこのグラフからわかります。

さて問題の長期金利の水準は、1990年第3四半期以降、一貫して名目成長率の長期平均値を下回って推移してきました。言い換えれば、この期間は長期的な視点でいえば、インフレを抑制することに成功した時代であったともいえるでしょう。逆にいえば、それ

◆図表7-16　米国長期金利と名目成長率30年平均値
＋ FOMCが想定している名目潜在成長率

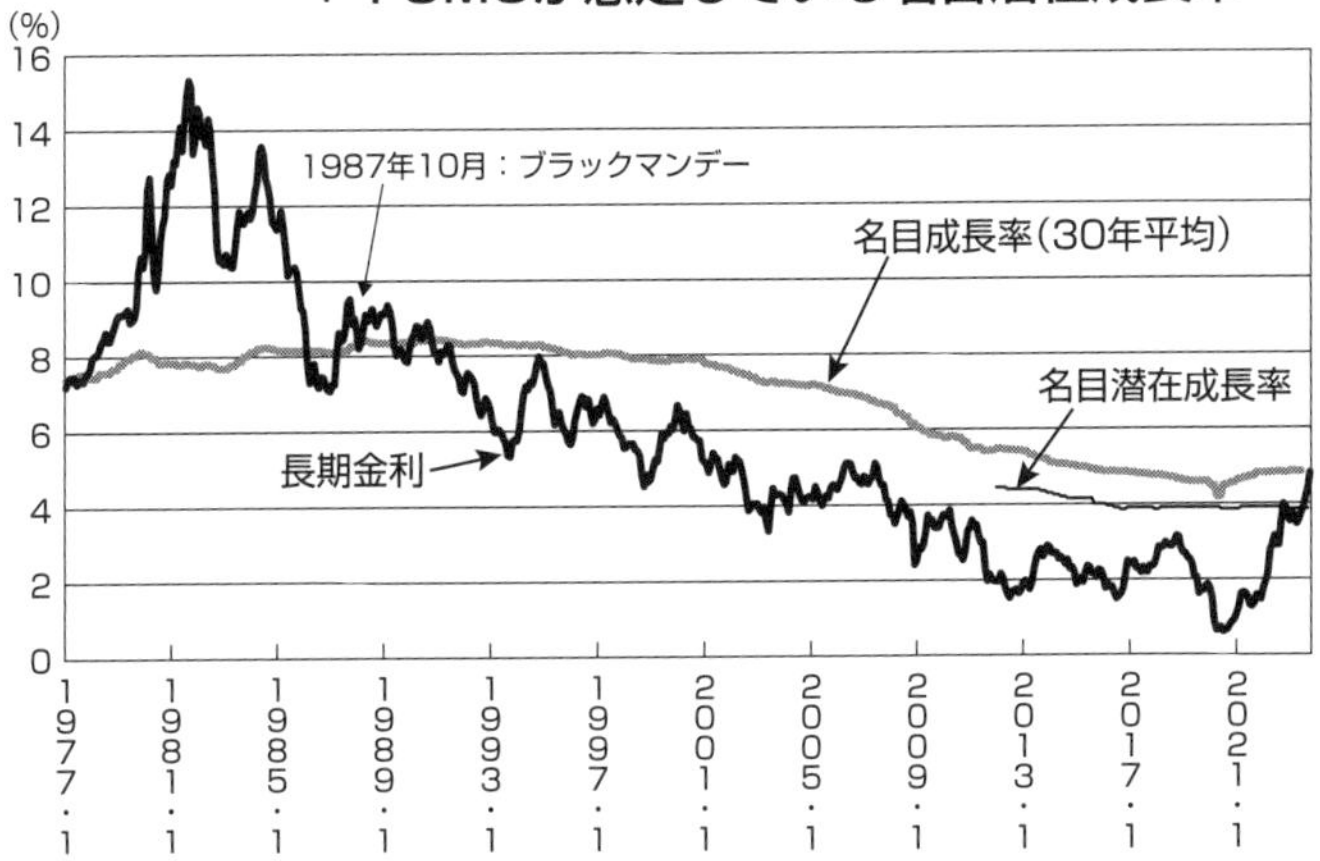


までの時代はインフレとの戦いがあまりに長く続いたために、一貫して長期金利は米国の長期の名目成長率を上回る水準に維持されてきたともいえるでしょう。

ここで注目してもらいたいのは、本章で集中的に分析している1987年のところです。グラフでは1986年に久しぶりに長期の名目成長率平均値を下回った10年金利が、1987年に入り急上昇し、再び名目成長率を上回ってしまったことがうかがえます。このとき起きたのが先ほど説明したブラックマンデーと呼ばれる株価の大暴落です。

長期の国債利回りが、どのくらいの水準まで上がると、それを発行する国の経済がパンクしてしまうのかという議論は、これまでも盛んに行なわれてきました。米国の場合、10

年物国債利回りは1981年9月に記録した15・8%というのが最大値です。同じ時期、1981年8月から翌年の11月まで米国は景気後退期に入りましたが、これのおかげでインフレを退治することができました。その後、米国には再び元の強い経済が帰ってきました。

一方、日本の長期金利は1990年9月に記録した8・1%が最大値です。これのおかげでバブルを潰すことには成功しましたが、日本はデフレ時代へと突き進みました。金利上昇が毒にも薬にもなることを示す歴史的な事実です（もう一つのパターンとして、薬であった金利上昇がやがて幻覚を生み出すこともあるのですが、これはこの章の最後で説明します）。

## 株価の絶対的価値低下と相対的価値上昇とのせめぎあい

ブラックマンデー直前に、米国の長期金利は10%を超えました。このとき、株価は高値から34%もの下落を見せました。あのときもいまも、市場関係者は米長期金利の限界水準を畏怖しています。米国の10年物国債利回りが、過去30年間の平均名目成長率である4・8％を超えてきた現在も、この危機意識は同じです。

しかしブラックマンデーの後、景気後退は起こりませんでした（次の景気後退は、湾岸戦争が起きた3年後の1990年のことです）。現在もまた、市場の最大の関心事は景気後退であり、FRBが利上げを開始した2022年3月以来、この話が市場の話題に上らなかった日はありません。

冷静に考えなければならないのは、データを見る限り、長期金利の上昇が直接的に景気後退を招き入れたという事実は、少なくとも米国の場合見つからないという点です（第2章でもお話ししたとおり、諸外国から外貨を借り入れる形で国家経営が行なわれている国では、長期金利の上昇と景気後退がセットになって国を襲い、瞬時にして国家財政が破綻したという事例はいくつもあります）。

むしろ景気後退の兆しを見つければ、現代の米国のように、世界中の投資家が注目する長期金利は驚くほど速いスピードで低下していきます。その結果、景気後退の兆しが見えるや否や、株式市場では金利が下がったことで生み出される株価の相対的価値の上昇と、景気の後退から引き起こされる株価の絶対的価値の低下との価値を巡る激しい戦いが起こります。ここにやや遅れてFRBが参加し、金融政策を緩和方向へと転換し政策金利を引き下げることで、株価の相対的価値上昇を応援しようとします。

そこから先はいつも時間との戦いです。ＦＲＢによる金融緩和が景気後退を未然に防ぎ、絶対的価値の下落が杞憂に終われば、相対的価値上昇の勝ちです。株価は短い混乱を経て元の安定的な上昇トレンドに戻っていくことになるでしょう。このとき長期金利の水準は、先ほどお話しした３分割のなかの中立ゾーンに居場所を変えているはずです。

しかしもしＦＲＢの政策転換が遅れ、懸念された米国の景気後退が現実のこととなったらどうなるでしょうか。このとき、株価の絶対的価値の低下は金利低下による相対的価値の上昇の大きさをはるかに上回り、株価は少なく見積もっても、直前の高値から２割程度、大きいときは５割以上もの下落を見せるのが過去のデータから確認されています。長期金利の居所も、一挙に３分割のうちの中立ゾーンを飛び越えて緩和ゾーンへと向かうことになるでしょう。こうなるとＦＲＢの金融政策は、再び実行可能な政策を総動員してデフレを回避することへと目標設定が変わります。

## 引き締め期という相場環境が生み出すバブル

景気後退発生時に見られるような、以上の経路（ＦＯＭＣではこれをpathと呼んでいます）はすでにＦＯＭＣで議論され、市場でも十分に理解されています。しかし現実にはもう一つの経路＝インフレがなかなか想定どおりに低下せず、金融引き締めが長期化するケース、が存在します。

この引き締めが長期化するケースについて、一般的にはそれにより景気が後退してしまうことが恐れられていますが、本当に怖いのはそれではありません（金利を引き締めることで生まれた後退期ですから、今度は緩和することである程度は回復することが可能だからです）。

そうではなく、本当に怖いのは金利が上昇しているにもかかわらず、リスク性資産の上昇が続くケースです。結果的にこうしたケースはことごとく、バブルとして歴史に記録されています。

◆図表7-17　2000年～ 2012年：米国金利と米住宅価格の推移

米住宅価格：2000年1月＝100として指数化

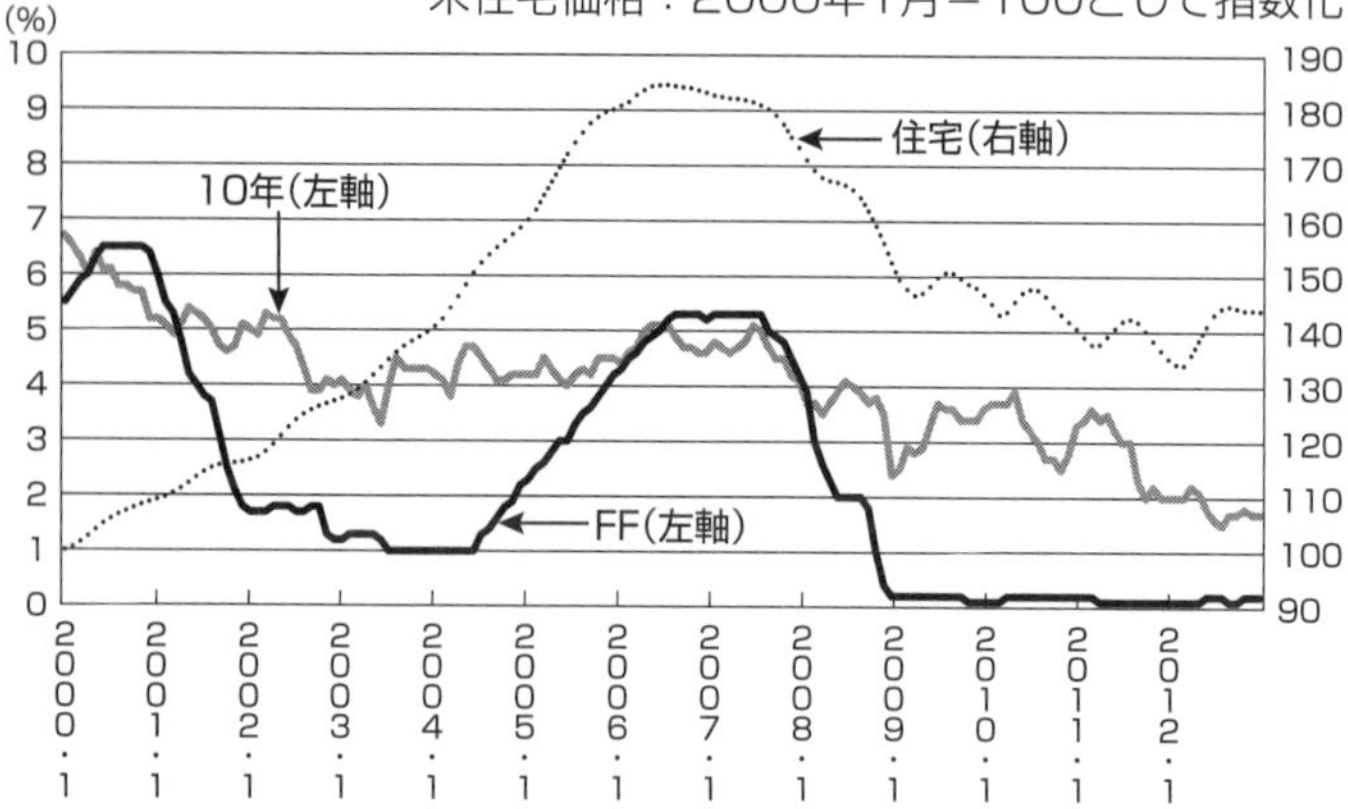


たとえば**図表7-17**は、まだ記憶に新しい米国の住宅用不動産バブルをグラフ化したものです。

ＦＲＢの金融政策は２００４年６月から引き締めに転じ、２００６年６月まで続けられるのですが、同時期の米国の住宅用不動産価格は、一度として下がることなく、終わってみれば24％もの上昇を見せていました。皮肉なことに、住宅用不動産価格はＦＦレートと時を同じくしてピークを付け、そこから奈落の底へと突き落とされていきます。

また、**図表7-18**はＩＴバブルの時期のグラフです。こちらも内容は同じです。

ＩＴバブルのスタートがどこにあるのかは人によって意見が分かれるところですが、金融引き締めが始まった１９９９年１月からナ

◆図表7-18　1998年〜2002年：米国金利とナスダックの推移

ナスダック：1998年1月＝100として指数化

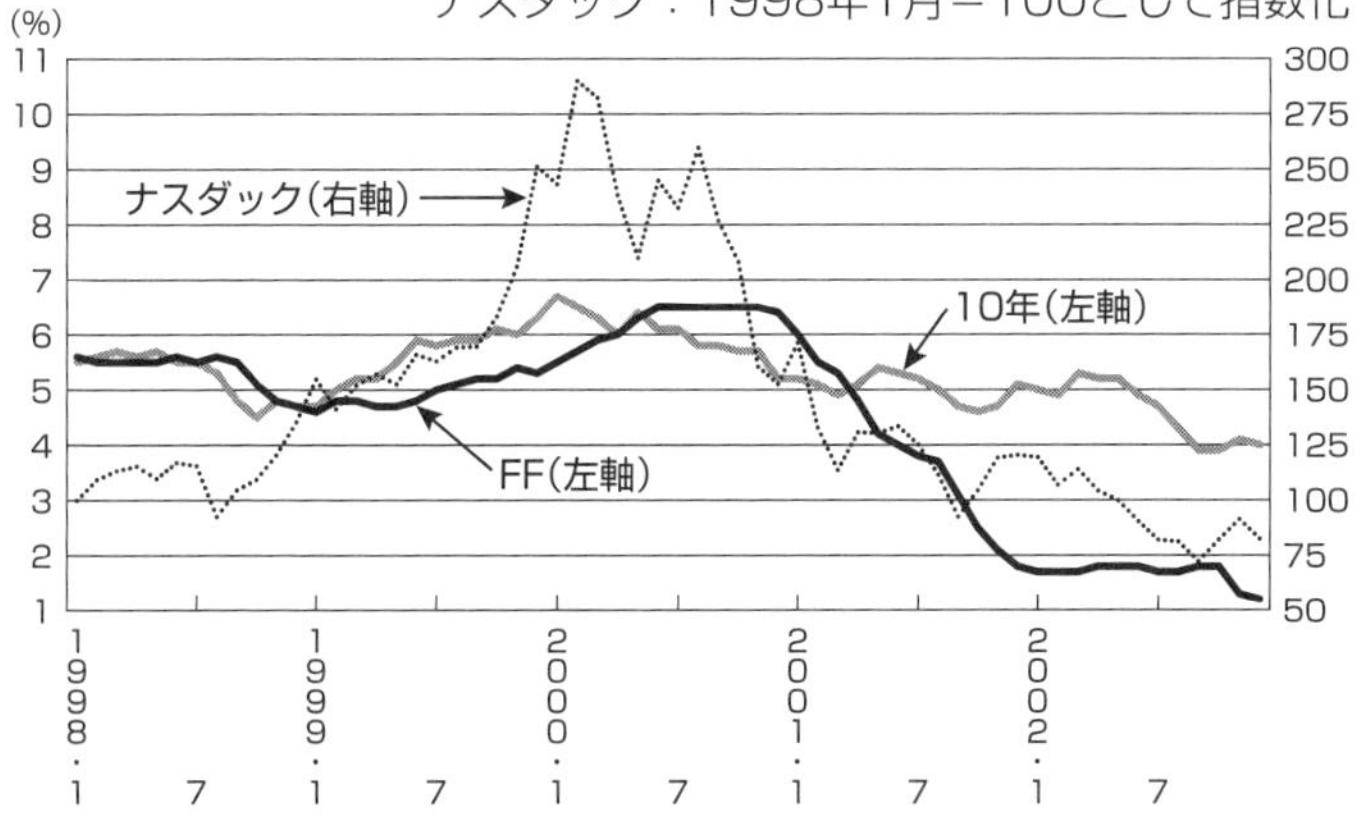


スダックがピークを付ける2000年3月までのあいだに、ナスダックは90％もの急上昇を見せました。利上げは最終的にこの年の5月まで続けられます。

最後に是非見てもらいたいのが、日本のバブル期のグラフです（次ページ**図表7-19**）。

日本株もまた利上げの始まった1989年に、1年で29％もの上昇を見せました。相対的価値の低下に負けない、絶対的価値の上昇がまだまだあると誰もが信じたのです。それがバブルでした。結局このときは、1990年が始まると、株価がいきなり大暴落となったにもかかわらず、利上げは1990年8月まで続けられ、当時の政策金利であった公定歩合は、最低水準であった2・5％から最高水準となる6％まで、わずか1年4カ月のあ

◆図表7-19　1987年〜1992年：日本金利と日経平均株価の推移

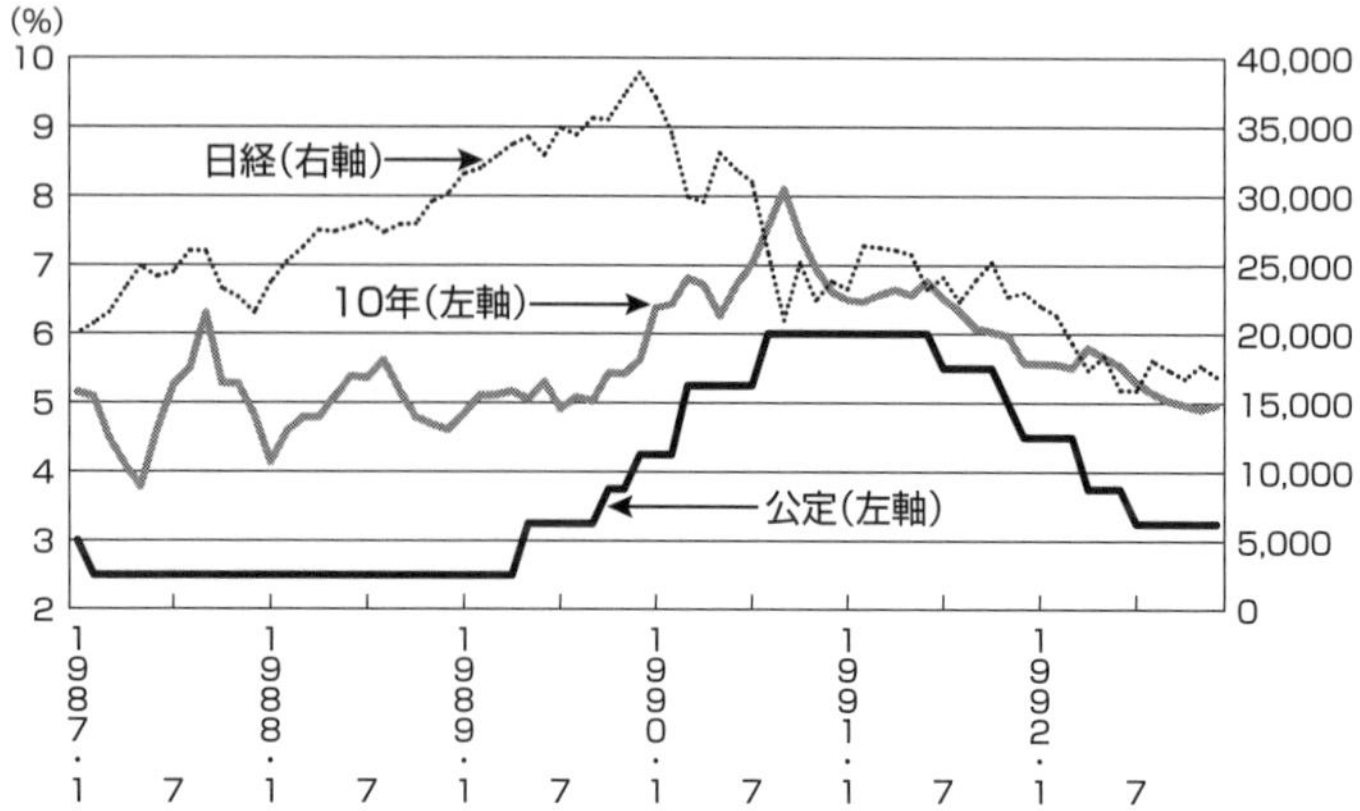


いだに3・5％も引き上げられました。これで万事休すです。

## 今回の利上げ局面で懸念されているのは株価ではなく住宅価格

意外と思われたかもしれませんが、過去のバブルはこうした金融引き締め期に発生しています。理屈としては本来ならば相対的価値の低下によって下がるはずのリスク性資産が、時代に逆行して上昇トレンドを見せると、人間というのはそこに絶対的価値の上昇という幻想を見てしまうからでしょう（これが、もう一つのパターンとして紹介した、薬であったはずの金利上昇が、幻覚を生み出したケースです）。実際、投資のやり方には順張り型のものが数多く存在するため、価値が上がれば上がるほど人気を集めてしまうのもまた相場の常です。だからこれを全面否定することはできません。

では今回の利上げ局面に、バブル的な上昇を見せているものはあるのでしょうか。ありがたいことに、世界の株式市場を見渡すと、中央銀行の引き締め政策に逆らって、高値をずっと追いかけている国はなさそうです。唯一日本だけが例外となりますが、これは中央銀行である日本銀行が金融緩和を続けているのですからファンダメンタル分析的には正当化できる動きです。

そんななかでただ一つだけ気になる動きを見せているのが米国の住宅用不動産価格です。最新のデータをグラフ化すると次のようになりました（次ページ**図表7-20**）。

コロナ以前から比較すると、米国の住宅用不動産価格は４割以上も上がっているのですが、利上げの始まる直前からで比較すると、いまのところまだ８％程度に留まっています。ただし今回の住宅用不動産価格の上昇は、利上げを無視した値上がり期待のバブル的現象というよりも、そもそも金融危機以降、新しい住宅が建たなかったことによる供給量の絶対的な不足のせいである（通常年間１５０万件程度が適正水準とされる米国の住宅着工件数は、２００８年からの５年間、１００万件を下回り続けました）という意見も根強

◆図表7-20　2020年以降：米国金利と米住宅価格の推移

米住宅価格：2022年2月＝100として指数化

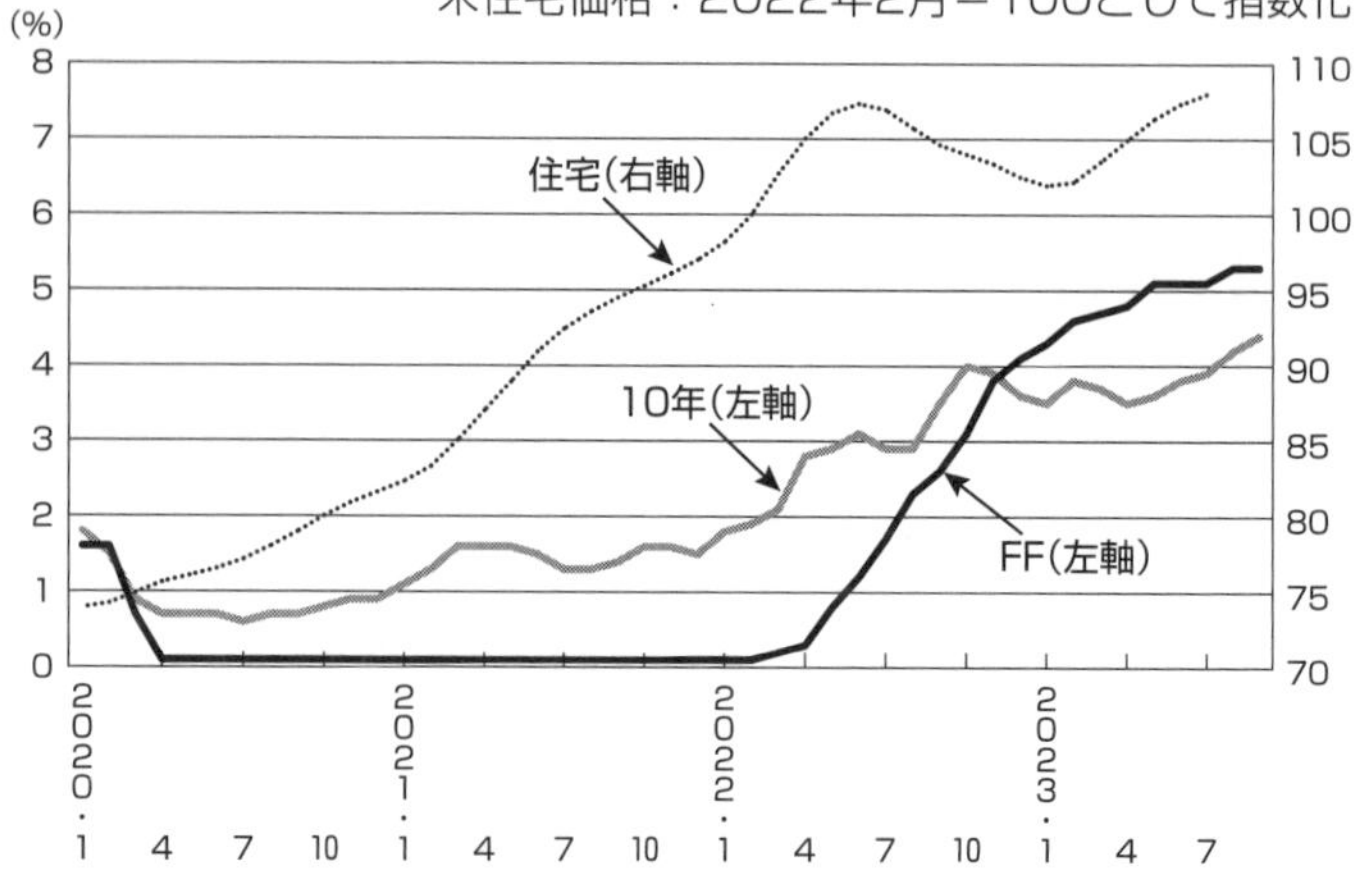


くあって、この問題についてはまだ決着がついていません。

## 短い引き締め期を経て中立期に移行するのが理想形

心配の種は尽きないのですが、まだ緩和への転換は見られず、相対的価値の低下が懸念されるなか、相場はいまのところ安定的に推移しています。絶対的価値の低下の兆しも見えませんから、リスク性資産に対して直ちに弱気になる必要もなさそうです。その一方で、米国では短期金利が5％を超え、10年の債券の利回りも4・5％を超える水準で取引が続いているのですから、株から債券、あるいは短期金融商品へとシフトする投資家が出てくるのも無理のない話です。

それでもこの状況が永遠に続くはずはありませんから、これからの投資にはいくつかのシナリオが必要です。これを書く２０２３年10月の段階で、本書では以下のように予想しています。

## 1．2024年前半のうちに中立期へ移行（確率60％）

これはＦＯＭＣが予想している経路を通っていくものです。すなわち、インフレ率が前年同月比で見て毎月０・１％ずつ低下していき、大きな景気のスローダウンもなく、経済が軟着陸していくというものです。このシナリオに沿って進む場合、株式市場は現状と同じく緩慢な上昇トレンドを維持し、米国株は、ＦＲＢによる引き締め終了宣言、もしくはもうこれ以上の利上げがないとの見通しが広がったところで、最高値を取りにいくことになるでしょう。この場合、株価はほぼ全面高となり、とりわけここまで上昇が抑えられてきた中小型株に大きな収益期待が生まれてくることになるでしょう。

## 2．2024年を通じて引き締め期が継続される（確率25％）

これはFOMCのなかでタカ派と呼ばれる人たちの考えるシナリオに近いものです。インフレ率が前年比でみてなかなか3％を下回ってこない場合、現状の5％台のFFレートが長期化する可能性が高まります。こうなると債券の利回りを超える期待収益率を持つ投資対象が、一部の大型成長株（巨大IT企業のイメージです）に集中し、そうした対象ばかりに新たな投資資金が注がれていくことで、バブルが醸成されていきます。素人目には誰もが知っている会社の株ばかりがどんどん上がるので、それだけを買っていればいいのだと安易な相場に映ることと思いますが、このような相場があまりにも長く続いた場合、バブルが崩壊したときのダメージはその時間に比例して大きくなる可能性が高まります。資産運用の世界では、このシナリオのケースが最もむずかしいとされます。

## 3．2024年のうちに景気後退期が訪れる（確率15％）

タイトルだけ見るとこれがいちばん難儀なシナリオのように思えますが、対処方法はそれほどむずかしいわけではありません。いったんは、株価は世界中で全面安となるでしょうが、このとき、米国の長期金利は一気に中立ゾーンを超え、緩和ゾーンへと向かうはずです。そうなると局面はがらりと変わり、いつ、何から投資を再開するかにテーマが変わります。ただし、本書では扱いきれなかった〝信用リスク（その会社が倒産する確率を数値化したもので、債券市場で確認することができます）〟をチェックしながら、慎重に投資を進めていくことになります。

## 時代は長い中立期に向かっている

以上、簡単なシナリオを描いてみましたが、現実はもっと複雑で、おまけに予期せぬ出来事がついて回ります。それともう一つ重要な点は、2のシナリオから3に、さらにそれが時間とともに1へと移行していくことも現実には起こりえます（それこそ3分割の下ゾーンのあいだを、時代が行ったり来たりするような動きです）。大事な点は、これからの何年かを考えるときに、我々は、金融危機後のように長い緩和期のなかで過ごすのか、それともこれから長い引き締め期を生きていくのか、それとも新しい時代ともいうべき中立期に入っていくのか、その見極めです。

私の意見は、本書のなかで詳しく述べたように、日本も含め世界の金融市場は長い緩和期が終わり、これからは中立期（長期金利が中立金利と名目潜在成長率の間を推移する時代）が続いていくものと考えています。先ほどの3つのシナリオも、2の引き締め期も、3の緩和期も、金融危機のような大きな景気後退期が発生しない限りは短期間で1の中立期に回帰するのではないかと思います。その理由は至ってシンプルで、すでにデフレを克服することに成功した現行の金融政策が、今度はインフレを克服することに成功したと世界中が確信すれば、引き締め期の後には中立期が、緩和期の後にも中立期が待っていると予想を立て、この予想が長期金利の水準を決めていくことになるからです。

何もかもお見通しというわけではありませんが、金融政策がこれだけ透明性を持ち、中央銀行が自らの情報開示を徹底し、我々に丁寧に語りかけてくれる時代です。たんに不確実性が低下しただけでなく、ＦＯＭＣによるフォワードガイダンスのおかげで、投資家が払うコストは明らかに低下しています。投資を行なう際のハードルは、時代とともにどんどん低下しているのです。

＊　投資家が払うコストとは、資産運用に伴う実際の損失と、機会損失（投資を見送ったために発生す

る本来ならば手にすることができたはずの利益）の合計です。

## そのとき日本株はどうなるのか

では最後に、今後の日本株について、以上のシナリオを踏まえたうえで、戦略を立ててみたいと思います。ベースとなるのは先ほどの米国の３つのシナリオですが、ここに日本独自の構造的な問題が加わります。

### 1．2024年前半のうちに中立期へ移行するケース

この場合、日本株は順調な成長を遂げていくことになるでしょう。ただし、米国の長期金利が低下していくにつれ、為替には若干の円高圧力がかかり、輸出企業にとっては業績の微調整が必要になるかもしれません。それでもドル円の水準は１３０円台を維持するこ

とになるとみているので、株式市場全体には大きな変化は起こらないであろうとみています。

この場合、全体として大きな問題が起きない代わりに、個々の企業においては、本格的な円安時代が終了したことをきっかけとして、２０２３年3月から東京証券取引所が本格的な取り組みを開始した「資本効率改善の要請」に呼応する形で、アクティビストと呼ばれる通称〝モノを言う投資家〟が世界中から日本に集まり、大きな変革力を生み出す可能性があります。為替が、円高か円安のどちらの方向を向いているか、という一点だけで、世界の投資家の機運は大きく変わりますので、こうした動きには要注意です。

### 2．2024年を通じて引き締め期が継続されるケース

このケースが日本株投資にはいちばん複雑です。なぜかと言うと、この場合、米国の金利全般が高止まりしてしまうだけでなく、為替までもが円安水準の長期化が予想されることになるのですから、それだけで日本株の相対的価値は低下してしまいます。

たとえば、成長はそれほど期待できなくとも、高配当が期待できるおなじみ日本の割安株などは、利回りの点で米国債券に見劣りすることとなり、投資家からはもっと高い配当

を要求されてしまうことになります。加えて日本株の場合、米国の巨大ＩＴ企業のような大型成長株には数に限りがあります。高金利のなかで投資対象が日本では限定されることになるので、どうしてもそうした企業は過度の割高状態に陥りやすく、それだけでは株式市場全体が成長することはできません。

その結果、日本株投資は、日経平均やＴＯＰＩＸなどの指数を投機的に売買するというトレーディング相場が主体となっていくことが予想されます。

## 3. 2024年のうちに景気後退期が訪れるケース

これはあまり実現してほしくないケースですが、日本のデフレから脱却する力の真価が問われるケースとなるでしょう。少なくとも為替は１２０円台まで円高が進むでしょうし、日本銀行の金融正常化の機運も、一気にしぼんでしまう可能性があります。セクターによっては大打撃を受けるところが発生するかもしれません。

しかしこれも米国同様に、対処方法はそれほどむずかしいわけではありません。株価は全面安となるでしょうが、そうなると局面はがらりと変わり、いつ、何から投資を再開するかにテーマが変わります。そう言われても、そんなことは自分にはわからない、途方に暮れるだけだと思われた方もいらっしゃるかもしれませんが、心配することはありません。このテーマはすでに我々は、金融危機のときに、新型コロナ危機のときに、十分すぎるほど学び、かつデータを蓄積しています。

何よりもFRBが、いかにしてデフレを回避するかについては、十分に経験と実績を積んでいます。彼らがまた道を教えてくれるはずです。

# おわりに　これから追求するテーマ

本書を書く段階ではまだ結論が思うように導き出せず、ついに発表することを諦めたテーマがありました。このことを、最後に簡単に記しておこうと思います。

それは〝中央銀行が景気循環をコントロールできる時代が始まっているのではないか〟という、いまのところまだ私の直感に過ぎない仮説です。

そもそも米国における景気拡大の期間が、長期的に見ると確実に伸びていることは、第5章でも説明したとおりです。その期間が、現在進行中の〝目標インフレ率2%＋フォワードガイダンス〟という金融政策の力でさらに長期化し、ひょっとするとコロナ危機や戦争、あるいはテロといった一国の経済の外から突発的に引き起こされた災厄でも起こらない限りは、この金融政策を採用する先進諸国においては、景気後退は起こらないのではないか、というちょっと大胆な仮説です。

〝景気後退が起こらない〟というのは大胆すぎるので、〝景気後退が起こりにくい〟と柔らかい言い回しで書いてみようかとも考えたのですが、それではありきたりな結論になるので、結局やめました。ですが書きたかったことは、本書でも繰り返し説明したとおり、

ＦＲＢが持てる力のすべてを駆使してデフレを回避することに成功し、今度はインフレもまた持てる力を総動員してこれを押さえつけることに成功すれば、おのずと景気循環も従来のものとは違う、これまでよりはずっと変動幅の小さなものになるのではないかと考えたのです。

理論的に言えば、デフレを回避することは深刻な不況を回避することと同義語であるわけですから、インフレを回避することもまた過剰な好況、つまりはバブルと呼んでよい〝熱狂〟を、あらかじめ抑制することになるはずです。であるならば、過剰な好況の後に毎度のように訪れる、反動としての景気後退期も自動的に防げることになるはずです。さらにこれを現実に即して考えれば、新型コロナ危機のせいで米国経済が２０２０年3月から4月にかけて、極めて短い景気後退期に陥ったことは周知のとおりですが、あれは本当に景気後退であったのかどうか、私は正直、疑問に思っています。

歴史に〝ＩＦ〟は不要なのですが、もしも新型コロナ危機が世界を襲わなかったら、あのとき、米国経済は景気後退期に陥っていたでしょうか。たしかに前年の２０１９年夏には米国債券市場で長短金利が逆転し、毎度のことながら金融市場は景気後退期が近いと騒いでいたのですが、すでにＦＲＢは２０１８年12月の段階で利上げを停止させており、翌年の8月からは緩和を開始していたのです。新型コロナ危機がなければどうなっていたのかはいまとなっては誰にもわからない話ですが、私は現行の金融政策が始まった2012年1月以降、少なくともまだ米国においては真の意味での景気後退は訪れていないと思うのです。

しかし仮に景気後退がない世界が実現できれば、今度はバブルが起きるのではないかという不安が頭をよぎります。ですからこんなことを予想すると、それこそ出口の見えない迷路に入っていくだけなので、この話はここまでにしておきましょう。大事なことは、本書でも繰り返し述べてきた、市場も金融政策も日々進化しており、以前よりも我々は不確実性の小さい時代に生きているのだ、という点です。日本人は、バブルの崩壊とその後に続いた長いデフレの時代を経験したものですから、そう簡単に楽観的になることはできないかもしれませんが、少なくともかつてのように投資を怖がる必要はありません。時代は大きく変わり、個人投資家にも次々と門戸が開き、自由化された新しい資本市場が日本人の目の前に開かれているのですから、このチャンスをぜひ活かしてもらいたいと思います。ここから新しい時代が始まるのだと考えるべきでしょう。

最後になりますが、本書のタイトルの一部にもなっている、「野生の経済学」という私の造語について簡単に説明しておきたいと思います。すでに気づかれている方も多いかもしれませんが、「野生の」というのはフランスの人類学者・クロード・レヴィ＝ストロースの『野生の思考』という名著からから拝借したものです。この本は、1960年代に出版されてから、たんに人類学の研究にとどまらず哲学界における構造主義の勃興を促したとされていています（当時の主流であったサルトルなどが率いた〝実存主義〟を駆逐したらしいのですが、あいにく私はこのあたりの事情に詳しくありません）。

人類学や哲学の世界にいかなる革新をもたらしたかはまた別の機会に譲るとして、この『野生の思考』のなかでレヴィ＝ストロースが展開し答えを導き出した、〝人間とは何か〟、そして〝知〟の本質は何か、という問いかけは、日々、市場という野生と対峙する人間にとっては、極めて示唆に富む答えを導き出してくれます。市場はそれこそ何が出てくるかわからないジャングルのようなものですから。

「野生の思考」とは、手っ取り早く言えば、その場で手に入るありあわせの素材を用いて、そのとき必要な手段を作成し、答えを見つける、というやり方のことで、レヴィ＝ストロースはこれをブリコラージュと呼んでいます。

そもそも彼が研究対象としていた未開の原住民の世界には、〝文明〟はありません。ほとんどの場合、文字はなく、文字がなければ書物もありません。しかし彼らは生きています。そこには文明社会とは異なるやり方で見つけられた、〝真理〟があり、その〝真理〟の上に合理性が生まれ、「野生の思考」から生み出されたブリコラージュという方法で生活が営まれ、独自の文化が育まれているのです。

つまり、一つ一つは未開な形であったとしても、そこには歴然たる〝科学的アプローチ〟が存在するのです。この構造は、未開社会も文明社会も同じであることをレヴィ＝ストロースは発見しました。

初めてこの書を読んだとき、すでに長く相場の世界で生きてきた私には、レヴィ＝ストロースが解き明かした未開社会の構造は、相場の世界に生きる人間が必死で戦う世界と同じに思えたのです。もちろん、私たちは文明社会に生きています。文字もあれば複雑な数式もあり、それらをまとめた書物もあります。しかし明日の相場はわかりません。どんな天才、秀才が導き出した答えも、面白いようにその予想は外れていくのが現実です。複雑な方程式を使おうが、ＡＩを使おうが、結局のところは当たることもあれば外れることもあるのが相場というものです。何よりもとっさの判断が必要な世界では、そうした近代的な道具もそのほとんどは役に立たないことぐらい、この世界に生きる人間はみんな知っています。

早い話が、古い学問ではいま目の前にある現実を解き明かすことができないのです。できるのかもしれませんが、少なくともその場ですぐに答えを出すことは土台無理な話です。それならば、答えらしきものを何とかして自分でひねり出すしかないのですが、そのためには現場における〝科学的アプローチ〟が必要です。しかしそんなものは昔から専門家からは、〝ブードゥー（Voodoo＝未開の、呪術的な）〟と揶揄されてきました。それでもここがジャングルであるとすれば、その行為は正当化され、意味のあるもののはずです。なぜならそうやって我々は、ここまでこの世界で生きてきたのですから。

これに気づいた瞬間に、私はいまの分析スタイルである「野生の経済学」を思いつきました。どんなに馬鹿にされようが、独自にモデルを開発し、使えないものは捨て、使えるものは残し、日々仮説をつくり、それを立証しようと試み、今日に至っている次第です。

相場と対峙する瞬間においては、学問的に正しいとされる流儀を踏襲する時間などありません（それでも思いつく限りの科学的なアプローチを実践しているつもりなのですが）。それよりも、局面、局面に合わせ、いま本当に必要な情報は何か、いますぐ使える道具は何か、それらがないならば大急ぎでとりあえずありあわせのものをフル活用して、自分で探す、あるいは自分でつくる。こうした作業の繰り返しです。

本書もそうした「野生のアプローチ」から生まれた作品です。専門家に言わせれば、それこそレヴィ＝ストロースの言う「記号」の寄せ集めに過ぎないものでしょうが、市場というジャングルで生きていこうとする人、あるいはこの世界に入ってみようとする人にとっては、役に立つ「記号」が本書のなかから見つかるだろうと思います。多少なりとも本書で描いた方向に世界が動き、それを参考にしてくれた人たちがそこから何らかのリターンを享受できることがあれば、幸甚です。

岡崎良介（おかざき　りょうすけ）
1983年慶応義塾大学経済学部卒、伊藤忠商事に入社後、米国勤務を経て87年野村投信（現・野村アセットマネジメント）入社、ファンドマネジャーとなる。93年バンカーストラスト信託銀行（現・ドイチェ・アセット・マネジメント）入社、運用担当常務として年金・投信・ヘッジファンドなどの運用に長く携わる。2004年フィスコ・アセットマネジメント（現・PayPayアセットマネジメント）の設立に運用担当最高責任者（CIO）として参画。2012年、独立。2013年IFA法人GAIAの投資政策委員会メンバー就任、2021年ピクテ投信投資顧問（現・ピクテ・ジャパン）客員フェロー就任。
著書に『フリーランチ投資家になろう！』『これから10年　長期投資のロードマップ』（以上、ダイヤモンド社）、『相場ローテーションを読んでお金を増やそう』『新衰退国・ニッポンを生き抜く マネーの鉄則』『超円安時代に稼ぐ投資術（鈴木一之氏との共著）』（以上、日本経済新聞出版）、『「ゾーン投資」で相場に乗ろう！』（日本実業出版社）、電子書籍に『2016年マーケットはどう動く　岡崎良介の投資戦略』『2016年夏　これから相場はこう動く』『最新版　相場ローテーションはこう動く』『量的緩和2.0　コロナ危機後の投資戦略』、DVDに『投資家に告ぐ これから10年のロードマップ』『景気回復の兆し ニュースから考えるトップダウン・ボトムアップ戦略（鈴木一之氏との共作）』（以上、パンローリング）がある。

岡崎良介オフィシャルサイト
https://www.okazaki-ryosuke.com/

**野生《やせい》の経済学《けいざいがく》で読《よ》み解《と》く 投資《とうし》の最適解《さいてきかい》**

2024年2月1日　初版発行
2024年2月20日　第3刷発行

著　者　岡崎良介 
発行者　杉本淳一

発行所　株式会社日本実業出版社　東京都新宿区市谷本村町3−29 〒162-0845
編集部　☎03-3268-5651
営業部　☎03-3268-5161　振　替　00170-1-25349
https://www.njg.co.jp/

印刷／理想社　　製本／若林製本



ISBN 978-4-534-06079-2　Printed in JAPAN